「再生産論」の諸問題

—— $I(v+m) = IIc$ と $I(v+mk) =,>,< IIc$ ——

小林賢齊

同成社

凡　例

1．マルクスからの引用は、*Karl Marx Friedrich Engels Gesamtausgabe*［ドイツ語版『全集』］(*MEGA*) をテキストとして用いる。なおマルクスの手稿の読み方を見る上で、本書第Ⅰ部第5章では、ロシヤ語版の『全集』(*МЭС*) も参照している。

2．『資本論』からの引用は、*Karl Marx・Friedrich Engels Werke(MEW)* をテキストとして用いる。
また『資本論』の翻訳書としては長谷部文雄訳、青木文庫版を用いている。

3．『剰余価値学説史』については、研究所版として Karl Marx, *Theorien über den Mehrwet (Vierter Band des „Kpitals")*, 1~3Teil、または *MEW*, Bd.26/1~3 Teil を用いている。
　また『学説史』の翻訳書としては岡崎次郎・時永淑訳、国民文庫版を用いている。
　なお手稿『経済学批判』（いわゆる「23 冊ノート」）における「剰余価値に関する諸学説」部分に言及する際には、*MEGA* をテキストとして用いている。

4．特に断らない限り、引用文中の傍点… を付した箇所ないしアンダーラインの箇所は元著者の強調を表わしている。また文中の傍点…は筆者(小林)による強調を表わしている。

5．引用文中の括弧 ［　］の中は、特に断らない限り、すべて筆者(小林)による補足である。

まえがき

　本書は、1978 年から 2010 年にかけて執筆した、いわゆる「再生産論」関係の諸論考の中から 10 点を取り出して一書に取り纏めたものであり、旧著『再生産論の基本問題』（1975 年）のいわば後継書である。この旧著に含まれている拙稿「再生産表式と資本の循環・回転」を執筆した 1958 年当時は、やっと『経済学批判要綱』が 1953 年に、次いでカウツキー版ならぬ研究所版『剰余価値学説史』の第 1 分冊が 1956 年に入手可能となった時期であった。しかしそれでも、その成立史を含めて「再生産論」の新たな研究を進めることが可能となったのである。即ち、社会的**総資本**の再生産＝流通過程といっても、それは、相互に絡み合い縺れ合い条件づけあう**個別諸資本**の再生産＝循環運動と、さらに、これら諸資本の運動によって措定されてくる**諸所得**（剰余価値と賃金）の流通とが、相互に絡み合い条件づけあって運動する過程である、ということを明らかにすることが可能となったのである。

　ところで『剰余価値学説史』（「剰余価値に関する諸学説」）がそこに含まれていた手稿『経済学批判』（いわゆる「23 冊ノート」）の全容が新 MEGA の刊行によって明らかになってくると、「再生産論」の研究もさらに進めることが必要となってくる。

　例えばエンゲルスが『資本論』第Ⅱ部の「序言」で述べているのとは異なって、この「23 冊ノート」の第ⅩⅤ冊に記されている「エピソード」（「所得とその諸源泉」）の「岐論」部分には第Ⅱ部第Ⅰ篇「資本循環論」のいわば「原型」を、またそれに続く「商業資本論(2)」（第ⅩⅦ冊）には「流通費論」の素地や下地を見出すことができる。そこでこれら諸点の考察を、本書の序章とすることとした。

　さらに次の諸点も明らかになってくる。即ち、『諸学説』第 6 章「岐論。ケネーによる経済表」は、もともとはこの「23 冊ノート」とは別のノートに書き記されていたもので、それをマルクスがこの「23 冊ノート」の第Ⅹ冊として組み込んできたものであったこと；『諸学説』の第 3 章でスミスの「ドグマ

v＋m」──「大部分の商品の価格は３つの部分［賃金(v)＋利潤及び地代(m)］に
分解する。」「年々の生産物の全価格…は３つの部分に分解されなければならない」
──の批判を起点に始められた「間奏曲」としての「再生産論」は、年総生産
物の「価値＝素材補填」の分析のみであったことを、マルクス自身が「エピソ
ード。資本主義的再生産における貨幣の還流運動」（第ⅩⅦ冊・第ⅩⅧ冊）で明
言していること；またこの「間奏曲」では単純再生産に関しては、社会的規模
での固定資本の再生産＝補填の問題を除けば、既に「一つの到達点」に達し
ているが、しかしこの「23冊のノート」では、結局、社会的総資本の蓄積＝
拡大再生産の問題を解決するには至らなかったこと；そしてマルクスが「ケネ
ーの経済表［範式］に置き代えたもの」としてエンゲルスに書き送ったマルクス
の「経済表」も、「剰余価値の資本への再転化」（第ⅩⅩⅡ冊）を考察しようと
する途上で、挿入的に書き記したものであったこと；等々。

　そこで本書の第Ⅰ部では、スミスの「ドグマv＋m」批判からマルクスの
「経済表」が作成されるまでを、手稿『経済学批判』にける単純再生産表式の
成立過程として考察することとした。

　ところで本書の第Ⅱ部第１章で検討していくように、マルクスは、社会的総
資本の単純再生産と蓄積＝拡大再生産とを区別するものは、年総生産物の価値
の大きさではなく、年総生産物の蓄積のための「機能規定」・「機能配置」にこ
そあることに想到する。そこで社会的総資本の年総生産物の、単純再生産の
「機能配置」と対比する形で、蓄積＝拡大再生産の「機能配置」を導き出すな
らば、次のように要約しうるであろう。即ち、

　単純再生産の場合には、本書第Ⅰ部第３章で指摘するように、Ⅱcの再生産
＝補填、つまり今年新たに付け加えられた労働と、生産物に移転された前年
の・過去の労働との交換の関係、即ち、Ⅰ（v＋m）＝Ⅱcの関係を解くことが
要をなす。それに対して、所得（剰余価値）の資本への転化・資本の蓄積・拡大
再生産の場合には、一方でのⅡcの再生産＝補填を損なうことなく、他方での
消費の「節約」（＝「貯蓄」）とその資本への転化の関係、換言するならば、生
産物に移転された前年の・過去の労働と今年新たに付け加えられた労働の一部
との交換の関係を損なうことなく、しかも同時に、新たに付け加えられた労働

の他の一部が相互に交換されて新たな資本に転化する関係、つまり、第Ⅱ部第1章で言及していくような、Ⅰ（v＋mk）とⅡcとの**関係**、即ち、Ⅰ（v＋mk）＝，＞，＜Ⅱc［Ⅰ（v＋mk）≧Ⅱc］の関係を解くことが要をなすのである、と。　そしてさらに、このような蓄積＝拡大再生産のための「機能配置」をもつ年総生産物の「価値＝素材補填」を媒介する貨幣流通＝還流の問題を解かなければならない。

　実際マルクスにとっても、これらの問題を解くことは至難の課題であり、結局、『資本論』第Ⅱ部用の手稿でもその最後の第Ⅷ稿──これは『資本論』全体にとっても最後の手稿となったのであるが──において、ようやく解決への基本的な道筋を見つけだしていったのである。それが『資本論』でいえば第Ⅱ部第21章部分なのであるが、しかしこの部分はエンゲルスによって可なり手が加えられており、そのことを最初に指摘したのがR.リュベルであり（1968年）、そしてこの第21章部分を手稿解読＝原文紹介という形で最初に示されたのが大谷禎之介氏であった（1981年）。

　本書の第Ⅱ部第1〜3章は、当初はこの大谷氏の原文紹介に依拠して、社会的総資本の蓄積＝拡大再生産の問題の検討を、上述の2つの視点から、つまり年総生産物の「価値＝素材補填」上の「機能規定」・「機能配置」の視点と、この「価値＝素材補填」を媒介する**一方的販売・蓄積のための貨幣蓄蔵・一方的購買**という独特な貨幣流通＝還流の視点から、試みたものである。そして第4章では、既に言及した『諸学説』第6章「岐論。ケネーによる経済表」でマルクスが最初に言及したところの、そして「エピソード。貨幣の還流運動」でその解決点を見出したところの、トゥックに対する「反対論者」によって「トゥックに向けられた疑問（Frage）」──資本家は流通に投げ入れるよりもより多くの貨幣をたえず流通から引上げるのはどのようにしてか──の問題を、マルクスは『資本論』第Ⅱ部第Ⅷ稿に至るまで言及し続けていることを明らかにする。というのも、社会的総資本の再生産＝循環過程は、上述のように、諸**資本**の再生産＝循環と諸**所得**の流通とが相互に絡み合い縺れ合い条件づけあって運動する過程であるが故である、と考えられるからである。

　さて確かに単純再生産なしには拡大再生産はあり得ない。それは社会的総資

本の再生産の場合にも然りである。だから単純再生産の考察なしの単なる蓄積論——単なる「貯蓄＝投資」論——は、理論的には脆弱であると言わざるを得ない。しかしそうであるからといって、単純再生産過程の分析をもって、社会的総資本の再生産＝循環論が完結するものでは決してない。蓄積＝拡大再生産に**固有の問題**が存在するのであって、その固有の課題を明らかにすることが、本書の狙いの一つでもある。

　どこまで的を射えたか。読者諸賢の忌憚のないご意見をたまわれれば幸甚である。

　2018 年 5 月

小 林　賢 齊

目　　次

凡例

まえがき

序　章　『資本論』第Ⅱ部第Ⅰ篇「資本循環論」成立過程の一齣
　　　　——手稿『経済学批判』第ⅩⅤ冊および第ⅩⅦ冊における——
　　……………………………………………………………………… 1

　　第1節　はじめに　1
　　第2節　「再生産過程の3形態」
　　　　　——「資本循環論」の「原型」——　3
　　第3節　「流通費」論の素地・下地　8
　　第4節　「資本の種々な形態」規定　14
　　第5節　「商業資本」の2形態　20
　　第6節　むすびにかえて　25

第Ⅰ部　手稿『経済学批判』における再生産表式成立過程の諸考察
　　　　——スミスの「ドグマ v ＋ m」批判からマルクスの「経済表」まで——

第1章　手稿『経済学批判』の第Ⅹ冊について
　　　　——『諸学説』第6章「岐論。ケネーによる経済表」——…………30

　　第1節　問題の所在　30
　　第2節　手稿第Ⅹ冊の執筆時期の考証
　　　　　——別冊手稿から手稿『経済学批判』の第Ⅹ冊へ——　32
　　第3節　スミスの「ドグマ」批判からケネーの「経済表」の検討
　　　　　——「間奏曲」と「岐論」——　42
　　第4節　むすびにかえて　49

第2章　「単純再生産表式」成立過程の一齣
　　　　——「エピソード。貨幣の還流運動」についての覚え書き——
　　………………………………………………………………………56

第1節　はじめに　56

第2節　「エピソード」に至るまで　57

第3節　剰余価値は如何に実現されるのか？　60

第4節　「充分な」貨幣を流通に投ずるのは誰か？
　　　　──第3例と第4例──　67

第5節　むすびに　74

第3章　『諸学説』における蓄積についての「間奏曲」と「残された問題」………………78

第1節　はじめに　78

第2節　『諸学説』第3・4章と第17章における
　　　　蓄積についての「間奏曲」と未解決の諸問題　79

第3節　『諸学説』第21章と第23・24章　87

第4節　『諸学説』第6章で「残された問題」と
　　　　第23章の「間奏曲」　95

第5節　むすびにかえて　100

第4章　「剰余価値の資本への再転化」とマルクスの「経済表」
　　　　──手稿『経済学批判』第ⅩⅩⅡ冊における──　………………104

第1節　はじめに　104

第2節　「α）剰余価値の資本への再転化」
　　　　──特にその前半部分について──　105

第3節　小項目「再生産」
　　　　──その本題的部分について──　115

第4節　「再生産」の岐論的・挿論的部分　125

第5節　むすびに　137

第5章　マルクスの「経済表」について　………………………141

第1節　はじめに　141

第2節　各版の比較検討と諸表の確定　143

第3節　「再生産過程の表」と「総再生産過程の経済表」　152

第4節　むすびにかえて　161

目　次　ix

第Ⅱ部　『資本論』第Ⅱ部第Ⅷ稿における拡大再生産表式の検討

第1章　拡大再生産表式の展開軸
——『資本論』第Ⅱ部第Ⅷ稿の検討 (1)—— ……………………174

第1節　本章のねらい　174

第2節　「発端表式」の展開　175

第3節　ヴァリアント表式と「発達表式」　186

第4節　むすびに　199

第2章　「Ⅱcの転態」の「第3の事例」について　………………202

第1節　「3つの事例」とは　202

第2節　問題の所在　203

第3節　「第2の事例」と「ヴァリアント第 (ⅱ) 表式」　204

第4節　「発達表式」第3年度　206

第5節　「Ⅱcの転態」についての整理・検討　207

第6節　むすびに　210

第3章　拡大再生産表式と貨幣流通＝還流
——『資本論』第Ⅱ部第Ⅷ稿の検討 (2)—— ……………………213

第1節　はじめに　213

第2節　第Ⅷ稿の構成　214

第3節　手稿前半部分の検討 ——その (1)——　216

第4節　「部門Ⅱでの蓄積」——手稿前半部分の検討 (2)——　223

第5節　手稿後半部分と貨幣流通＝還流　227

第6節　むすびに　238

第4章　『資本論』第Ⅱ部「資本の流通過程」成立過程の一齣
——「トゥックに向けられた疑問 [問題]」に焦点をおいて——　………243

第1節　概観　243

第2節　「23冊ノート」における
「トゥックに向けられた疑問 (「問題」)」の検討　245

第3節　『資本論』第Ⅱ部第Ⅰ稿における「問題」の検討　249

第4節　『資本論』第Ⅱ部第Ⅱ稿にける「問題」の検討　262

第5節　むすびにかえて　278

あ と が き　……………………………………………………………281

序　章

『資本論』第Ⅱ部第Ⅰ篇「資本循環論」成立過程の一齣
——手稿『経済学批判』第ⅩⅤ冊および第ⅩⅦ冊における——

第1節　はじめに

『資本論』生成の第2期の手稿『経済学批判』（いわゆる「23冊ノート」）——1861年8月~1863年6・7月執筆——の第ⅩⅧ冊の最後の部分には、周知のように、「資本」の第Ⅰ篇[部]と第Ⅲ篇[部]の執筆プラン（いわゆる「1863年1月プラン」）が挿入されている。そして手稿の第ⅩⅨ冊~第ⅩⅩ冊では、この「1863年1月プラン」の第Ⅰ篇[部]に従って、第Ⅰ篇[部]「資本の生産過程」の残りの部分が1863年6・7月まで書き続けられていく。しかしそこにも第Ⅱ篇[部]の執筆プランは見出されない。

ところがこの手稿『経済学批判』に直接続く1863年7・8月~1865年12月の第3の執筆期にマルクスは、3章[篇]構成の第Ⅱ部執筆プランを示すと共に、第Ⅱ部の最初の手稿——以下これを第Ⅱ部第1稿と呼ぶ——を一挙に書き下ろしていく。そしてそれは1864年末~1865年前半と推定されている。しかもこの期における執筆の順序は、1863年7・8月からまず第Ⅰ部を書き始め、64年夏には「直接的生産過程の諸結果」にまで至り、続いて夏の終わり頃から第Ⅲ部第2章へと移ってゆき、その第2ないし第3章の途中で——手稿の182ページから243ページの間と推定されている——第Ⅲ部の執筆を「中断」して、第Ⅱ部第1稿にとりかかっている[1]。

したがってこのような執筆経緯からすると、手稿『経済学批判』のうちには第Ⅱ部[篇]の執筆プランが記されていないとしても、この手稿の執筆中にあるまとまりのある構想が練られ、また第Ⅱ部第1稿の第3章[篇]のための素材ないし下地も形成されていったものと推論せざるを得ない。そして事実、第2部第1稿の第3章[篇]「流通と再生産」の素材がこの手稿の中で形成されていっ

たことは、再生産表式成立史の研究によって既に明らかなところである[2]）。また第2章「資本の回転」に関わる対象についても既にいくつもの研究がある[3]）。それに対し、第1章「資本の流通」の素材ないし下地が、この手稿『経済学批判』で、どのような関連で、どの程度形成されていたのか[4]）、また『資本論』成立史においてそのことがどのよう意義をもつか[5]）については、これまで立ち入って検討されてきたとは言い得ない。

　ところで、第3の執筆期にマルクスが第Ⅲ部の「第4章　商品資本と貨幣資本の商品取引資本と貨幣取引資本への転化。利潤の利子と産業利潤への分裂。利子生み資本[6]）」を書き始める直前に[7]）執筆を中断して、第Ⅱ部の執筆に入ったというそのことが、この問題を解く手掛かりを与える。

　以下本章で検討するように、第2期の手稿『経済学批判』のうちで、第3の執筆期の第Ⅲ部「第4章」の対照を含む部分、即ち「エピソード。所得とその諸源泉」（第XV冊）とそれに続く「商人資本。貨幣取引に従事する資本」（第XV冊・第XⅦ冊）において、第Ⅱ部第1稿第1章の素地や下地が同時に形成されていたのである。

1)　Cf. *MEGA*, Ⅱ/4・1, Apparat, 1988. Entstehung und Überlieferung, S. 560-562. なおこの第Ⅱ部第1稿執筆時期などの推定の問題については、さしあたり大谷禎之介「『資本論』第2部および第3部の執筆時期の関連についての再論」（『経済志林』、第57巻第3号、1989年、169頁以下）を参照されたい。なお文中の傍点…は筆者（小林）による。以下同様とする。

2)　さしあたり、小林賢齊「再生産表式と資本の循環・回転」（『経済学論集』［東京大学］第25巻第3・4合併号、1958年9月（拙著、『再生産論の基本問題』（1975年）に所収）、並びに本書第Ⅰ部の諸章を参照されたい。

3)　例えば B. Fischer, Zur Entwicklung der Auffassungen von Karl Marx über fixes und Zirkulierendes Kapital von 1857 bis 1863, in „*Marx-Engels-Jahrbuch*", Bd. 1, 1978, S.289ff. ; W. Focke, Zu einigen Problemen des Zirkulationsprozeses im Mnuskript von 1861-1863, „*Beiträge zur Marx-Engels-Forschung*", Ht. 5, 1979, S. 62-64 ; 草間俊夫「『資本論』第2部「資本の流通過程」の対象と課題──成立史からの接近──」（『土地制度史学』第101号, 1983年10月）などを参照されたい。

4)　第1章「資本の流通」の素地ないし下地がこの手稿の中に見出されることの指摘は、部分的には既になされている。例えば、W. Focke, *op. cit*., S. 65-67 ; M. Müller, Die Bedeutung des Mnuskripts >Zur Kritik der politischen Ökonomie<1861-1863, in *"Der zweite Entwurf des >Kapital<*", 1983, S.16 ; *MEGA*, Ⅱ/4・1, 1988, Einleitung, S.18*-19*,

序章 『資本論』第Ⅱ部第Ⅰ篇「資本循環論」成立過程の一齣 **3**

22*、並びに本書第Ⅰ部第4章第4節などを参照されたい。

5) これまで、第Ⅱ部「資本の流通過程」成立史上での、手稿『経済学批判』のもつ意義は、そこで第3章「流通と再生産」の素材が既にかなり出来上がってきていることに置かれてきたように思える。例えば、W. Focke, *op. cit.*, S.67-69；藤塚知義、「資本論成立史の一齣」(『武蔵大学論集』第36巻第2・3号、1988年12月、18-20頁)、などを参照されたい。もちろん筆者(小林)もその意義を否定するものではない。社会的総資本の単純再生産に関しては既に「一つの到達点に達している」(本書第Ⅰ部第2章参照)のではあるが、しかし以下本章で考察するように、筆者は、第1章「資本の流通」の、就中「資本循環論」の「原型」が形成されてくるところに、単に第Ⅱ部のみでなく、全3部の体系構成の上でのこの手稿のもつ意義を見出したいのである。

6) なおこの第Ⅲ部第4章のこの標題は、ヴィゴツキー／他による推定である(cf. В.Выгодский /Л.Миськвич/М.Терновский/А.Чепуренко, О периодозации работы К. Маркса над «Капиталом» ь 1863-1867гг., *"Вопросы экономики"*, 1981, № 8, стр.101；中野雄策訳「1863-1867年におけるマルクスの『資本論』執筆の時期区分について」(『世界経済と国際関係』第56週、1981年、202頁)。

7) ヴィゴツキー／他は、「利潤の平均利潤率への転化」を対象とした第Ⅲ部「第2章」におけるマルクスの「注意書き」——流通時間の利潤率への影響の立ち入った研究は、「この問題が特別に考察される[はずの]第Ⅱ部がまだ執筆されていないここでは差し控えられる」——に着目し、そこに、第Ⅲ部の執筆を「中断」して第Ⅱ部の執筆に移った理由を求めている(cf. do., *op. cit.*, стр.104；訳、206頁参照)。しかしその点の指摘であれば、既に手稿『経済学批判』第ⅩⅥ冊の「第3章 資本と利潤」のうちにも見出せる(cf., *MEGA*, Ⅱ/3・5, S.1618；訳、『資本論草稿集』、⑧、121頁)のであって、もしこの点が第Ⅲ部筆の「中断」の主たる理由であれば、第Ⅲ部「第2章」から書き始める前に、つまり第Ⅲ部に入る前に、先ず第Ⅱ部を書き始めていたのではあるまいか。なおM.ミュラーは、この「中断」のいま1つの「あり得たかもしれない(könnte)」理由として、商業資本や利子生み資本という「特殊な資本の諸形態」の叙述が「資本の流通過程の分析を前提していた」ことを挙げている(cf. M.Müller, Über Marx' Entwurf zum dritten Buch des „Kapital" von 1864/1865, *„Beiträge zur Marx-Engels-Forschung "*, Ht. 25, 1988, S. 21-22；大谷、前掲、187-189頁)。

第2節 「再生産過程の3形態」
—— 「資本循環論」の「原型」 ——

まず第Ⅱ部第1稿の第1章「資本の流通(Umlauf)」第1節「資本の姿態変換[1]」はいわゆる「資本循環論」であるが、その「原型」を、「エピソード。所得とその諸源泉[2]」に挿入された「岐論」のうちに見出すことができる。そしてこ

こでマルクスは、「個々の生産過程」としての資本の循環と、「再生産過程の３形態」としての資本の循環とを区別することにより、「資本循環論」への決定的一歩[3] を踏み出していく。

　そこでまず、その展開自体を見ることから始めよう。

　この「岐論」――これを「岐論」（２）と呼ぶこととする[4] ――は、次の文章で始まる。即ち、「既に見たように、流通過程にある資本は――それが見出される流通過程、あるいは再生産過程ということができるのだが、その段階（Stadien）に応じて――、商品資本としてまた貨幣資本として固定される」と。そこでもし「その過程が開始されるさいのG、貨幣、価値から出発するとすれば」、「資本の流通における第１の段階」はG－Wである。これに続いて「本来の生産過程」・「購入された諸商品の消費過程」・「産業的消費」が行われ、その「結果として商品が出現する。」これが第２の段階である。そして「生産過程……によって中断される流通の第２の行為、即ち商品の市場への投入および商品の貨幣への転化、換言すれば商品の販売が行われる。」これが第３の段階であり、それによって出発点の「貨幣第１号」は、「自分自身への復帰」としての・「増殖した価値」としての「貨幣第２号」となる[5]、と。

　いま「形態を純粋に見る」ために、「貨幣がそれに転化する商品」をW'と、また「生産過程から出てくる商品」をWと「呼ぶことにする」と、この資本の流通過程（＝再生産過程）は下の（Ｉ）のように図式化されるとマルクスは言う。

（Ｉ）

[1] G－W'　・・・・・[2] 過程内にあるW'　・・・・・・[3] W－G'

第１の流通行為・・・W'の消費、Wの生産過程　［・・・］第２の流通行為

　そして彼はこれを次の理由から「Ｉ　個々の生産過程(einzelner Productionscursus)と呼ぶ。

　即ち、ここでは「生産過程は２つの流通行為の間に」あり、「一方の流通行為は生産過程を準備し、他方のそれは生産過程の後に続く。」そして「手段として役立った商品[W']の中に含まれている価値は、生産過程の結果である商品[W]のうちに維持され、増殖されている」から、この過程で「確かに再生産

序章 『資本論』第Ⅱ部第Ⅰ篇「資本循環論」成立過程の一齣　5

もまた行われる。」また「出発点をなす貨幣は、終結点をなす貨幣のうちに維持され増殖されている。」だから「総過程は生産過程と流通過程との統一として現れ、その限りでは再生産過程として現れる。」しかしこの場合の「再生産の意味は、単に前提されている価値の維持ということにすぎない。」例えば出発点の貨幣の価値は、「W'、W　および第2のGとして示され、その価値が再びG'となって現れる」が、それは貨幣の価値が「生産過程で単に維持されるだけでなく増殖されるから」で、「W'が再生されるものとして再び現れるのではなく、」G'は「W'ではなくてWの変化させられた形態でしかない」のである。ここではG'は「過程の流れの中にある契機として自ら現れるのではなく、過程の結晶として」・「過程全体の所産」・「単にその出発点だった過程の結果・として現れるに過ぎない。」それ故、連続性・継続性のない「個々の過程（einzelner Prozeß）」・「個々の生産過程」の場合の流通過程と生産過程との「統一は、実際には、再生産ではなくて、生産なのである[6]」、と。

　したがってこの場合には過程の「段階」そのものが再生産を表わさない。即ち、「2つの流通行為」のうちの「G－W'は、個々の生産過程の場合には、ただ生産過程の開始（Beginn）――更新（Erneuerung）ではない――を表す一流通行為に過ぎず、またG－Wは、ただ生産過程の終り（Ende）を表す一流通過程、したがってまた決してその再開（Rückanfang）を表わすことのない一流通過程にすぎない[7]」のである。

　では本来の再生産過程とは、流通過程と生産過程とのどのような統一としての総過程なのか。

　「これに反して、生産と流通との連続性――資本主義的生産の本性によって規定された連続性は、個々の生産過程におけるのとは異なった意味での、またそれとは違った立場での、2つの流通行為を示す。」即ち、流通過程と生産過程とを「連続的なものとして、したがって流通過程と生産過程とのよどみない（fließend）統一としてみると、われわれは、通過点または終結点として現れるどの点からでも、出発点として始めることができる[8]。」

　この決定的な一歩――新たな視点――によってマルクスは、ここで初めて、a)「個々の生産過程の出発点としての貨幣」、b)「生産過程の直接的結果としての商品（生産物）」およびc)「生産過程そのもの、即ち、過程としてのW'」

(Ⅱ)

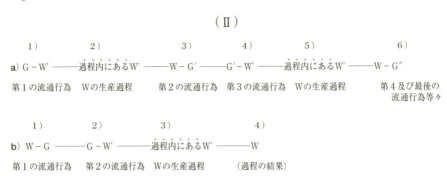

を、それぞれ出発点とする上の（Ⅱ）の3つの「総過程」、即ち「再生産過程の3形態」を描くことができることとなる。そして彼はこの「再生産過程の3形態」を、先の「Ⅰ　個々の生産過程」から区別して、「Ⅱ　生産過程の連続性・再生産」と呼ぶのである[9]。

　ところでこれらの「3形態」にはそれぞれ相違が存在する。

　まずa）の場合には、貨幣で始まる形態であるから、「常にGをもって新たに開始し得るし、しかしまた［Gをもって］終結し得る」、即ち、「貨幣の還流（Reflux）……は、貨幣の姿での商品が再生産の初めをなすのと全く同様に、生産過程を終結させることのできる唯一の形態である」から、「再生産過程は一見したところ（prima facie）単なる反復として現れる。」

　ところがb）やc）の場合には事情が異なる。即ちそこでは形態そのものが「連続性」・「再生産」を表している。「W」または「過程内にあるW'」をもっては過程を集結させることはできないからである。「Wあるいは生産過程そのものから出発するとすれば、だからまたそれらをもって終結するとすれば、──循環（Cirkellauf）が描かれる限り──、さらに進まねばならない再生産過程は、その一つの契機で打ち切られる、ということは明らかである。c）の場合には生産過程の結果が流通に現れなければならないし、またb）の場合には商

品が貨幣に転化されなければならない。」即ち b) の場合には「商品Wが既に更新され再生産されたこと」を、また c) の場合には「生産過程そのものが更新されていることを」示している。したがってこれら「両者は、その終結 (Schluß) が単にさらなる過程の一つの環にすぎないことを示唆している」のである[10]。

とはいえ a) の場合を含めて、「Ⅰ　個々の生産過程」の場合と、この「Ⅱ　生産過程の連続性」の場合とでは際立った相違がある。「Ⅰ」では「現実の生産過程が中間にあって、その2つの切り離された両極に、即ち G − W' は生産過程の前に、W − Gはその後にある」というのが、その特徴である。それに対し「Ⅱ」では、いずれの「形態」の場合にも「商品姿態変換 (Warenmetamorphose) の相対立する諸段階 (Phasen) 即ち総流通 W − G − W'(W − G と G − W') が、生産過程の更新に先行する一運動が、生産過程の更新に先行する一運動として現れる・「W − G − W' が再生産過程の本来的流通段階としてか、あるいは商品姿態変換が再生産過程の一契機として、現れる」というのが特徴である。それゆえ「Ⅱ」の場合には、「総姿態変換」W − G − W' は「再生産過程の単なる諸契機として現れ」、他方、生産過程そのものは、循環 (Kreislauf) の全体の中の、それ自体の中に含まれている、一契機として現れる」こととなる[11]。

さてこのように「生産過程の連続性」という視点で資本の流通過程を見ると、以上のように流通過程＝再生産過程として現れることを明らかにした上で、マルクスはこの「岐論」(2) の最後で、「Ⅱ」の a) b) c) の「図式 (Figur)」のそれぞれについて、出発点への復帰の速度に言及していく。即ち、c) では、「生産過程が更新されるためには、W − G − W' を通過しなければならず、そして生産過程の更新はこの姿態変換の速さに依存する。」また b) では、「商品[W]が更新される速度は、本質的には商品が生産過程を通過した時の速度に依存する。」そして最後に a) では「GがG' として生み出されるその速度は、第1にGの W' への転化の速度、G − W' に、第2に生産過程の長さ (Dauer)、生産過程内の W' に、第3に姿態変換 W − G − W' の速さ (Raschheit) に、依存する[12]」、と。

　　1)　*MEGA*, Ⅱ/4·1, S.6* ; 中峯 / 大谷 / 他訳『資本の流通過程──『資本論』第2部第1

稿——』、1982 年、頁。

2) *MEGA*, Ⅱ/3・4, 1979, S.1450ff.；訳、⑦, 404 頁以下。この「所得とその諸源泉」自体が「5) 剰余価値に関する諸学説」を中断して挿入されてくる岐論部分であり、手稿第ⅩⅣ冊の「内容目次」には、'Episode. Revenue and its sources' と記されている (*ibid.*, S.1205；訳、⑦, 4 頁)。

3) この点、「手稿 1861－1863 の第ⅩⅤ冊で彼［マルクス］は循環 (Kreislauf) の図式や範式を定式化しているが……、しかしこの概念は…… '資本の流通' という包括的な概念と同義のままである」(cf. *MEGA*, Ⅱ/4・1, S.18*-19*) とする *MEGA* 編集者の理解とは基本的に異なる。

4) この「岐論」(2) も、また後出の「岐論」(1) も、従来カウツキー版および研究所版のいずれの『剰余価値に関する諸学説』にも収録されてこなかった。念のために。

5) Cf. *MEGA*, Ⅱ/3・4, S.1477-1478；訳、⑦, 447-448 頁。

6) Cf. *ibid.*, S.1478-1479；訳、⑦, 448-449 頁。

7) *Ibid.*, S.1479；訳、⑦, 450 頁。

8) Cf. *ibid.*, S.1479；訳、⑦, 449-450 頁。

9) Cf. *ibid.*, S.1479, 1480；訳、⑦, 450, 451 頁。なおここでは、資本の 3 循環が、貨幣資本、商品資本そして生産資本の順に挙げられている。前 2 者は、言うまでもなく流通過程にある資本であり、それらの後に生産資本が置かれるところに、この「資本循環論」がなお「原型」たる所以であるが、しかし過程のどの「段階」をも出発点とすることができるとしていくその視点の展開の意義を MEGA 編集者のように見落としてはならない。この視点の展開があってこそ、手稿ⅩⅩⅡ冊での、重農学派による「投資 (avance)」と「回収〔再開〕(reprise)」との「区別」(cf. *MEGA*, Ⅱ/3・6, 1982, S.2251) に対する評価［本書第Ⅰ部第 4 章第 4 節を参照］が生まれるものと見なければなるまい。

10) Cf. *MEGA*, Ⅱ/3・4, S.1480；訳、⑦, 451 頁。

11) Cf. *ibid.*；訳、同上。

12) Cf. *ibid.*, S.1480-1481；訳、⑦, 452 頁。なお資本の循環・回転速度が、資本の価値増殖率に作用することは言うまでもないが、「商品姿態変換の速さ」はまた流通過程に「固定される」資本——流通資本——量にも作用する。

第 3 節　「流通費」論の素地・下地

　第Ⅱ部第 1 稿第 1 章の第 2 節は「流通時間 (Zirkulationszeit)」、第 3 節は「生産時間[1]」、第 4 節は「流通費」であるが、これらのうち第 4 節の素材・下地も手稿『経済学批判』の「商人資本 (das mercantile Capital). 貨幣取引に従事する資本 (das im Geldhandel beschäftigte Capital)——以下では簡単に「商業資本論」と呼ぶ——のうちに見出される。

序章　『資本論』第Ⅱ部第Ⅰ篇「資本循環論」成立過程の一齣　9

　さてマルクスは手稿『経済学批判』の第ⅩⅤ冊の「商業資本論」──これを「商業資本論」(1)と呼ぶこととする[2]──において、「流通過程に延長された生産過程」に投下された資本、即ち「流通過程に閉じ込められてる[「生産的」]資本[＝産業資本][3]」の検討に入る。上述のように、「流通の第2の行為」即ちW－G'は、「商品の市場への、流通への投入と商品の貨幣への転化・その販売」の2段階から成立っている[4]。したがって、「たとえ生産者たちの仕事場(Atelier)の中で行われないとしても、生産過程そのものに属する諸機能」の「第1は、運輸業(商品の輸送)[5]」ということとなる。

　ではなぜ運輸は生産過程なのか。この場合、輸送される「商品の使用価値は実際には完成している。しかしにもかかわらず、この使用価値について一つの変更が生じる。その場所的、空間的存在が変更される」からである、とマルクスは言う。なぜなら、「商品はこの場所変更を遂行してしまう前には、それは市場には存在せず、したがって流通の中にはまだ存在しない[6]」からである。だからこの運輸の「過程は、生産過程そのものに属する」のである、と。

　その第2が商品の「仕分け(dividing)」である。というのは、「商品が現実に商品として存在する前に、商品の使用価値は、まず、使用価値としてその商品にふさわしい量に応じて配分され、仕分け(sortieren)られなければならない」からである。例えば、ある全体の小麦の中から1クォーターの重さの小麦を計量して、初めて小麦1クォーターが存在するように、「使用価値としてその商品にふさわしい一定度量単位へ……の商品の現実の換算」即ち「仕分け」をしなければならない。そしてこの過程は、卸であれ小売であれ、商品が「商品として実在する前に、商品が遂行しなければならない一つの過程であり、またそれは、使用価値が商品の使用価値として完成する前に、使用価値そのものが遂行しなければならない一つの活動である」ので、それも「商品の生産過程……に属する」のである[7]、と。

　ところで「仕分け」という「この活動は、小売業の極めて重要な一部分をなしている」が、しかしこの活動に従事する者は、「仕事場(Atelier)における荷造人、倉庫係、計量人等々が、紡績工や染色工等々と全く同様に生産的労働者に属する」のと同じく、生産的労働者に属する。そしてまた「このように支出される資本は、紡績などなどに直接投下された資本と同様に生産的資本[産業

資本]であり、この過程が「流通分野で……繰り返し行われる場合でさえも、全く商品の生産過程に属する」、とする[8]。

その第3が「倉庫業(warehousing)」である。この場合マルクスは問題を次のように立てる。「商品が市場に存在し、したがって本来的生産過程を既に離れてしまって、流通の領域に入っていながら、商品の保管、倉庫への納入、保存に必要な、固定資本や流動資本(capital circulant)は[生産価格の形成に際して]どのような事情にあるのか」と。そして商品を「不変資本に入っていく」「第1種」と「個人的消費に直接入っていく」「第2種」とに大別する[9]。

まず「第1種」の例として綿花を取り上げる。仮に綿花輸入業者が倉庫をもっていないとすると、紡績業者自身が必要な綿花を貯蔵し、そのために「一方では倉庫や建造物(固定資本)を支出し、他方では綿花の保存に必要な活動をする賃労働者を雇うための可変資本を支出するに相違ない(müßte)」ことになる。そして「これらすべては生産諸条件であり、保存や保管のための活動や空費(Unkosten)等々は、ここでは生産諸条件そのものに属する。」したがって紡績にとって必要で、綿糸の生産という機能にとって当然のものである紡績資本の一部が、紡績業者の手中になくて綿花輸入業者などの手中にあって機能している場合には、「これらの機能に従事する諸資本は、それらがたとえ流通過程に存在するとしても、直接に生産的資本[産業資本]であり、生産過程の中に含まれているのである[10]」、と。

また「第2種」については、さらにこれを「労働者用消費手段」と「不変資本にも可変資本にも入ってゆかない」その他の消費手段とに分け、その商品が「事実上その貨幣形態を剥ぎ取られた可変資本をなす限り、この商品の保存や倉庫保管は生産過程の直接的諸条件に属するということは、さしあたり明らかである」、とする。そして「可変資本に入ってゆかない商品の倉庫保管」も、一定の条件の下では「直接的生産過程の中に含まれる[11]」ものとする[12]。

さて以上の検討の結果をマルクスは次のように要約する。「運輸、度量衡に従った仕分け、商品の倉庫保管への資本の投資は、すべて共通性をもっている。即ちこれらの投資は商品の使用価値を直接に変更し影響を及ぼし、それに一つの別な形態を与える——場所の変更によるのであれ、この使用価値の維持によるのであれ——諸過程に、充用されている。まさにこれらの過程の、商品の使

用価値に対する使用価値としての直接の関係こそが、これらの過程を直接的生産過程とするのであり、そしてそれに充用された資本を、一般的分業に従った、直接的生産の特殊分野に充用された生産的資本［産業資本］とするのである [13]」、と。

ところが「流通過程の中で持続する生産過程 [14]」に投下される資本の諸機能は、「商人資本と混同されるか、あるいは実際にもまた多かれ少なかれ商人資本と一つになって存在している [15]。」そこで「直接的生産の特殊分野に充用された生産的資本」を、以上のように確定することによって、「流通の中だけで機能する資本」の機能を「その純粋な形態で」取り出すことが可能となる [16]。そしてこのようにして概念的に確定される「生産的資本［産業資本］と並ぶ特殊な種類の資本(besondere Art Capital) [17]」の、つまり「流通過程の内部に押し込められていて、商品の使用価値およびその完成(finishing)の種々の段階とは絶対に関係のない資本」の「特殊な諸形態 [18]」が、純粋な「商業資本」＝「商人資本(Kaufmannscapial)」と「貨幣取引に従事する資本 [19]」なのである。

したがってこの「純粋な商人資本の機能は……流通過程における生産的活動……の継続から分離された、単なる購買と販売に解消する。」しかしこの「単なる購買と販売が商人(merchant)に、貨幣資本または商品資本の形態で直接投資される資本の他に、費用(Kosten)をもたらす。」そしてこうした「経費(Auslagen)が、……資本のうち直接に商品には投下されない第2の部分を形成する。」そこでこの問題をマルクスは、手稿『経済学批判』第ⅩⅦ冊における「商業資本論」(2) で取上げていく [20]。

ところで「これらの費用は、商品そのものの生産に、即ち労働過程で商品の使用価値を生産するのに必要となるのではなく、それらは商品の流通の中で、あるいは流通のために必要とされる、即ちそれらは商品を価値として実現するために必要なのである。」そこでこの「費用」＝「経費」は「流通費(Cirkulationskosten)」と呼ばれる。そして「これらの流通費——即ち純粋な商人資本の費用——は、商品の消費自体から生じる重要ではない部分と、他人の労働の支払いからなる重要な部分とに分解する。」前者は例えば「旅費、郵便料金、紙、インク事務所［費］等々」であり、後者は「形態的には賃労働者である」事務員・店員等々への賃金支払である [21]。

しかしこれら「両種類の流通費は、部分的には生産的資本［産業資本］それ自身の場合にも見出される。」例えば産業資本の「商業的または事務所的費用」がそれである。なぜなら「この流通はまさに生産的資本［産業資本］自身の過程で」あり、「生産資本［産業資本］は、工場（Fabrik）から区別された事務所（Office）としてもたえず機能している」からである。そして他方「商人資本は、流通過程で機能している生産的資本［産業資本］の自立化した一形態以外の何物でもないのである[22]。」

そこでマルクスはこの「流通費」を取り扱う上での一つの重要な方法的見地に到達する。即ち商人資本に関するすべての問題は、さしあたりは問題を、商人資本に固有ないずれかの諸現象も独立的には現れないで、生産的資本［産業資本］と直接的に結び付いた諸現象として、それとの直接的な関連において現れる形態で、設定することによって解決されねばならない」と。したがって例えば「事務所やその費用、それらの商品の価値や剰余価値との関係は、さしあたっては、生産的資本［産業資本］自身のうち流通に向けられた側面として現れるそのところで、考察すべきである[23]。」換言すれば、「純粋な商人資本の費用」（「流通費」）の問題は、「商業資本論」で取り扱う前に、「さしあたっては」第Ⅱ部「資本の流通過程」のところで考察すべきである、と言うのである。

そして事務所やその費用を、流通過程でたえず機能している産業資本の一部として考察するならば、そういう費用は「生産上の空費（faux frais）に、即ち商品の使用価値の生産のための費用にではなく、商品としてその経済的形態から生じる再生産費に属する」ことが分かる。また事務員（clercs）やその他の仲間は形態的には賃労働者」であり、「彼らは直接に資本に彼らの労働能力を販売」しているが、彼らは商品を生産するのではなく、「資本のために［商品の価値の］実現を助けることに従事している」のであるから、「商業賃労働者が商品に付け加えるべき価値は、彼らの労働にではなく、彼らの労働能力に依存する」ことが解るのである[24]、と。

なお「流通費」には「純粋な商人資本の費用」以外に、「生産的資本家（productive Capitalist）」［＝産業資本家］も「商人（Kaufmann）」も共に負担しなければならない「流通費」がある。例えば、「貨幣支払や貨幣収納の単に技術的操作は、それ自身労働であり、この労働は、貨幣が支払手段として機能する限り、差額

計算や決済行為を必要とする。」また「支払や収納の他に、… 蓄蔵貨幣の保管を必要とするが、これもまた一つの特殊な操作である。」さらに「世界貨幣としての貨幣の機能から生じる」「為替相場や為替の種々な業務」がある。そしてこれらの技術的操作のための「労働は、一つの流通費である[25]」、と。

1) この第1稿の執筆「プラン」では、第1章は3節構成で、第2節は「生産時間と流通時間(Umlaufszeit)」となっている。ところが手稿本文の第3節「生産時間」では、マルクス自身が注記しているように、内容的には「資本の回転(Umschlag)」の概念規定が「先取り」されている(cf. MEGA, II/4・1, S.216, 231; 訳、前掲、96-97, 114頁)。
2) 手稿第XV冊(S.944-973)の「商業資本論」と第XVII冊(S.1029-1038)の「商業資本論」とは連続して執筆されている。そして第XVIII冊(S.1075-1084)の「商業資本論」は「エピソード。資本主義的再生産における貨幣の還流運動」(第XVII・XVIII冊)の後で書かれた「(続き)」である。しかしここでは便宜上これらの「商業資本論」を (1) (2) (3) と呼ぶこととする。なお第XIV冊の「第3章 資本と利潤」は、第XV冊の執筆以前に書かれたものである。念のために。
3) *MEGA*, II/3・5, S.1570; 訳、⑧, 49頁。
4) Cf. II/3・4, S.1980, S.1478; 訳、⑦, 448頁。
5) *MEGA*, II/3・5, S.1570; 訳、⑧, 49頁。
6) *Ibid.*; 訳、同上。
7) Cf. *ibid.*, S.1571; 訳、⑧, 49頁。
8) Cf. *ibid.*, S.1571; 訳、⑧, 49-50頁。
9) Cf. *ibid.*, S.1571; 訳、⑧, 50, 51頁。
10) Cf. *ibid.*, S.1571; 訳、⑧, 50頁。
11) Cf. *ibid.*, S.1572-1573; 訳、⑧, 50-52頁。なおこのような「第2種」の細分については、生産的労働論との関連で、別途検討することが必要であるが、ここではそのこととの指摘にとどめておく。
12) なおここでマルクスは「注意すべきこと」として、「倉庫保管に投資された資本」が「生産的」であるのは、「それ等が生産の平均的な諸条件によって提供される程度においてで」あり、したがって「供給過剰」による倉庫保管、即ち「流通過程の中断の結果として」のそれは、「産業的生産者にとっての生産の空費(faux frais)に属する」ことを指摘している。そして「流通過程のこのような停滞から運輸費がかかる場合の、その運輸費」も同様であるとしている(cf. *ibid.*, S.1573; 訳、⑧, 52頁)。
13) *Ibid.*, S.1573; 訳、⑧, 53-54頁。
14) *Ibid.*, S.1573; 訳、⑧, 53頁。
15) *Ibid.*, S.1570; 訳、⑧, 40頁。
16) Cf. *ibid.*, S.1573; 訳、⑧, 53頁。
17) *Ibid.*, S.1595; 訳、⑧, 81頁。
18) *Ibid.*, S.1574; 訳、⑧, 54頁。

19)　「それらは資本充用の特殊な諸分野として区別されるのみでなく、生産的資本［産業資本］としての生産的資本［産業資本］とは異なった種類の資本を形成する」(*ibid.*; cf. S.1595)。

20)　Cf. *ibid.*, S.1687-1688；訳、⑧、227-228 頁。

21)　Cf. *ibid.*, S.1688；訳、⑧、228, 229 頁。

22)　Cf. *ibid.*, S.1688, 1689；訳、⑧、228, 229 頁。「商人資本即ち特殊な(spezifisch)資本としての商品資本、他方、特殊な(spezifisch)業務即ち貨幣取引に投じられそしてそこに閉じ込められている(shut up)資本としての貨幣資本は、生産的資本が総生産過程を通過する中で受け取る、貨幣資本と商品資本と言うこれらの形態の自立化された存在様式以外の何物でもない」(*ibid.*, S.1579；訳、⑧、60 頁)。

23)　*Ibid.*, S.1698；訳、⑧、229 頁。

24)　Cf. *ibid.*, S.1689-1690, 1691；訳、⑧、230-231, 232, 233-234 頁。

25)　Cf. *ibid.*, S.1698, 1699, 1700；訳、⑧、241, 243-244 頁。

第4節　「資本の種々な形態」規定

　ではなぜ「エピソード。所得とその諸源泉」に、たとえ「岐論」としてであれ、「資本循環論」の「原型」が挿入されたのであろうか。またその「岐論」と——あるいはこの「エピソード」と——、「商業資本論」とはどのような関連にあったのであろうか。

　この点を明らかにするためには、「エピソード」の中の、先の「岐論」——即ち「岐論 (2)」——に先行するいま 1 つの「岐論」——「資本の種々な形態」（これを「岐論」(1)と呼ぶこととする）——を、まず考察することが必要となる。

　さて「所得の形態とその諸源泉とは、資本主義的諸関係を最も呪物的な形態で表わしている [1]」という文章で始まるこの「エピソード」の主たる考察課題は、「(5)　剰余価値に関する諸学説」の「補論 [2]」という位置からすれば、「剰余価値の個々の部分の分割」・「剰余価値の諸転化形態」などを論ずる第3~第5節 [3]にあったと言ってよいであろう。しかし本題に入る前にマルクスは、まず第 1 節で、「資本の本源的で一般的な定式(Formel)　G－W－G' が「意味のない要約(Resume)［G－G'］に短縮されている」・「最も完全な呪物」である・「利子生み資本 [4]」の、「資本主義的生産の基礎上での発展」を考察し、次いで第 2 節「産業資本との関係における利子生み資本と商業資本、より古い諸形態、派生的諸形態 [5]」の考察に移っていく。

即ち「商業的形態と利子［生み的］形態は、資本主義的形態、産業資本(das industrielle Capital)即ち資本が・ブルジョア社会をいかに支配するかの、資本関係の、基本形態……そしてすべての他の形態はただそれから派生的なものとしてか、あるいは副次的なものとして現れるに過ぎない――……よりも古いのだから、産業資本はその成立の過程でこれらの諸形態を従属させねばならず、またそれらを産業資本自身の派生的あるいは特殊な(besondre)諸機能に転換しなければならない[6]」、と。

そしてこの「従属化」・「転換」の歴史的過程を次のように説明する。「資本主義生産の最も未発達の段階」では、産業資本は利子生み資本に対して「権力(国家)」を通じて利子率を強制的に引き下げようとし、やがて産業資本は自己に「独特な形態――信用制度(Creditsystem)を創出していく。これが「利子生み資本を自己に従属させる産業資本の真の方法」であり、したがって「信用制度は産業資本に独自な創造物、それ自体産業資本の一形態であり、それはマニュファクチュアと共に始まり、大工業と共にさらに創り上げられた」ものである、と。また「商業資本が……産業資本に従属させられるか、あるいは同じことであるが……産業資本の特殊な(besondre)一機能となる」歴史過程には「2つの形態」があり、「第1の形態では商人が生産を支配する」ことによって「商人の産業資本家への転化」となり、「第2の形態」では「生産者が商人になる。」しかしいずれにせよ「商業資本はただ流通過程を媒介し、資本の再生産過程における一定の機能を行うだけ[7]」となる、と。

さてここまで来たところで、マルクスは太い角括弧 [ ] に入れた「岐論」(1)――「資本の種々な形態」――を挿入する。そしてここでは以下のように、資本を5つの基準で捉え、その「一般的範式」から出発して、「近代的資本の基本形態」を経て、その「特殊機能」の自立化したものとしての「商業資本」にまで至る。

まず最初の3つの形態であるが、それらは、「Ⅰ) 抽象的形態。G－W－G[']。およびG－G'」、「Ⅱ) 近代的資本の、即ち生産様式を支配する資本の、基本形態」、そして「Ⅲ) 生産過程自体における資本の特殊な(besondre)諸形態[8]」である。

第Ⅰの「この抽象的な形態は、資本のすべての形態に、前産業的形態にも、

合致する。」したがって「これは産業資本であろうと商業資本であろうと（industrial or mercantaile）、資本の一般的範式である。」しかし「G－W－G[']は直接には商業資本（Handelscapital）の表現としてのみ現れ、またG－G'はそれが商業資本の結果として捉えられない限りでは、利子生み資本（Zinstragendes Capital）として現れる。」しかも「商業資本は資本の自立的形態としては、資本主義的生産様式を想定していない」し、「それが資本の支配的形態である場合には、資本主義的生産様式とは別の生産様式を条件づけて」おり、「利子生み資本としてのG－G'はなおさらである。」

第Ⅱの「近代的資本の基本形態」は「再生産過程そのものを支配する資本の一形態、だからいわゆる『生産的資本（das "productive Capital"）』［産業資本］であり得るにすぎない。」ただしこの資本の場合にも「流通が前提として想定」されている。そして生産過程の諸条件は「賃労働としての労働と対立する・資本としての労働諸条件の自立化」として示され、さらに「生産の目的は交換価値の増大である。」そして第Ⅲに、このいわゆる「生産的資本」［＝産業資本］の「生産過程自体における資本の特殊な形態」として、「不変資本」と「可変資本」の区別が生じる[9]、と。

ところで第Ⅳとしてマルクスは同じく「生産的資本」（＝産業資本）の2つの形態を区別する。「Ⅳ）1）生産資本（productives Capital）あるいは流通資本（circulierendes Capial）。第1の形態：生産過程にある資本：第2の形態：流通過程（Ciruculationsprozeß）にある資本。」「2）生産資本（productives Capital）の流通形態（Ciruculationsform）から、区別：固定資本（fixes Capital）、流動資本（circulierendes Capital）が生じる。あるいは資本の再生産過程との関連で、その一部はただ流動的（circulierend）なものとしてのみ現れ、他の一部は固定的（fix）なものとして現れる[10]。」

その上でマルクスは「Ⅴ）流通資本（circulieredes Capital）、流通過程（Circulationsprozeß）にある資本」を取り上げる。即ちこの第Ⅴの場合の「第1の区別は資本が流通過程でとる諸形態」に従ったもので、「商品資本（Warencapital）、貨幣資本（Geldcapital）および生産資本（Productives Capital）」がその諸形態である。ただし「最後の形態で［生産資本］は、資本は再び生産要素に分解されていて、ここでは絶えず商品および労働として現れる。しかし資本は生産資本への転化と

共に、同時に流通部面から生産部面へ復帰している。」つまりここでは「いまや再生産として現れる。」そこで「第2の区別」が生じる。資本の「生産部面への復帰は、労働や原料などとしての商品が［流通部面で］購買された……時に初めて現実的となる」ということがそれである[11]、と。

　したがってこの第Ⅴの「流通資本、流通過程にある資本」は、第Ⅳのそれよりもやや広義の概念であり、流通過程＝再生産過程で姿態変換＝循環している資本というほどの意味での「流通資本」と解しうる。だからここでは、「生産資本」もまた一つの経過的な形態として挙げられてくると同時に、「しかし流通過程の内部では種々の間合い（Intervalle）が生じるという指摘となる。即ち「1）貨幣に転化されるまでの間合い（Interval）にある商品資本。」だから「商品の貨幣への転化、即ち商品の販売」は「一つの［時間的］過程」である。また「2）貨幣の商品への転化」は「第2の間合い」で、したがって「購買」は「第2の［時間的］過程」となる[12]、と。

　さてここからマルクスは重要な結論を導き出す。「資本の運動の中では、商品資本から貨幣資本への、また逆の、この移行（Untergehen）は、資本がたえず通過するところの・しかし資本の再生産過程の一契機を形成するに過ぎないところの・移行の諸形態としてのみ現れる。」だからまた「資本（たとえ同一の資本ではないとしても）のうちには、貨幣に移行するためにはつねに商品として市場にあるところの、そして商品に移行するために市場で貨幣で見出されるところの、その一部分がいつでもたえず存在する。そしてその部分はつねに商品から貨幣に、貨幣から商品に、商品から貨幣に転化する運動の中にある。」つまり資本＝産業資本の一部分は、たえず商品資本としてあるいは貨幣資本として流通過程で機能していなければならない。そこで「流通資本（circulieredes Capital）のこの機能が一つの資本の特殊な機能となり、特殊な機能として固定され」、「その資本が商業資本（Commercial capital, Handelscapital）となるのである[13]、と。

　これが「岐論」（1）の帰結である。即ち「近代的資本の基本形態」である「生産的資本」＝産業資本は、「生産資本」と「流通資本」の形態で存在し、しかもそれらは姿態変換運動を行うが、しかしそれには「一つの時間的過程」を経過しなければならず、それゆえ産業資本の一部はたえず流通資本として流通

過程に「固定」されなければならない。そこに産業資本の一部の、それとは区別された「特殊な種類」の資本としての「商業資本」の自立化の基礎があるのだ、といのである[14]。

　そしてこの資本の流通過程＝再生産過程における資本の姿態変動運動・「移行」を立ち入って検討しようとしたのが、先の「岐論」(2)[15]であったのである。だから「岐論」(2) は、既に示したように、この「岐論」(1) の結論部分をまさにそのまま受ける形で始められていた——「既に見たように、流通過程にある資本は——それが見出される流通過程、あるいは再生産過程ともいうことができるのだが、その段階に応じて——、商品資本としてまた貨幣資本として固定される」、と。したがって「再生産過程の3形態」論＝資本の3循環範式論(3循環形態の継起と並存論)は、生産過程と流通過程を「連続的なものとして」捉えた場合の資本の姿態変換の「形態を純粋に」考察して単にその型を析出しようとしただけのものではなく、「再生産過程の3形態」の「同時性」つまり「生産的資本」(＝産業資本)の一部が「同時に」商品資本または貨幣資本として流通過程に「固定」されていなければならないことをも明らかにしようとしたもの解さなければならない。

　実際マルクスはこの点を「商業資本論」(2) で自から次のように説明している。

　「貨幣取引に従事する資本は、商品取引に従事する資本と並んで、商業資本(Handelscapital)の一つの特殊な種類であり、一方は商品資本の発展であり、他方は貨幣資本の発展である……。両者は単に流通過程で見出される生産的資本[産業資本]の自立化した諸形態であり存在諸様式であるに過ぎない。」そして両者は共に産業資本に先行する資本の形態であるが、前者は産業資本に「先行して存在する、資本の最初の自由な形態」であるのに対し、後者の「貨幣取引およびそれに従事する資本(貨幣貸付資本(moneyed capital) 即ち利子生み資本もこれに属する)はただ商人資本(Kaufmannscapital)だけを前提する。」しかし「——資本主義的再生産過程の内部では——商人資本(das mercantile Capital)は、一面では、生産的資本[産業資本]の流通 W－G－W の中にある、……、あるいはそれがその流通分野で通過する総姿態変換の運動の中にある、生産的資本[産業資本]一般以外のなにものでも決してなく、他面では、生産的資本［産業

資本］から分離し、自立化した生産的資本［産業資本］の一部分である。」そして「貨幣取引に従事する資本の場合にも事情は全く同じである。」即ち「一度過程の中で見出される資本にとっては、だから再生産の連続的過程（continual course）の中にある資本にとっては、終結点と出発点のどちらもただ通貨点としてのみ現れる。資本が生産分野での滞留とこの分野への復帰との間にW－G－W'を通過しなければならない限り、貨幣Gは、事実上、反対の・この段階（Phase）を補足する出発点であるための、姿態変換の一段階の結果であるに過ぎない。しかし資本はW－GとG－Wという諸行為を同時に遂行する。即ち、ある資本がG－Wの段階（Stadium）にあるときに、他の資本がW－Gの段階に単にあるだけでなく、同一の資本が、生産過程の連続性のゆえに、同時にたえず購買しまた販売するのである。資本は絶え間なく同時に両段階にある。」そこで「商人資本（Kaufmannscapital）の場合と同様に、二重の意味での分業」が生じ、「生産的資本［産業資本］の一部分が生産的資本［産業資本］から分離し」、貨幣取引資本として自立化するのである[16]、と。

1) *MEGA*, II /3・4, S. 1450；訳、⑦、404 頁。

2) この「エピソード」を『剰余価値に関する諸学説』に「補論（Beilagen）」として収録することに対する異論もある。例えば、三宅義夫「*MEGA*（メガ）における『5 剰余価値に関する諸学説』の範囲誤認について」（『大東文化大学経済論集』第 49 巻第 3 号、1989 年 12 月；第 50 巻第 4 号、1990 年 4 月）を参照されたい。

3) ここでは便宜上、研究所版『諸学説』に付されている節別構成とその表題を利用する（cf. *Theorien über den Mehrwert,* besorgt v. Institut, Teil 3, 1962, S.673；訳、国民文庫版、⑨、4-5 頁。）

4) Cf. *MEGA*, op. cit., S.1453；訳、⑦、404 頁。

5) Cf. *Theorien*, op. cit., S.673；訳、⑨、4 頁。

6) *MEGA*, op. cit., S.1465；訳、⑦、426 頁。因みに研究所版『諸学説』では、この文章をもって「第 2 節」が始まっている。

7) Cf. *ibid.*, S.1466-1467；訳、⑦、426-428 頁。

8) Cf. *ibid.*, S.1468；訳、⑦、430-431 頁。

9) Cf. *ibid.*, S.1468；訳、⑦、431 頁。

10) *Ibid.*；訳、同上。なおここでは、「生産的資本」即ち「産業資本」の区別が問題とされていることは明らかであり、したがって 1) および 2) の ‚producives Capital‘ は ‚Productionscapital‘ に改めることができ、また 1) の ‚circulieredes Capital‘ は 2) のそれとは区別された ‚Zirkulationscapital‘ と解することができる。ただしそのことと、

固定資本―流動資本の概念規定が既に確定しているかどうかということとは、別である。

11) Cf. *ibid.*, S.1468-69；訳、⑦、431-432 頁。

12) Cf. *ibid.*, S.1469；訳、⑦、432 頁。

13) Cf. *ibid.*, S.1469；訳、⑦、432-433 頁。「生産的資本[産業資本]のうちの、経常的支出のためにたえず貨幣として存在しなければならない部分の他に、資本家階級全体のために、即ち総資本の再生産過程のために、いま一つの部分が――この過程の連続性のために――市場で購買手段としてたえず流通しなければならない。……この部分が商人資本を形成する」（*MEGA*, Ⅱ/3・5, S.1593；訳、⑧、77 頁）。

14) この「岐論」(1) の後、「エピソード」の本文では、「利子は利潤の一部分に他ならない」こと、「利子 生み資本の形成、産業資本(industrielles Capial)からのその分離は、産業資本発展の、資本主義的生産 様式そのものの必然的産物である」こと、「地代もまた剰余価値の……一部分の名称にすぎない」ことを指摘してから、「第3節」へと移っていく（cf. *MEGA*, Ⅱ/3・4, S.1469-1470；訳、⑦、433-434 頁）。

15) 因みに、この「岐論」(2) は「第3節」の後、「第4節」の前に、挿入されている。

16) Cf. *MEGA*, Ⅱ/3・5, S.1697, 1698；訳、⑧、239-240, 241 頁

第5節 「商業資本」の2形態

ところで、「岐論」(1) ではなお「商業資本」の2つの形態にまで立ち入っては考察されていなかった。そしてその点が「商業資本論」で検討されるのではあるが、しかし「商業資本論」が、「岐論」(1) の「資本の種々な形態」規定を直接引き継ぐ形で展開されているわけではない。

先の「エピソード」の第4節「剰余価値の本質――剰余労働――からの剰余価値の諸転化形態の一層の分離、……」で、マルクスは所得とその源泉との関係が、「最も呪物的」となる「利子生み資本という形態で現れるよりも前に、資本が通る道を考察」する。即ち「直接的生産過程では……剰余価値はまだ特殊な形態をとってはいない。」しかし流通過程が既に関連を消し去り、……剰余価値の量がここでは同時に資本の流通期間によっても規定されているので、労働時間には無関係に一要素が入ってくるように見える」ことになる。そして「最後に、完成した資本(frtiges Capital)は、全体として、流通過程と生産過程との統一として、再生産過程の表現として―― 一定の時間、一定の流通期間に一定の利潤（剰余価値）を生産する一定の価値額として――現れるが」「これによって剰余価値の単純な性質は覆い隠され……、それは利潤として現れる」ようにな

序章　『資本論』第Ⅱ部第Ⅰ篇「資本循環論」成立過程の一齣　21

る。そして「さらに利潤の平均利潤への転化、一般的利潤率の形成によって、個別資本の利潤は、……実態から見ても……個別資本がその特殊な生産部門で生産した剰余価値そのものとは異なったものとなる[1]」、と。

　ところが剰余価値（利潤）は「産業利潤と利子とに分裂」するだけでなく、「流通過程にある資本」はそこに「固定」され、「商業資本」として自立化し、剰余価値（利潤）の一部分がこの資本にも帰属していく。しかも「商業資本」も「利子生み資本」もそれ自体としては産業資本に歴史的には先行している。そこで利子と利子生み資本との「呪物的」関係を考察するとき、実は商業資本と商業利潤との関係をも明らかにしておかなければならないのである。しかしマルクスはなおこの時点では、「商業資本」と「利子生み資本」を考察する論理的順序を確定しておらず、そこでこの「エピソード」に続く「商業資本論」（1）においても、「エピソード」の第2節と同様に、産業資本との関係における利子生み資本と商業資本の歴史的過程の考察[2] から始めていく。

　そしてこの「商業資本論」はいわば試行錯誤の展開となる。歴史的考察の次に、商業資本の回転と利潤との関係を考察するために、産業資本の場合の労働の生産性と利潤との関係を「再び取上げ[3]」、それから本題である「商業資本全体」と「平均利潤の一般的法則[4]」との関係の考察に移っていこうとする。即ち「商人資本の行う追加は、価値を超える価格の単なる名目的な引き上げとみなしうるのかどうか、またはどのようにしてなのか？[5]」、と。そしてこの設問に答えるために、予め「流通の中でだけ機能する資本」の機能を「その純粋な形態で[6]」取り出そうとして、上述のように「流通過程に延長された生産過程」を考察し、それはそれで「流通費」論の一素材をなしていく。

　だからマルクスは、「流通資本（circulating capital）のこれらの［「流通過程の中で持続する生産の過程」という］諸機能を、……流通資本から分離」したところで、「横線による区切り[7] をつける。そして今度は純粋な「流通資本」の自立化した形態としての「商業資本」の具体的形態――「資本の特殊な諸姿態」即ち「商人資本（Kaufmannscapital）」と「貨幣取引に従事する資本（das im Geldhandel beschäftigte Capital）――の考察に入っていく。

　即ち、これらの「特殊な諸姿態」の資本は、「流通過程の諸機能のみを取り扱うのであるから、その独自な諸機能は商品の姿態変換の形態から、だから流

通過程としての流通過程に固有の形態運動から、説明されなければならない」として、まず「商人資本の機能」を次のように純粋に取り出す。商品の、したがって商品資本の運動はW－G－W・購買のための販売であり、そして「この過程がたえず反復される限り、購買のための販売と販売のための購買とである。商品の姿態変換を商品資本の姿態変換にさせるものは、この後者なのである。まさにこの場合には、単に商品と貨幣の形態の変化のみでなく、この過程の中での価値の維持と増大もまた問題である、ということが現れてくる。これが商人資本の機能なのである[8]。」／「同様に貨幣資本としての特殊な(spezifisch)資本の機能、簡単に貨幣取引(Geldhandel)は、その内容を、貨幣の——そしてだから、貨幣としての資本の定在様式における、貨幣としての資本の——、貨幣が商人資本の契機として果たす諸機能から区別された・特殊な諸機能からのみ、受け取る。」したがって「貨幣取引業者(Geldhändler)の諸操作(特殊な貨幣資本の諸操作)は、流通手段(商業資本において機能するような)としてのそれとは区別される貨幣としての貨幣の諸機能から流れ出てくる諸運動、だから貨幣としての資本の姿態における資本・貨幣資本としての資本・に帰する諸運動、以外のなにものでも全くない[9]。」／「だから(少なくとも外見からすれば)二重化が生じる。一面では、商人資本(commercial capital)(商品資本)と貨幣資本(moneyed capital)[「ここでは貨幣取引の意味での」]とは生産的資本[産業資本]の一般的な形態規定性であり、そしてそれ[産業資本]が商人資本(商品取引)および貨幣資本(貨幣取引)として通過する特殊な(besondre)諸運動は、生産的資本(das Productive Capital)[産業資本]がその再生産過程でこの両形態で行う特殊な諸機能である。」そして「他面では、特殊な諸資本(besondre Capitalien)……は、商人資本の形態であれ、貨幣資本の形態であれ、専属して活動する。それらはまた、生産的資本[産業資本]一般の特殊な諸形態として、特殊な諸分野、即ち資本価値の増殖の特殊な諸分野ともなる[10]」、と。

そしてこのような「商業資本論」(1)での「資本の特殊な諸姿態」の分析が、「エピソード」の「岐論」(1)の「資本の種々な形態」の直接的な続き・その展開としての位置を占めていく。

しかしここから直ちに「純粋な流通費」の問題に進むのではなく、マルクスはここで「商人資本」の回転と利潤(率)との関係を考察し[11]、その途上で「総再

序章　『資本論』第Ⅱ部第Ⅰ篇「資本循環論」成立過程の一齣　23

生産過程」における「三大取引」での「商人資本」の役割に言及していく[12]。そしてそれはそれで、「商業資本論」(2) と「商業資本論」(3) との間に挿入された大きな「エピソード。資本主義的再生産における貨幣の還流運動」(1) と (2)[13] へと連らなっていく。

　ところがこの考察の後にマルクスは再び横線による区切り[14] をつけ、商業資本と利潤率の均等化の問題に移っていく。そしてそれは手稿第ⅩⅤ冊の「商業資本論」(1) の最後の部分から、「第ⅩⅤ冊からの続き」としての・第ⅩⅦ冊の・「商業資本論」(2) へと書き進められていく。しかしこの場合にも、上述のように、「純粋な商人資本」の他に「純粋な商人資本の費用[15]」を処理することが必要となる。そしてそれが「純粋な流通費」論の素材の一つとなっていくのであるが、商業資本と利潤率の均等化を問題としているここでは、マルクスは、次の結論を引き出していく——「剰余価値に対する商人資本の関係は、生産的資本［産業資本］のそれとは異なった関係にある。……生産的資本［産業資本］にとっては、流通費は空費として現れる。商人資本にとっては、流通費は自分の利潤の源泉として現れ、この利潤は—— 一般的利潤を前提すれば——流通資本の大きさに比例する[16]」、と。

　その上でこの「商人資本」の場合と対比しつつ、上述のように、「生産過程の連続性」と資本諸姿態の「同時性」の問題に立ち返りつつ、貨幣の諸機能との関連での「技術的操作」の必要性とそのための「流通費」——「純粋な流通費」論のいま一つの素材——と、貨幣取引資本の立ち入った考察がなされる[17]。そして蓄蔵貨幣機能との関連では、「貨幣の保管が貨幣取引業者の手に帰する」と、「資本家が……遊休蓄蔵貨幣を利子生み資本として価値増殖し、貸付けようとする」のを、「貨幣取引業者がその階級全体のために行う」に至ること、即ち「支払や収納と同様に貸付や借り入れが貨幣取引に従事する資本の特殊な機能——資本の再生産過程自体から生じる機能——となり」、そして「資本として貸付可能な貨幣の集中」が行われるに至ることが指摘される[18]。また世界貨幣としての貨幣の機能から生じる「為替相場や為替の種々な業務」・「国際的な支払の決済」・「地金取引」などが、「貨幣取引業の自立的発展のための基礎」をなしていたこと、また「この貨幣取引業者は特に商品取引と結び付いて」きたことが指摘される[19]。

そしてさらに「信用制度(Creditwesen)の発展と共に初めて、貨幣資本(das monied capital)［「利子生み資本を含む」］と貨幣取引は資本主義的生産様式自体から生じた形態を受け取る」ことをも指摘した後、マルクスは商業資本と利潤との関係での「商人資本」と「貨幣取引に従事する資本」との区別を引き出す――「貨幣取引［資本］の利潤は、商人資本のそれとは同じ困難を示していない。」即ち「商人資本」の場合の「困難」は「その利潤が商品の価格への追加によって生じる」ので、「生産価格の規定に、結局は労働時間による商品の価値規定に、矛盾するように見える」点にある。「これに対して貨幣取引［資本］の場合には商品は直接には全く関係づけてはならず、また貨幣取引業の利潤の極めて大きな部分が利子……から成立っている」点に「困難」がある。そこで「剰余価値自体の一部が直接に貨幣取引業の利潤の源泉として現れ、また彼の利潤は単にこの剰余価値に対する分け前としてのみ現れるのである[20]」、と。

そしてこのように、現実の「貨幣取引に従事する資本」即ち'moneyed capital'は、「商業資本」としての「貨幣取引資本」であると同時に「利子生み資本」でもあり[21]、したがってその利潤においては、「貨幣取引として独立した生産的資本［産業資本］の、即ち言わば純粋な貨幣取引資本の、利潤は極めて小さな部分にすぎないことを指摘したマルクスは、「ここで初めて信用(Credit)としての資本についての篇(Abschnitt)に詳細に立入ることができる」とする。別言するならば、漸く「商業資本」と「利子生み資本」を展開する論理的順序の見透視がついたとするのであるが、しかし「それ［信用としての資本の篇］はここでの課題には含まれていない[22]」と述べて、この「商業資本論」(2)を終わる[23]。

1) Cf. *MEGA*, II /3·4, S.1481-1482 ; 訳、⑦、452-455 頁。
2) Cf. MEGA, II /3·5, S.1545f. ; 訳、⑧、5 頁以下。
3) *Ibid.*, S.1567 ; 訳、⑧、44 頁。Ibid., S.1567 ; 訳、⑧、44 頁。
4) *Ibid.*, S.1569 ; 訳、⑧、46-47 頁。
5) *Ibid.*, S.1570 ; 訳、⑧、48 頁。
6) *Ibid.*, S.1573 ; 訳、⑧、53 頁。
7) Cf. *ibid.*, S.1574 ; 訳、⑧、54 頁。
8) *Ibid.*, S.1574 ; 訳、⑧、54 頁。
9) *Ibid.*, S.1578 ; 訳、⑧、60 頁。

序章 『資本論』第Ⅱ部第Ⅰ篇「資本循環論」成立過程の一齣　25

10)　*Ibid.*, S.1579；訳、⑧、61 頁。

11)　Cf. *ibid.*, S.1580f.；訳、⑧、62 頁以下。

12)　Cf. *ibid.*, S.1593；訳、⑧、78 頁。

13)　Cf. *ibid.*, S.1701f., S.1750f.；訳、⑧、246 頁以下、337 頁以下。この「エピソード。貨幣の還流運動」(1) における「総再生産過程分析」が、第Ⅱ部第１稿第３章「流通と再生産」における単純再生産過程分析の、直接の素材となっていく。なおこの「エピソード」については、本書、第Ⅰ部第２第３章、並びに、拙著『マルクス「信用論」の解明──その成立史的視座から──』(2010 年)の「序章」を参照されたい。

14)　Cf. *ibid.*, S.1596；訳、⑧、82 頁。

15)　*Ibid.*, S.1688；訳、⑧、228 頁。

16)　*Ibid.*, S.1697；訳、⑧、238 頁。

17)　Cf. *ibid.*, S.1698；訳、⑧、240 頁。

18)　Cf. *ibid.*, S.1699-1700；訳、⑧、242-243 頁。

19)　Cf. *ibid.*, S.1700；訳、⑧、243-244 頁。

20)　Cf. *ibid.*, S.1701；訳、⑧、244 頁。

21)　ここではマルクスは、'moneyed capital' という言葉を「貨幣取引(Geldhandel)〔資本〕の意味で」(*ibid.*, S.1579；訳、⑧、60 頁)と「即ち、利子生み資本」(*ibid.*, S.1697；訳、⑧、240 頁)という意味でと区別して用いている。そして前者の意味の場合が言わば純粋な貨幣取引資本、即ち .Gelddhandlungscapital' であり、後者の場合が「貨幣取引とそれに従事する資本(利子生み資本を含む)」であり、「貨幣取引に従事する資本」には、後者の意味も含まれている。念のために。

22)　*Ibid.*, S.1701；訳、⑧、245 頁。

23)　したがって先の「エピソード」の「岐論」(1) に始まる「資本の種々な形態」規定は、「商業資本」(1) の「資本の特殊な諸姿態」を経て、なお「ここでの課題には含まれていない」「信用としての資本」へと連なっていくものと見ることができよう。

第６節　むすびにかえて

　上来検討してきたように、マルクスは『資本論』生成の第２期の手稿『経済学批判』の第ⅩⅤ冊で、「(5) 剰余価値に関する諸学説」の執筆を中断して「所得とその諸源泉」を「エピソード」として章入し、「所得」(利子)と「その源泉」(利子生み資本)との「最も呪物的」関係を考察し、利子もまた剰余価値の「転化形態」・「分肢形態」であることを明らかにする。しかし歴史的には利子生み資本と商業資本は共に産業資本に先行するのみでなく、剰余価値の「転化形態」としても、また剰余価値の利潤への・そして利潤の平均利潤への・転化との関連でも、「商業利潤」に言及することが必要となる。ところが同じく剰余

価値の「転化形態」の一つである「地代」の場合とは異なって、「スミスやリカードのような偉大な経済学者たち」ですら、「流通資本(das circulierende Capital)」を「生産資本(das produktive Capital)」と共に「事実上単にそれ自身が資本の再生産過程の一段階(Phase)である限りで考察しているだけで」、彼らは「独自な資本種類(eigner Sorte Capital)としての商人資本については当惑」し、「そのために……商人資本を事実上全く問題にしていない[1]。」そこでマルクスも商業利潤論を直ちに「剰余価値に関する諸学説」の系論ないし岐論の一部としては取り扱い得ず[2]、まず「商業資本」そのものを、「資本[＝産業資本]の再生産過程の一段階」にある「流通資本」と、その「特殊な資本種類」としてのその「自立化」の基礎にまで遡って考察しなければならなったのである[3]。それが「資本の種々な形態」論であり、「再生産過程の3形態」論——「資本循環論」(3循環形態の契機と並存論)の「原型」——なのである。

　ところで『資本論』生成の第1期の手稿『経済学批判要綱』における「流通過程の章」は、抽象的「資本一般[4]」の考察という枠組みの中にあり、したがって「諸資本(Capitalien)」の「流通」の考察は、「流通過程の章」の外に置かれていた。ところがそれは、第2期の手稿『経済学批判』の「(5) 剰余価値に関する諸学説」の中でのスミスの「ドグマ v+m」の批判を通じて次第に改められ、それと共に、「流通過程の章」も「再生産過程あるいは流通過程の篇(Abschnitt)」に拡大され、「総再生産過程」の分析も「同時に再生産過程であるところの資本の流通過程のところで……考察される」こととなっていく[5]。他方『要綱』の「流通過程の章」は、資本の回転論的考察の一部についてはあるまとまりを示していたとはいえ、なお全体としては回転論上の概念によって処理された「星雲状態[6]」にあり、また資本の循環に言及される限り[7]、それは「個々の生産過程」の視点からの把握に止まっていた。

　ところが、この「同時に再生産過程でもある流通過程」を厳密に規定することが、「商業資本論」との関連で、「個々の生産過程」から区別された「再生産過程の連続性」の視点によって果たされ、「再生産過程の3形態」(その継起と並存)論が導出されることによって、『要綱』段階における回転論＝循環論から循環論がかかるものとして分離されていく[8]と共に、「総再生産過程」を「流通過程の篇」で分析する視角も次第に定まっていく[9]こととなる。それだ

けではなく、同時にまた「商業資本」——商品取引資本（商人資本）と貨幣取引資本——を、さらに後者を通じて利子生み資本を、だから「信用としての資本」をも、現実的・具体的「資本一般[10]」の中で考察することが可能となっていく。そしてそこに第Ⅱ部第1章［篇］「資本の流通」の素材ないし下地形成の、就中「資本循環論」（3循環形態の継起と並存論）の「原型」成立の意義がある[11]ものといえよう。

1) *MEGA*, Ⅱ/3・5, S.1595-1596 ; 訳、⑧, 81-82 頁。

2) スミスやリカードが「特に商業資本を取り扱っている場合、例えばリカードが外国貿易のところでそれを取り扱っているような場合には、彼らは［それが］価値を創造せず、したがって剰余価値を創造しないという［こと］を指摘しようとしている」（*MEGA, ibid.*）——「商業資本論」(1)。これに対し、「コベートは……経済学の一般的原理を与えるなどとは言ってはいない。彼は商業資本をある特殊なもの(etwas Spezifisches)として捉え、その特殊な運動を叙述している。商業資本と一般的諸原理との関連は、展開されているものとしては、むしろ漠然と示唆されている」（*ibid.*, S.1761-1762 ; 訳、⑧, 357-358 頁）——「商業資本論」(3)。

3) 「商業資本論」(3)を書いた後で、マルクスは「(5) 剰余価値関する諸学説（続き）」に復帰している。

4) Cf. M. Müller, *Auf dem Wege Zum >Kapital<*, 1979, S.139 ; do., Die Bedeutung des Manuskripts >Zur Kiritik der politischen Ökonomie< 1861-1863, *op. cit.*, S.39.

5) さしあたり、本書、第Ⅰ部第1章第3節を参照されたい。

6) 山田鋭夫 / 森田桐朗『コンメンタール「経済学批判要綱」』（下）、1974 年、88 頁。

7) 例えば、小林賢齊「再生産表式と資本の循環・回転」（前掲、『基本問題』、16-17頁）などを参照されたい。

8) 『要綱』段階において既に始まっていたスミスの 'circulating capital' 概念からの脱化の過程も、ここで大きな一歩前進となることは言うまでもあるまい。

9) 因みに、『資本論』第Ⅱ部第1稿第1章第1節「資本の姿態変換」の「Ⅳ 流通過程の第4の形態［商品資本の循環範式］」において、初めてこの分析視角が言及される——「現実の(reell)再生産＝及び流通過程は、多数の諸資本の即ち種々な産業(trades)の諸資本に分裂している総資本の過程としてのみ把握され得る。したがって、これまでの考察方法とは異なって、現実的再生産過程の考察方法が必要であるが、それはこの部の第3章［篇］で行われる」（*MEGA*, Ⅱ/4・1, S.182 ; 訳、前掲、59 頁）、と。

とは言えこの第Ⅱ部第1稿執筆時期には、いわゆる「1863 年プラン」と同様に、第Ⅲ部で「資本主義的生産の総過程における貨幣の還流運動」を考察することをなお予定していた(cf. Выгодоский/..., *op. cit.*, стр.101 ; 訳、前掲、202 頁）。そして「貨幣の還流運動」の「章」が第Ⅲ部からはずされた後も、「総再生産過程」と「貨幣還流運動」とのいわば統一的考察の課題は残り、それは第Ⅱ部第Ⅷ稿にまで持ち越されてい

28

くのである。

10) Cf. M. Müller, *op. cit.*, S.136 ; do., Die Bedeutung des Manuskripts ……, *op. cit.*, S.39.

11) したがって、『資本論』第Ⅱ部の「序言」でのエンゲルスによる手稿『経済学批判』についての紹介——「第ⅩⅥ～第ⅩⅧ冊は資本と利潤、利潤率、商人資本および貨幣[取引]資本を、つまり後に第Ⅲ部のための手稿中で展開されている諸課題を取り扱って」おり、「第Ⅱ部で取り扱われた諸課題は……ことに手稿の主要部分の剰余価値に関する諸学説と題する第Ⅵ～第ⅩⅤ冊で片手間的に取り扱われている」(*MEW*, Bd.24, S.8 ; 訳、⑤, 8～9頁)——も、再検討が必要となろう。

第 I 部

手稿『経済学批判』における
　　再生産表式成立過程の諸考察

——スミスの「ドグマ v ＋ m」批判から
　　　　　　　　マルクスの「経済表」まで——

第1章　手稿『経済学批判』の第X冊について
―― 『諸学説』第6章「岐論。ケネーによる経済表」――

第1節　問題の所在

　周知のようにエンゲルスは『資本論』第Ⅱ部の「序言」で、「第Ⅱ部のためにマルクスによって遺された手書きの材料」の第1として、1861年8月~1863年6月執筆の手稿『経済学批判について』を挙げ、次のように述べている。「特に手稿の主要部分をなす篇、即ち220~972頁（第Ⅵ~第ⅩⅤ冊）・剰余価値に関する諸学説において」、「後に第Ⅱ部…で研究している諸点」も「同時に展開」されているが、「私はこの手稿の批判的部分を、第Ⅱ部および第Ⅲ部で既に解決済みの多数の個所を取り除いた後、『資本論』の第Ⅳ部として公刊するように留保しておく [1]」、と。

　このエンゲルスが「保留した」仕事を引き継いだカウツキーは、しかし、『諸学説』を「エンゲルスが企画したように『資本論』の第Ⅳ巻として編集」することを「断念」し、しかも「エンゲルスが考えていた750の手稿頁以外」の個所からもマルクスの叙述を抜き出してそれに加え、「17世紀から19世紀までの一連の著書」を年代順に並べ、第Ⅰ巻を「剰余価値理論の初発からアダム・スミスまで」、第Ⅱ巻を「ダヴィッド・リカード」、第Ⅲ巻を「リカードから俗流経済学へ」とする。そして第Ⅰ巻を「A. 重農学派とその若干の先行者および同時代人」と「B. アダム・スミスと生産的労働の概念」に大別し、それに「『経済表』への付録」を付し、また「B」の第4章を「価格の賃銀、利潤および地代への分解」とし、不変資本の再生産に関する叙述をあちこちから抜き出してきて、この章への「付録」とする。また第Ⅱ巻は、リカードに関する「剰余価値と利潤」を第1篇とし、第2篇「地代」の第1章を「ロードベルタス」とする [2]。

　このようなカウツキー版『諸学説』しか公刊されていない段階では、エンゲ

ルスが剰余価値に関する諸学説の叙述の中で「同時に展開」されていると指摘した、マルクスの社会的総資本の再生産＝循環過程研究の軌跡を追求するには、嘗て山田盛太郎氏が試みたように[3]、いわば間接的に、マルクス＝エンゲルスの『往復書簡集[4]』にこれを求めざるを得なかったのである。

　ところで、1956 年に研究所版『諸学説』第 1 分冊が刊行——マルクス手稿『経済学批判』の第 VI〜第 XV 冊の表紙に、一部プランを含めて記した「5. 剰余価値に関する諸学説」の「内容目次」もここで初めて公表——されるにおよび、マルクス再生産表式成立過程の研究も新たな段階を迎えることとなる。なぜならこの新版『諸学説』は、カウツキー版とは異なって、マルクスが執筆した手稿の頁が基本的にはすべて明示されているからである。しかし同時に、再生産表式成立史の研究にとっても、新たな問題——マルクスの手紙の内容と『諸学説』での展開との照応関係——が生じてくる。例えば嘗て山田氏が、再生産表式の成立過程、したがってマルクスの「経済表」——この「表」自体が、1863 年 7 月 5 日付のエンゲルス宛のマルクスの手紙で知られるに至ったのであるが——の成立過程を見る上で、特別の意義を読みこまれた 1862 年 6 月 18 日付のエンゲルス宛のマルクスの手紙と手稿第 X 冊との関係などがそれである。

　即ちこの 6 月 18 日付の手紙でマルクスは、手稿について次の 3 点に言及している。(1)「僕はこの巻をもっと拡げる」、(2)「ついでに、僕はいま地代も射止めた（がそれをこの部分で暗示だけでもしようとは思っていない）」、(3)ドクトル・ケネーの『経済表』の説明に役立つであろう」から「イタリア式簿記範例(説明つき)を一つ、お願いしたい[5]」、と。他方、手稿第 X 冊の「内容目次」は次のようである——「岐論。ケネーの経済表 / e) ランゲ / f) ブレイ / g) ロードベルタス氏、岐論。新しい地代論[6]」——。

　そこで、ここに若干の重要な論点が浮上してくることとなる。即ち手稿の第 VI 冊から第 IX 冊まで、「a) ステュアート / b) 重農学派 / c) A. スミス / d) ネッカー」と書き進んできたマルクスが、この第 X 冊に至って「岐論（Abschweifung）」を 2 つも執筆し、しかもその最初の「岐論」には順序を示す a) b) 等の記号も付していないのは何故なのであろうか？これらのことと，手紙で「この巻をもっと拡げる」とマルクスが伝えていることとは関連するのであろうか？研究所版編集者は手稿第 VI〜第 XVIII 冊は 1862 年 1 月〜1863 年 1 月

32 第Ⅰ部 手稿『経済学批判』における再生産表式成立過程の諸考察

に執筆されたと指摘している[7]が、第Ⅹ冊でケネーについての「岐論」が執筆されているとしても、そもそも6月18日付の手紙と第Ⅹ冊の執筆時期の如何によっては、「地代を射止めた」ことと「イタリア式簿記範例」の依頼との関係の読み方も異なってこないであろうか? 等々。

　以下本章では、まず研究所版『諸学説』以来繰り返し行われてきた手稿第Ⅹ冊についての考証の経緯を辿り、次いで「ケネーによる経済表」が「岐論」として執筆されてくる所以を、マルクスの「経済表」成立過程の視角から探ることとしたい。

1) *Marx Engels Werke（MEW）*, Bd., 24, S. 8.
2) K. Marx, *Theorien über den Mehrwert,* hrsg. von K. Kautsky, Bd.Ⅰ,(1905), 1923, S. Ⅸ, Ⅺ, Ⅲ～Ⅳ：訳、黄土社版、第1巻, 7, 8, 19~22頁；*ibid.,* Bd.Ⅱ/1, S.Ⅴ, Ⅲ～Ⅳ：訳、第2巻第1部, 3, 11~13頁。
3) 山田盛太郎、『再生産過程表式分析序論』[『経済学全集』第11巻、1911年]（『山田盛太郎著作集』第1巻、71~72頁）。
4) Cf. *Der Briefwechsel zwischen Friedrich Engels und Karl Marx*, hrsg. von A. Bebel und E. Bernstein, Bd.Ⅲ, 1913.
5) *MEW*, Bd.30, S.248~249.
6) *Marx, Theorien über den Mehrwert,* hrsg. v. Institut f. M-L, 1.Teil, 1956, S.3：訳、青木書店版、第1分冊、39頁。
7) Do., *Theorien*, op.cit., Vorwort, S.Ⅶ：訳、同上、4頁。

第2節　手稿第Ⅹ冊の執筆時期の考証
――別冊手稿から手稿『経済学批判』の第Ⅹ冊へ――

　まず手稿第Ⅹ冊における2つの「岐論」の執筆時期の考証から検討を始めよう。

1)　研究所版『諸学説』（1956年、1959年）

　研究所版『諸学説』の編集者は、「岐論。ケネーによる経済表」でマルクスが検討している「経済表」（範式）に着目する。即ち「マルクスはここ[第Ⅹ冊422頁]ではシュマルツの著書『経済学…』にある経済表の表示を利用している[1]」のに、第ⅩⅩⅢ冊1433頁では[2]デール版によって「ケネーが『経済表の分析』で与えた形で（若干簡略化して）引用している。[3]」しかもシュマルツに

第1章　手稿『経済学批判』の第Ⅹ冊について　　33

ついてみると、マルクスは第Ⅵ冊 241~242 頁と第Ⅸ冊の最後の 421 頁では、彼の著書によって直接引用・批判しているのに、422 頁から始まるこの第Ⅹ冊のケネーについての「『岐論』全体においては…彼が言及している著者たちの書物からは殆ど引用をしていない。」ただしこの「岐論」の最後の 437 頁では、「彼はスミスからの引用とプルードンからの抜粋をしている」が、これについてだけは「手稿中で　プルードンを論じた個所（429）頁）に属すると指示している。」　そこで編集者はまず次のように推論する。「『岐論』執筆の際マルクスは、ケネーやその他上述の著者たちの書物を手許に持っていなかったのだ[4]」、と。

　そしてこの推論が正しいとすると、マルクスがロンドンを離れていた時期、つまり「彼のマンチェスター滞在中である 1862 年 4 月に、彼は［ケネーについて］『岐論』のほぼ全体…を書き上げた、ということが非常にありそうになる[5]」〔[補注 1]〕、というのである。

　ではいま一つの「岐論、新しい地代論」についてはどう見るのか。編集者は「第Ⅹ冊の表紙の内容目次のプラン」の執筆順序の変更に注目する。即ちマルクスは「最初は（ursprünglich）『f』章の表題（この標題は『e）ランゲ』の章の標題に直接続いている）に、『リカード』という名前を書いて」いたのであるが、それを「消して、その代わりに『ブレイ』と書き込んで」いる。それはランゲについて執筆しているうちに、マルクスが「この概観の中で」「二三の社会主義的著述家」にも言及するであろうということになったためで、彼が「ブレイについての章を書き始めた時には、リカードに関する部分（Abschnitt）を次の章、即ち『g）』章をもって開始するつもりであった」のである。ところがブレイについての章を「未完のまま」にして、マルクスはまたも「g）」章の「表題の中から『リカード』という名前を消し」て、この章を「ロードベルタス氏。岐論。新しい地代論」に改めている[6]」、と。

　このリカードについての執筆予定の 2 度目の変更理由として、編集者は「外的動機」と「内的動機」を次のように説明する。即ち 1862 年 6 月 2 日付でF. ラッサールは「マルクスに『僕が君に持たせてやった本（ロードベルタス、ロッシャー、等）も…10 月初めに僕のところに送ってもらわねば…』と催促している。そこでマルクスは「直ちにロードベルタスについての章の仕事にとりかからねばならなく」なったのである。そしてまた、エンゲルス宛の「マルクスの

34 第Ⅰ部 手稿『経済学批判』における再生産表式成立過程の諸考察

諸手紙…から読み取れるように、彼には既にこのころまでにリカードの地代論の誤り（Unrichtigkeit）がどこにあるかが完全に明らかであった。マルクスは絶対地代の概念の欠如のうちにリカード地代論の主要欠陥の一つを見ていた。」しかも「この概念を展開する試みをもってロードベルタスが…登場していた」ので、「マルクスはリカード地代論の特別な研究にとりかかる前に…『岐論』でロードベルタスのこの試みに詳細な批判的分析を加えたのである[7]」、と。

そこで編集者は、手稿第Ⅹ冊の445頁に始まる「ロードベルタス氏。岐論」を、「マルクスは1862年6月に書き始めた[8]」と推定する。

ところで、『諸学説』第1分冊（1956年）と第2分冊（1959年）で編集者が示した、2つの「岐論」の執筆時期についての推論は、われわれに次のようないま一つの推論を許すこととなる。即ち、一方が4月に第Ⅹ冊の442頁から437頁まで書き上げられていて、他方が6月に445頁から書き始められたとすると、5月にはマルクスは僅かに7~8頁しか書き進まなかったとするか、あるいは、むしろ第Ⅹ冊の途中で執筆を中断した、と。そしてもしそうであるとすると、そこにはあるまとまりがなければならないことになる。編集者が、第Ⅸ冊末尾の「d) ネッカー」、第Ⅹ冊の「岐論。ケネー …」、「e) ランゲ」までを、「その性質からして重農学派に関する部分［即ち「b) 重農学派」］への補足（Ergänzung）を表している…三つの章[9]」として一括しているところからすると、編集者はあるいは暗黙のうちにそうした想定をしていたのかもしれない。がそのように「補足」として一括すると、後述のように、それはそれで別の問題が生じてくるのである。

しかし研究所版『諸学説』に示されたこのような考証と推論は、全集版『諸学説』（1965~1968年）でもそのまま踏襲される[10]。

1) Marx, *Theorien*, op. cit., 1.Teil, Anmerkungen, Nr. 88, S.461 ; 訳、第1分冊、443頁。
2) Cf. *ibid.*, Beilagen, S. 342 : 訳、同上、552頁。
3) *Ibid.*, Anmerkungen Nr. 125, S.445 : 訳、同上、551頁。
4) *Ibid.*, Anmerkungen Nr. 88, S.461 : 訳、同上、443頁。
5) *Ibid.* : 訳、同上。
6) Marx, *Theorien*, op. cit., 2.Teil, 1959, Anmerkungen Nr.1, S.662 ; cf. *ibid.*, 1.Teil, Anmerukungen Nr.94, S.462 : 訳、前掲、468頁 ; *ibid.*, 3.Teil, 1962, Anmerkungen Nr. 94, S.635~636.

7) *Ibid.*, 2. Teil, S.682~683.

8) *Ibid.*, S.682.

9) *Ibid.*

10) 例えば研究所版『諸学説』第1分冊の「注解88」は、全集版では「注解91」となるが内容は同一であり、また第2分冊の「注解1」は、表現などに若干の変更は見られるものの内容上はそのまま受け継がれている。Cf. *MEW*, Bd.26/1, 1965, S.468；Bd. 26/2, 1967, Anmekungen Nr.1, S.672：訳、国民文庫版、③、210~211頁、④、421~423頁。

〔補注1〕

　以前に筆者が、この「岐論。ケネーによる経済表」を「1862年4月執筆」としたのは、この研究所版の「注解」によったのである[11]。

　そしてこの「岐論」執筆が4月であるとすれば、それは同年6月18日付のエンゲルス宛のマルクスの手紙に2カ月も先立つこととなる。そこで筆者は、スミスの「ドグマv＋m」批判に端を発する不変資本の再生産の検討を、マルクスの「経済表」成立過程の「第一のステップ」とみなし、「ケネーの経済表と貨幣還流の二形態」の検討を「第二のステップ」と呼び、「マルクスの『経済表』の成立過程が彼の地代論の完成を伴っている[12]」とし、戦前『往復書簡』によって、山田氏が「地代論の完成」を「起点」とし、ケネー「経済表」の検討を経てマルクス自身の「経済表」に至るとされた点に、婉曲に疑問を投げかけたのである[13]。

　ところが、一方水谷氏からは「『＜表＞成立の過程が地代論の完成を伴っている』という形で山田氏の見解を受け入れて」いるのは「整合」に欠けるとの批判[14]を、他方では矢吹氏からは「地代論の完成を（経済表）の起点とすることはできない」とする水谷・高木彰氏への道を開いた者としての批判[15]を得、現在に至っている[16]。

11) 小林賢齊、「再生産表式と資本の循環・回転」（前掲、拙著、『基本問題』、27ページ及び同、注3））を参照されたい。

12) 小林、同上、『基本問題』、22, 26, 30ページ。

13) 因みに、この「伴っている」という表現について言えば、筆者はこの旧稿で、「経済表」から「再生産表式」への発展についても、同趣旨で用いているのである。即ち、山田氏がそこでも1868年4月22日付および4月26日付の「往復書簡」に「注目」され、表現技術上の点に「『表』から『表式』への転化を劃する一指標」を求められている（山田、『著作集』、前掲、70頁）点につき、「表現技術上の進歩を伴いつつ、

36 第Ⅰ部 手稿『経済学批判』における再生産表式成立過程の諸考察

『要綱』において『流動資本第一形態』の姿態変換として把握されていた資本
循環の揚棄によって媒介されたものといわなければならない」（小林、前掲『基
本問題』、35頁）、と。というのは、一つには『諸学説』第1分冊にも既に「c
＋(v＋x)」あるいは「(c＋v)＋x」という表現が見出された（*Theorien*, op. cit.,
1.Teil, S.358～359：訳、前掲、第1分冊、578～579頁）、からなのである。

14) 水谷謙治、「再生産論（『資本論』二巻三篇）の成立について（二）」、『立教経済学研究』第20巻第2号、1966年7月、160頁。

15) 矢吹満男、「『資本論』成立過程におけるマルクス『経済表』の意義」、『土地制度史学』第61号、1973年10月、12～13頁など。

16) 例えば大友敏明、「マルクス『経済表』の構造と意義」、『三田学会雑誌』第77巻第3号、1984年8月、30頁。

2) バーバラ・リーツの考証(1975年)

ところで1972年の新MEGAの刊行の開始とともに、手稿『経済学批判』
執筆時期の考証も新たに進められ、問題の手稿第Ⅹ冊に関しては、1975年1
月に、B.リーツの注目すべき論稿[1]が発表される。

彼女はまず、研究所版『カール・マルクス伝』(1973年)、ロシア語版『全集』
第47巻（1973年）およびW.S.ヴィゴドスキィの論稿(1970年)によって、ⅩⅩ
Ⅲ冊ノート全体の執筆時期は1861年8月から1863年7月、また手稿「『剰余
価値に関する諸学説』の主要部分」を含む第Ⅵ冊～第ⅩⅤ冊のそれは1862年1
月末～1862年11月、さらにそのうちの第Ⅵ冊～第Ⅹ冊のそれは1862年1月眉
6月、と前提する[2]。

その上で第Ⅹ冊について、彼女は、「マルクスは422頁から489頁までの通
し番号を付して」いるが、「最初は(ursprünglich)著者の手になるいま一つの頁
番号」があったという。即ち彼女の考証によると、「第Ⅹ冊はこの手稿の他の
ノートの場合と同様に3頁目から書き始められている。このノートの3頁目に
マルクスは、最初は頁番号1と書き、それからこのノートの半ばまで続けて、
即ち33頁まで、頁付けをした。」しかし「後になって、即ち421頁をもって終
わる第Ⅸ冊にこの独立のノート(Einzelheft)を付け加えることをマルクスが決
めた後で、彼は頁1を頁422に、2を423に、3を424に、4を425に、5を
426に、6を426aに、7を427に、等々、33頁を453頁に変えるまで、変更し
ていった[3]」のである。

第1章　手稿『経済学批判』の第X冊について　37

　第X冊における頁の変更というこの「発見」によって、リーツは「まず第一に、第IX冊が書き上げられる以前に、マルクスは後の第X冊を既に独立のノートとして書き始めていたのだ、という結論」を引き出す。そして第二に、そのことは、上述のような研究所版編集者の理解——「d) ネッカー」から 「岐論。ケネー…」を含めて「e) ランゲ」までを一括して「b) 重農学派」に対する「補足」とする——をも覆すこととなる。というのは、この頁の打ち直しを、彼女は次のように執筆プランの枠組みの問題と不可分のものとして理解するからである。即ち彼女の考え方は次のようである。第V冊で「3) 相対的剰余価値」の執筆を中断して、マルクスは第VI冊の220頁から「5) 剰余価値に関する諸学説」の考察に移るのではあるが、しかしそれは、「『資本についての著書』の一構成部分として…考えられていた『資本の生産過程』の章への歴史的－批判的研究」であり、したがって彼は「さしあたっては、ここではただ剰余価値＝および資本の概念の理論的展開の歴史だけを追求するというプランに強く従っていた」のである。そこで「彼は、流通過程の章に関係づけていた『岐論。ケネーによる経済表』を初めは(vorerst)一つの分離されたノートに書いていた」のである。そしてこの「同じノートに」、ランゲやブレイについても書いているのではあるが、それは、この「両経済学者についての叙述に関しては第5) 項のどこに位置づけるべきかが、なおあますところなきほどには明白ではなかった」からなのである。だからマルクスは「明らかに後になって、第IX冊の419頁にランゲについての位置の指定をし、また第XIV冊の内容目次でブレイを取り入れることとした」のである。そしてさらにこの二人の考察と共に、取り上げる「著者の範囲を拡大」することとなり、「第VII、VIII、X冊の内容目次の訂正」も、このことに由来しているのである[4]、と。

　実際、研究所版編集者も、一方で「d) ネッカー」から「e) ランゲ」までを一括して位置づけておきながら、他方では、なぜネッカーがランゲより先に考察されているのか、という点については次のように苦しい説明をしていたのである。即ちマルクスが取り上げているランゲとネッカーの著書の刊行年次などを比較すると、ランゲの方が先であるにもかかわらず、マルクスはそのことを「無視して」、彼についての章を「後にもってきている。」「この配置は、資本制的生産の性格についての理解の点で、ネッカーの両著作よりもランゲの著

38　第Ⅰ部　手稿『経済学批判』における再生産表式成立過程の諸考察

述の方がより高い段階にあるということによって、根拠づけられる[5]」、と。

　しかしリーツに従えば、ネッカーとランゲの関係はそんなところにあったのではなく、マルクスの手稿『諸学説』執筆プランの枠組みそのものにあったのである。その意味からすれば、一括されるべきはネッカー、ケネー「経済表」、ランゲではなくて、ケネー「経済表」、ランゲ、ブレイの方であったのである。そして彼女と共に、「独立のノート」つまり第Ⅹ冊の「e）ランゲ」あるいは「f）ブレイ」までが、第Ⅸ冊執筆後ではなく、少なくとも「d）ネッカー」以前に[6]、あるいは「c）A.スミス（結び）」と並行して執筆されていたものと推定するならば、「岐論。ケネー…」がたとえ1862年4月にマンチェスターでほぼ書き上げられていたとしても、先に指摘したような手稿執筆の中断の想定も必要なくなるのである。

　では何時どのような理由から、マルクスは「g）ロードベルタス氏。岐論…」に移っていったのか。それは彼女によると「外的事情」つまりラッサールからの催促状であり、「マルクスは第Ⅸ冊のほぼ終わりの辺りで、第5）項[[『諸学説]]の叙述を中断させ、そして地代の問題に従事することを余儀なくされた」のである。そしてマルクスが「それ[地代]についての叙述を…別冊のノートの25頁から書き始めた」のは、彼が6月18日付のエンゲルス宛の手紙で「はっきり認めている」ように、この時には未だ「地代の問題」を「この部分」に取り入れることにはしていなかったからなのである[7]。

　しかし「別冊ノート」の33頁、つまりこの「ノートのほぼ中ほどに近いところ」で、しかも「ロードベルタス氏。岐論…」を書き始めたところで、頁番号が打ち直されているところから、彼女はこの頁付けの「変更」は、『剰余価値に関する諸学説』に…地代の問題を包含させることと結び付き得たであろう」と推論する。そして「プラン変更」をマルクスがエンゲルスに伝えるのは8月2日付の手紙においてではあるが、「一つの構想上の変更」はそれよりも早く6月18日以降、「1862年6月第3旬で、第Ⅹ冊の後半部分がなお完全には書き上げられていなかったある時点である[8]」、と推定する。

　1）　B. Lietz, *Einige neue Gesichtspunkte zur Chronologie von Marx's Arbeit am ersten Teil der „Theorien über den Mehrwert "*, „Wirtschaftswissenschaft", Ht.1, Janu. 1975, S.

第1章　手稿『経済学批判』の第Ⅹ冊について　　39

127f.

2)　Cf. *ibid.*, S.128.

3)　*Ibid.*, S.128, 129. なお彼女は、このような頁付けの変更はフォトコピーでは識別できないこと、また6頁の426a頁への変更によって、それ「以下の頁変更にはいささかも気を使う必要はない」(*ibid.*)ことを、付言している。

4)　*Ibid.*, S.129.

5)　Marx, *Theorien*, op. cit., 1.Teil, Anmerkungen Nr.78, S.460~461：訳、第1分冊、438~439頁。

6)　因みに、この「ネッカー」の部分(第Ⅸ冊419頁)は次の書き出しで始まっている。「先に(schon oben)挙げた二三のランゲからの引用は、彼に資本制的生産の本質が明らかであることを証明している。しかしここではランゲはネッカーの後に挿入されうる」(*Theorien*, op. cit., S.268：訳、前掲、438頁)、と。研究所版編集者は、この「先に挙げた…引用」を、手稿第Ⅴ冊におけるそれと解釈したのであるが(cf., *ibid.*, Anmerkungen Nr.86, S.460：訳、同上、438頁)、リーツは上述のように、「独立のノート」に「e) ランゲ」を執筆した「後になって」から、マルクスは第Ⅸ冊「d)」を書いたものとみているのである。従って彼女の場合には、この「先に挙げた…引用」とは、この別冊ノートの「e) ランゲ」におけるものを指すこととなるのである。

7)　Liez, *op. cit.*, S.129. ただしここで彼女が、「第Ⅸ冊のほぼ終わりのあたり」と特定してくると、二つの問題が残る。一つは、第Ⅸ冊の終りの「d) ネッカー」の執筆時期の問題であり、いま一つは「f) ブレイ」が「未完」であることの説明の点である。

8)　*Ibid.*, S.130.

3) MEGA 第Ⅱ部第3巻(1976年, 1977年)

　さて手稿第Ⅹ冊に関するリーツの考証は、さらに第Ⅵ～第Ⅸ冊の執筆時期の考証によって確定されなければならない。なぜなら彼女の考証では、第Ⅹ冊の執筆開始時期、即ち、「岐論。ケネーによる経済表」の執筆開始時期はなお確定できないからである。これらの点について新たな考証の成果を提供するのがMEGA 第Ⅱ部第3巻第1分冊「付属資料」(1976年)の手稿『経済学批判』に関する「成立と伝承」および第2分冊「付属資料」(1977年)の編集者「注解」である。

　まず「成立と伝承」によると、第Ⅵ～第Ⅹ冊の執筆時期は次のようである。第Ⅰ冊第Ⅱ冊を1861年8~9月に執筆し、翌62年3月に第Ⅴ冊の210頁まで書き進んだマルクスは、そこで中断して、この月の中旬に第Ⅵ冊の220頁から「5.剰余価値に関する諸学説」を書き始める。そして第Ⅵ冊(272頁まで)を3月30日以前にほぼ書き上げて彼はマンチェスターに旅立ち、4月にそこで第Ⅶ冊

（273頁以下）を書き始めている。ただし 283a/283b 頁と 300~304 頁における、スミスの「ドグマ v+m」批判については、彼がロンドンに戻ってから書き足したものである。4 月末から 6 月初めにかけてマルクスは、第Ⅶ冊の残り、第Ⅷ冊（332~376頁）および第Ⅸ冊（377~421頁）の他に、さらに「独立のノート」の初めの部分を書き上げている。これらのうち第Ⅸ冊の 419~421 頁のネッカーに関する部分は、「短い中断の後に」書かれており、「この中断期間に…別に作ったノート」に、ケネー、ランゲ、ブレイについて執筆している。なぜなら第Ⅸ冊の 419 頁には「先に挙げたランゲ」という記述が見出されるからである [1]、と。

　このようにここではまず第 1 に、第Ⅵ冊の書き始めの時期が、1862 年 1 月から 3 月中旬に改められる [2]。そして第 2 に、4 月にマンチェスターでマルクスが執筆していたのは「岐論。ケネーによる経済表」ではなくて、第Ⅶ冊で、しかもそれは「年々の利潤と賃金が、利潤と賃金の他にそれを超える不変資本を含む年々の諸商品を購入することが、いかにして可能であるかの研究」と題された部分であろうとされる。というのは「この研究には引用が一つもない」からである [3]。したがって第 3 に、4 月末から 6 月初めにかけて、第Ⅶ冊の残りの部分、第Ⅷ冊、「独立のノート」のブレイまで、および第Ⅸ冊が ——だからリーツとは異なって「d) ネッカー」までが——、一気に書かれたものと推定されている。

　そして手稿第Ⅹ冊との関連でいえば、ここで新たに次の二点が指摘されてくる。一つは第Ⅸ冊の執筆「中断」の時期と「岐論。ケネー…」執筆開始時期との関係の推定である。即ち「さしあたって 1 から 32 [4] までの頁が付されていた別冊ノートの 8 頁（後の428頁）で、マルクスは『上述を見よ』という言葉でデステュット・ド・トラシーを指示している」が、「この指示は第Ⅸ冊の 402/403 頁に関係している。」だから「岐論」をここまで書いた時には「第Ⅸ冊のこの部分は既に書き上げられていたのである [5]」、と。

　いま一つは「ロードベルタス氏。岐論」とマルクスの 6 月 16 日付ラッサール宛ての手紙との関連である。ここでも、この「岐論」執筆の動機は、リーツ同様に 6 月 9 日付のラッサールからの催促状にあるものとし、したがって「6 月中旬に」マルクスは別冊ノートの 25 頁でこの仕事に取りかかったものとす

第1章 手稿『経済学批判』の第Ⅹ冊について　41

る。そして6月16日付の手紙の中にある「ロードベルタスについての覚書は、第Ⅹ冊の458頁の章句に関連している[6]」と推定する。したがってマルクスが「別冊ノート」を第Ⅹ冊として組み込んだのは、リーツの推定するように「6月3旬」ではなく、この手紙よりも前ということになるのである。

　次に第2分冊「付属資料」の「注解」であるが、そこでは以上を踏まえて、「岐論。ケネーによる経済表」執筆時期が、次のようにより具体的に推定される。即ち第Ⅶ冊の「内容目次」でも第Ⅷ冊のそれでも、マルクスは「J.ネッカーを取り扱った後、リカードへ移る」予定であった。ところがリーツが考証したように、第Ⅸ冊のネッカーについての書き出しは、「ランゲについての叙述が既に別冊ノート…に書かれていた」ことを示している。したがって「マルクスは第Ⅸ冊の仕事を…遅くとも419頁で中断し、別冊ノートに『岐論。ケネー…』とランゲに関する論述を書いてしまっていた[7]」ということになる。他方「別冊ノート」の7頁(第Ⅹ冊の427頁)は、上述のように、マルクスが「この時既にデステュット・ド・トラシーに関する…叙述を終えていたこと」を示している。そしてデステュットについての叙述は第Ⅸ冊の400~407頁にわたっているのであるから、マルクスは「別冊ノートに『岐論。ケネー…』を書くために、第Ⅸ冊の叙述を409~419頁の間で中断したに相違ない、という結論となる。[8]」しかもロードベルタスについての「岐論」の執筆は、6月2日付[9]のラッサールからの催促状によるのであるから、「マルクスは1862年の5月末~6月初めに[第Ⅸ冊の]執筆を中断して、別のノートにこの[ケネーの経済表についての]岐論を書いた[10]」のである、と。

1) *MEGA*, Ⅱ/3・1, 1976, Apparat, S.11, 13：訳、『マルクス資本論草稿集』、④, 46*, 48*, 49*, 50* 頁。
2) Cf. H.Drohla /B.Fischer/J.Jungnickel/M.Müller, Aus dem handschriftlichen Nachlaß von Karl Marx, „*Wirtschaftswissenschaft* ", Ht.11, Nov.1976, S.1642.
3) *MEGA*, Ⅱ/3・1, Apparat, S.12：訳、前掲、④, 49* 頁。
4) この点上述のようにリーツは1頁から33頁までと考証しており、1頁異なっている。
5) *MEGA, ibid.*, S.13：訳、同上、49*~50* 頁。
6) *Ibid.*：訳、同上、51* 頁。したがって頁付けの変更は、「6月中旬」(*MEGA*, Ⅱ/3・2, 1977, Apparat, S.112：訳、同上、⑤, 475 頁) と見なければならない。なお第Ⅸ冊

（490〜580頁）は、「およそ7月に書き上げられている」（*MEGA*, Ⅱ/3・1, Apparat, S.13：訳、同上、④, 51頁）ものと推定されている。因みに第Ⅹ冊の458頁を書いた後で6月16日付の手紙をマルクスが書いているということは、6月18日付のエンゲルス宛の手紙を理解する上でも注意しなければならない。その点は後述する。

7) *MEGA*, Ⅱ/3・2, Apparat, S.112：訳、同上、⑤, 469頁。

8) *Ibid.*, S.113：訳、同上、⑤, 497頁。因みに1977年のこの*MEGA*, Ⅱ/3・2, Apparat では、この「中断」頁を「408〜419頁」としているが、1982年の*MEGA*, Ⅱ/3, Apparat, S, 2909では「407〜419頁」に訂正されている。

9) Cf. *MEGA*, Ⅱ/3・3, Apparat, 1978, S.82：訳、同上、⑥, 5頁。なおラッサールのマルクス宛の催促状の日付は、*MEGA*, Ⅱ/3・3では「6月2日付」とされ、*MEGA*内部でも必ずしも明確ではない。

10) *MEGA*, Ⅱ/3・2, Apparat, S.112：訳、同上、⑤, 475頁。

第3節　スミスの「ドグマ」批判からケネーの「経済表」の検討
——「間奏曲」と「岐論」——

以上のような考証の経緯から、第Ⅹ冊の二つの「岐論」のうち、「ケネーの経済表の評価は第Ⅸ冊と並行して1862年6月初めまでに書き上げられ、またロードベルタスの岐論をマルクスは恐らく…ラッサールの照会の直後に書き始めた」と言って大過ないであろう。また「岐論として特徴づけられた二つの課題が『諸学説』の最初のプランには属していなかった[1]」と、一般的には言うことができるであろう。そして特に二つの「岐論」については、執筆事情についても時期いついても、これ以上の立ち入った検討は、当面の課題にとってはさしあたり不要であろう[2]。

しかし「岐論。ケネーの経済表」についてはそうではない。なるほどその考察は、以下で若干立ち入って検討するように、「最初のプランには属していなかった」のではあるが、不変資本の再生産の問題もまた「最初のプランには属していなかった」のである。したがってなぜ「ケネーの経済表」は「岐論」として位置づけられるのかが明らかにされなければならないのである[3]。

さてマルクスは第Ⅵ冊の220頁で「剰余価値に関する諸学説」の叙述を、「譲渡に基づく利潤[4]」から説明する「a) ステュアート」の考察から始め、次いで、「価値および剰余価値」を「流通からではなく生産から導き出す」が、

しかし「農業労働が唯一の生産的労働」であり、「地代が剰余価値の一般的形態である」とする「b）重農学派」の考察へと進む。そしてその冒頭でマルクスは重農学派の「功績」を「ブルジョア的視野の中での資本の分析」に認め、「第1に資本が労働過程中に存在し分解されていくところの種々な対象的諸成分の分析」を挙げ、第2に「こうした分析の他に、…資本が流通においてとる諸形態および一般的に資本の流通過程と再生産過程との間の諸関連を規定している」点を指摘する。しかし彼はこの第2の点については「流通に関する章（Capitel）で立ち返ること」として、そこでは「重農学派が剰余価値の源泉（Ursprung）についての研究を流通の領域から直接的生産そのものの領域へ移し、それによって資本制的生産の分析のための基礎を据えた[5]」点に考察を絞っていく。

　第Ⅵ冊243頁でマルクスは「c）A.スミス」に移り、「剰余価値の性質と源泉に関するスミスの研究[6]」を考察していくが、265頁でスミスが「社会的生産物の全価値を所得に分解する…誤り」との関連で、「社会的生産物と社会的所得と…を区別しようとするシュトルヒとラムジの試み[7]」に言及していく。そして272頁で、「ラムジが二重に考察したもの、即ち国全体にとっての再生産の場合の生産物の補填と、個別資本家にとっての価値による価値の補填とは、同時に再生産過程であるところの資本の流通過程のところで、共に個別資本にとって考察されねばならない二つの観点である」、と指摘する。その上で「ラムジは、A.スミスを煩わせ、あらゆる種類の諸困難に巻き込んだ本来の困難を解決していない」として、マルクスはこの「本来の困難[8]」の解決に向っていく。それが不変資本の再生産の問題──「年々の利潤と賃金が、利潤と賃金の他に、それを超える不変資本を含む年々の諸商品を購入することが、いかにして可能であるかの研究」──に他ならないからである。

　この所得即ち利潤と賃金との関連での不変資本の再生産の問題の検討は、第Ⅵ冊の272頁から第Ⅶ冊の299頁にまで及ぶが、この問題に入って間もない273頁の末尾で、マルクスは次のように言う。「不変資本（capital constant）の再生産に関する問題は明らかに資本の再生産過程あるいは流通過程の篇（Abschnitt）に属するが、それでもそのことはここで主要な事柄を解決することを妨げはしない[9]」、と。

44　第Ⅰ部　手稿『経済学批判』における再生産表式成立過程の諸考察

　したがってマルクスは既にここで「諸学説」の対象領域を事実上一歩拡大したと見ることができる。そして彼は織物業（生活資料生産部門の代表として）の不変資本と、紡績業および機械製造業（不変資本生産部門の代表として）の所得との、再生産＝補填の関係を析出するに至る[10]。しかしここでは、なお次の二つの限定をおいている。その一つは貨幣流通についてのものである。即ち283b頁でマルクスは「一国の年生産物が賃金および利潤…に分かれるという同じ見解を、A. スミスは第2篇第2章で、貨幣流通と信用制度の考察の際に述べている（これについては後でトゥックを参照）」と述べて、スミスによる「総流通の2区分[11]」説が彼の「ドグマ v+m」に由来することを指摘する。しかしマルクスは「この点には、トゥックも含めて、先に進んで立ち返ること[12]」としているのである。いま一つは不変資本生産部門内部での不変資本の再生産＝補填の問題である。彼は294頁で「諸問題のうちなお解決されるべく残っている部分」と指摘し、298頁までその問題を検討していくが、そこで、「この問題はそこまでにして、われわれは資本の流通過程のところでそれに立ち返る[13]」、としているのである。

　さて第Ⅶ冊299頁の末尾の行から第Ⅷ冊300頁の最初の行にかけて、マルクスは「われわれは今や、彼[スミス]のところで考察すべき最後の論点──生産的労働と不生産的労働との区別──に来た[14]」と述べて、その問題の考察に移っていく。したがって、この論題の検討で「(c) A. スミス」についての考察は終わるのであるが、それは第Ⅸ冊419頁にまで及ぶこととなる。しかし第Ⅶ冊319頁でJ. S. ミルの生産的労働と不生産的労働の概念に言及したところで、マルクスは「ここで述べるべきことは、本来は、剰余価値に関するリカードの理論について語るべき、この篇のもっと後の方に属する」のだがとしながらも、「剰余価値と利潤とを区別することなしに」「利潤率が、剰余価値を規定する法則によって直接規定されているということ」を「証明しようとあくせくしている」ミルについての、第Ⅷ冊345頁までの「岐論」（Abschweifung）[15]に入っていく。そして346頁で「われわれは今や生産的労働と不生産的労働とに立ち返る。ガルニエ[16]」と述べて本題に戻り、そこで「労働」が「資本」と交換されるか「所得」と交換されるかについて検討する。そしてこの点との関連から、第Ⅶ冊294頁では「資本の流通過程のところで…立ち返る」としていた不

変資本生産部門内部での不変資本の再生産＝補填の問題に結着を付けてしまう。「資本の一部分は、たとえ資本のこの部分が事情によっては流通したりあるいはしなかったりするとしても、資本によって補填されるのであり、所得によって補填されるのではない[17]」、と。

そして第Ⅸ冊(377~421頁)の379頁まで来たところで、マルクスはこのスミスの「生産的労働と不生産的労働」論の中に小項目「所得と資本との交換」を立ててくる。しかもこの小項目(379~419頁)の前半(379~391頁)は、391頁のフェリエに関する一文節[18]を除くと、この文節を挟む形で、括弧[　]に入れられた二つの岐論的展開となっている。この最初の岐論的部分(379~391頁)でマルクスは、年総生産物の再生産＝補填の問題を再検討する。ただしここには次の限定がある。即ち「次のことを区別すること、1) 所得のうち新しい資本に転化する部分、…2) 生産において消費された資本と交換される所得。」前者の「部分をわれわれは全く考慮の外に置く。それは蓄積の篇(Abschnitt)に属する。」後者との「交換によって新しい資本は形成されるのではなく、旧い資本が補填されるのである[19]」、と。

このようにマルクスは蓄積の問題に言及しつつも、ここではそれは「考慮の外に置く」とした上で、今度は総生産物の二部門分割を前提し、先に到達した三種の取引を、(1) 所得と所得との交換、(2) 所得と資本との交換、および(3) 資本と資本との交換と明確に規定すると共に、「新たに二視点[20]」を提起してくる。

それのみでない。彼はこの岐論的部分にさらに括弧[　]に入れた岐論的部分を挿入し、283b頁で「先に進んで立ち返ること」としていたスミス＝トゥックの「総流通の2区分」説に批判を加えていく。即ち「A.スミスの命題——商人と商人との間の取引は、商人と消費者…との間の取引に等しいに相違ない——は誤りである。それは全生産物が所得に分解するという彼の誤った命題に基づいており、それは事実上ただ、諸商品交換のうちで資本と所得との間の交換に等しい部分が諸商品の全交換に等しい、ということを意味している」からである。「だからこの命題と同様に、トゥックが貨幣流通に対してその上に打ち立てた理論的応用(特に商人の間で流通している貨幣量との関係)もまた誤りである。」「貨幣流通のうちもっぱらこの分野に属する部分[商人の間での流通]

は商人と消費者との間のそれからは全く区別されるのである[21]」、と。

　そして、いわばこの「岐論の岐論」ともいうべきこの挿入部分を終えたすぐ次のパラグラフで、マルクスは、「なお解決すべき二つの問題が残っている」として、次の2点を挙げる。「1）賃金はこれまでの考察では所得として、利潤と区別されずに取扱われた。賃金が同時に資本家の流動資本（Capital circulant）の一部として現れるということは、ここでどれくらい考慮に入るのか？」「2）これまでは全所得が所得として支出されると仮定されていた。だから、所得の、即ち利潤の一部分が資本化される場合に生じる変化を、考察すること」、と。むろん、この第2の点は「事実上蓄積過程の考察と一致する。しかしその形式的側面についてではない。」それは「簡単な」ことで、「ここで研究すべき残っているのは、このことが」年総生産物の三大取引に「どのように影響するか、ということ」なのである[22]、と。

　マルクスはこの二点の指摘をもって、第Ⅸ冊379頁に始まる、最初の長い岐論的部分を391頁で一度は閉じるのである。が彼は、改行もせずに続けて、括弧〔　〕に入れた次の覚えを書き加える──「だからこの間奏曲（Intermezzo）は、あい間あい間にこの歴史的－批判的部分において終わらせること[23]」、と。したがってこれによって、マルクスは、スミスの「ドグマ v+m」の批判・検討に端を発してこれまで事実上考察してきた、年総生産物の再生産＝補填に関する問題を、蓄積＝拡大再生産を含めて、「この歴史的－批判的部分」で取り扱っていくということを、つまり執筆プランをさらに一歩拡大していく[24] ということを自ら確認したのである。

　しかし注意すべきは、文脈から明らかなように、マルクスは年総生産物を再生産＝補填に関する岐論的部分を「間奏曲」と呼び、それについてなお残る問題を「この…部分」で奏で終わらせることとする[25] のであって、「岐論の岐論」ともいうべき貨幣流通の問題をもこの「間奏曲」に含めているのではないのである。彼はそのことを、第ⅩⅦ冊の「エピソード。資本制的再生産における貨幣の還流運動」で次のように確言している。即ち、以前に「総再生産過程で種々の諸資本の使用価値と価値とが相互にいかに補填され、支払われ、実現されるかの様式」を考察した時には、「貨幣流通を捨象するかあるいは貨幣をただ…計算貨幣としてのみ考察」したに過ぎなかった[26]、と。そこで、第Ⅹ

第1章　手稿『経済学批判』の第Ⅹ冊について　　47

Ⅷ冊で「5. 諸学説（結び）」に戻ってきた時には、括弧〔　〕に入れられた蓄積＝拡大再生産の考察に際しては、「追加貨幣資本およびその沈殿[27]」の問題が付け加わってくるのである。

　さてフェリエについての文節の後の第2の岐論的部分（第Ⅸ冊391~394頁）では、マルクスは「スミスが本来は蓄積の謎を解こうとしている文章[28]」を検討する。そしてこの岐論的部分を閉じた後394頁からはスミスの生産的－不生産的労働の規定に戻り、「彼の二つの区別の…混同」を批判する。そしてそれとの関連でスミスの見解に「反対している著述家[29]」——ローダーデル、セイ、デステュット・ド・トラシー、など——の検討へと進んでいく。

　ところがデステュットの生産的－不生産的労働の規定との関連で、マルクスはデステュットが「利潤」の源泉を貨幣流通＝還流のうちに求めているところから、彼の誤った捉え方を批判するために貨幣流通＝還流の問題に言及していくこととなる（第Ⅸ冊402頁）[30]。そして第Ⅹ冊の「岐論。ケネー…」の中で（第Ⅹ冊428頁）、MEGA の編集者が指摘するように、マルクスはその点に次のように言及する。「この貨幣の流れ——その出発点への貨幣のこの還流（Rücklauf）——の誤った解釈の例としては、先のデステュット・ド・トラシーを見よ。第2の、労働者と資本家との間の貨幣流通についての、特殊な応用をもった例としては、ここでは後にブレイを引用すること。最後に貨幣を貸し付ける資本家に関してはプルードンを[引用すること][31]」、と。

　このようにマルクスは、スミスの「ドグマ v+m」批判に端を発する不変資本の再生産の「主要な事柄」の検討を、まず「この…部分」で取り扱うこととし、次いで蓄積＝拡大再生産の問題も同じく「間奏曲」として「あい間あい間」に検討していくこととする。しかし貨幣流通や貨幣量の問題については、いわば「岐論の岐論」として言及するものの、なお「後で立ち返る」べき論題として残していく。そしてデステュットの剰余価値＝利潤論が貨幣流通＝還流の問題と不可分であるところから、その問題に言及せざるを得なくなっていく。あるいはスミス＝トゥックについての「岐論の岐論」を挿入していた頃からマルクスは既に準備に入っていたのかもしれない。いずれにせよ、さしあたり「独立のノート」で、「岐論（Abschweifung）」としてではあるが、当初は「流通に関する章で立ち返る」としていたケネーの「経済表」の検討を通じて、

貨幣流通＝還流の問題をも並行して考察していく[32]こととなったのである。

1) W.Focke, Zur Geschichte des Textes, seiner Anordnung und Datierung, in „*Der zweite Entwurf des » Kapitals «, Analyse・Aspekte・Argumente* ", 1983, S.299.

2) この点に関しては、*MEGA*,Ⅱ/3・3, Apparat でも、もはや特に新しい「注解（Erläuterung)」は付されていない。

3) 上述のように、カウツキーは、不変資本の再生産の検討もケネーの「経済表」の検討も、共に「付録」として編集しているが、それは彼が両者を同じ「余論(Exkurs)」として位置づけていたからであろう(cf. Marx, *Theorien*, op. cit., Bd. Ⅰ, S.Ⅲ～Ⅴ, Ⅷ：訳、前掲、第１巻、11, 20～21, 22 頁)。

4) *MEGA*,Ⅱ/3・2, S.334：訳、前掲、⑤、7 頁。

5) *Ibid.*, S.344, 342～343, 337～338, 341：訳、同上、19, 15～16, 11, 12, 13 頁。

6) *Ibid.*, S.365：訳、同上、54 頁。

7) *Marx, Theorien*, op. cit., 1.Teil, S. 63, 69：訳、国民文庫版、①、159, 169 頁。Cf. *MEGA*,Ⅱ/3・2, S.387, 392：訳、同上、⑤、94, 102 頁。

8) *MEGA*, ibid., S.397～398：訳、同上、108～109. この「本来の困難」の検討部分が、上述のように、マンチェスター滞在中にマルクスが執筆したと推定されている部分である。

9) *Ibid.*, S.402：訳、同上、113 頁。

10) この点については、さしあたり、小林、前掲、『基本問題』、22～23, 39 ページを参照されたい。

11) 小林、同上、18 ページ、注 4) を参照されたい。

12) *MEGA*, op. cit., S.416：訳、前掲、③, 136, 137 頁。なお貨幣流通についてのこの限定は、上述のように、ロンドンに戻ってから書き加えられたと推定されている部分である。

13) *Ibid.*, S.431, 436：訳、同上、158, 166 頁。

14) *Ibid.*, S.438：訳、同上、170 頁。

15) *Ibid.*, S.465, 467, 503：訳、同上、214, 215, 218, 276 頁。ここでマルクスが J. S. ミルの生産的労働論から離れて、彼についての「岐論」に入っていった理由については、第Ⅹ冊でロードベルタスの地代論を批判していく際に、次のように述べているところから理解できよう──「われわれはここで明らかに、既に二度、一度は J. S. ミルの場合に、それから不変資本と所得との関係の一般的な考察の場合に、取扱った問題に立ち返っている。…本来は利潤に関する第３章に属するのだが、しかしこここの方がより良い」(*MEGA*,Ⅱ/3・3, S.704；訳、前掲、⑧、57 頁)、と。

16) *MEGA*,Ⅱ/3・2, S.505：訳、同上、⑤、281 頁。

17) *Ibid.*, S.509：訳、同上、287 頁。

18) Cf. *ibid.*, S.574：訳、同上、391～392 頁。

19) *Ibid.*, S.553：訳、同上、359 頁。因みに、研究所版『諸学説』では、この最初の岐論的部分だけを、第４章第 10 節「所得と資本との交換」として、また全集版では同第

9節として、編集している。(cf. Marx, *Theorien.*, op. cit., 1.Teil, S.193f. : 訳、第1分冊、327頁以下 ; *MEW*, Bd. 26, S.202f. : 訳、②、153頁以下)。

20) さしあたり、小林、前掲、『基本問題』、24~25ページを参照されたい。

21) *MEGA*, II/3·2, S.505 : 訳、前掲、⑤、389~390頁。

22) *Ibid.*, S.573~574 : 訳、同上、390~391頁。

23) *Ibid.*, S.574 : 訳、同上、391頁。

24) 因みに *MEGA* 編集者は、1862年6月18日付の手紙でマルクスが「僕はこの巻をもっと拡げる」と述べているのは、この「第IX冊の419頁にまで及ぶ生産的-不生産的労働に関する諸理論の叙述と、そこに含まれている再生産論の諸研究に関連するもの」(*MEGA*, II/3·1, Apparat, S.13 : 訳、前掲、④、49*, 50*)と解している。

25) マルクスがここでこのように執筆プランをさらに一歩拡大することとしたということと、彼が『諸学説』で蓄積＝拡大再生産の問題を解決し終えたかどうかということとは別である。その点については、本書第I部第3章第5節を参照されたい。

26) *MEGA*, II/3·5, 1980, S.1717 : 訳、前掲、⑧、275頁。なお、次章の第3節などを参照されたい。

27) *Ibid.*, S.1820 : 訳、⑧、249頁。本書第I部第3章第3節も参照されたい。因みに「5. 諸学説」「h」リカード。蓄積論」(手稿第X冊)では、固定資本の摩損部分の補填との関連で「償却基金」の「蓄積基金」としての利用に、即ち「剰余価値からの何らかの控除が生ずることなしに利用されうる」「蓄積基金」にのみ言及していたのである(cf. *MEGA*, II/3·3, S.1103~1104, 1111 : 訳、前掲、⑥、678, 689頁)。

28) *MEGA*, II/3·2, S. 575 : 訳、前掲、⑤、393頁。

29) *Ibid.*, S.579, 600 : 訳、同上、399, 435頁。

30) Cf., *ibid.*, S.592 : 訳、同上、421頁。

31) *Ibid.*, S.638 : 訳、同上、496~497頁。

32) しかしこの「岐論」では、トゥックに対する論難——「資本家はどうやって彼が流通に投げ入れるよりもより多くの貨幣をそこから引き出すのか」——に対しては、マルクスはなお答えていない。この点につては、次章、並びに本書第II部第4章を参照されたい。

第4節　むすびにかえて

これまで検討してきたように、1862年6月18日付の手紙でエンゲルス宛にマルクスが「地代論の完成」を告げた時には、彼は既に「独立のノート」に「岐論。ケネーによる経済表」を書き上げ、それを第X冊として手稿『経済学批判』に組み入れようとしていたのである。そしてまたマルクスがそれを、何故最初は「独立のノート」に「岐論」として執筆したのかも検討してきた通り

50 第Ⅰ部 手稿『経済学批判』における再生産表式成立過程の諸考察

である。とするとこの手紙で、彼がケネー「経済表」の説明のために「イタリア式複式簿記範例」をエンゲルスに依頼したのはどうしてなのであろうか。この点を検討することによって本章の結びにかえることとしよう。

　マルクスのこの依頼が、これからケネーの「経済表」の検討を始めたいという意味ではなかったことは、もはや明らかである。しかしもしかすると、いま一度「改めて[1]」［〔補注2〕]検討し直したいという意味であったのかもしれない。もしそうであるとすれば、手稿『経済学批判』の中にそれを見出し得なければならない。そして確かにマルクスはケネーの「経済表」に再度立ち帰えっているが、しかしそれは「手稿第ⅩⅩⅡ冊で自らの『経済表』を書き上げ、貨幣流通＝還流を検討し終えた」後の第ⅩⅩⅢ冊においてである。したがってそれは「改めて」の検討ではなく、「事実上自分の『経済表』と比較する形」での立ち帰えりに止まるのである[2]。

　むろんこの他にもマルクスはケネーの「経済表」に言及している。例えば第Ⅹ冊の458頁で、ロードベルタスが「農業では原料は計算に入らない」ものとして地代を説明することへの批判として、マルクスはケネーの「経済表」における「計算」を引き合いに出している。即ちロードベルタスは「ドイツの農民」と同様に「種子、肥料などを支出として自らは計算しない、即ちこの生産費を計算に入れない」が、「自ら借地農業者の息子で、そしてフランスの借地制度に精通していたケネー博士」の「経済表」では、「借地農業者が『前払』として必要とする「原料」を、たとえ借地農業者がそれを現物で再生産するとしても、年前払のうちに10億として計算している[3]」、と。そして「この計算違い（多くのドイツの農民はそれを犯すかもしれないが、しかし資本主義的ファーマーは決してしない）なしには、ロードベルタス流の地代は不可能であったろうに[4]」と述べ、その後で、さらに農業以外の産業ではその生産物が「生産要素として再び現物で」用いられる石炭産業を例に挙げる。マルクスはここでイタリア式簿記に次のように言及するのである（第Ⅹ冊460頁）。「鉱山業者（Exploiteur der Mine）はイタリア式簿記を用いる熟達した資本家で、その簿記では、資本家は単に自分の前払を自分自身の借入金とするだけでなく、即ち、彼が自分自身の金庫（Kasse）に対する債務者であるだけでなく、彼自身の金庫が彼自身に対する債務者である[5]」、と。

また第ⅩⅩⅡ冊における「4.」の「a）剰余価値の資本への再転化」の後半部分でも、ケネー「経済表」における「原前払を構成する経営の富（rischesses déxploitation）」に言及している。即ちケネーおよびその学派は「過去の労働が生きた労働過程に要素として入っていく」ことを「全く正しく」捉えているが、「この経営の富は単にケネー的意味、即ち…農業などにおける経営（Exploitation）の手段として役立つという意味において」のみでなく、それは「同時に生きた労働の搾取（Exploitation）の富なのである[6]」、と。

　しかしいずれにせよこれらの言及[7]は、ケネー「経済表」の「改めて」の検討などではない。しかも第Ⅹ冊の458頁は、上述のように、MEGA編集者によって6月16日付のラッサール宛の手紙より前に執筆されたものと考証されているのであるから、6月18日付のエンゲルス宛の手紙は第Ⅹ冊の458～460頁執筆の後で書かれたものと見なければならないのである。従ってイタリア式複式簿記範例の依頼は、マルクスがロードベルタス批判のために援用した「経済表」における生産階級の「年前払」の取扱い方に係わっていた、と見ることができるのである。

　実際「岐論。ケネーによる経済表」では、生産階級が不生産階級から購入する「製造業生産物10億分」についてのマルクスの理解は、ロードベルタス批判としてはそれで充分であったとしても、なお定かではなかったのである。即ち、例えばマルクスは、「借地農業者は彼の年前払と原前払の補填のために…Sから10億だけ購入する」と云い、あるいは「FはSから10億分の諸商品を購入する。それらはFの前払の半分を補填する」とも云う。さらにまた「Sは借地農業者から10億分の生活資料と10億分の原料とを購入し、Fはこれに反してSからただ10億分の諸商品だけを彼の前払の補填のために購入する」とも云う。そしてマルクスはFとSとの取引をこのように理解した上で、だから「Sは10億の差額を[Fに]支払う」と云わなければならないのに、ケネーは、Sが「10億の額だけFの生産物を購入」すると云っているが、「この点については──それがどうなっているか──ボードー博士の研究を調べてみなければならない[8]」、と述べていたのである。

　このように、当時マルクスがイタリア式複式簿記範例で立ち入って検討しようとしていた問題は、ケネー「経済表」における運動の「説明」──特にFと

52　第Ⅰ部　手稿『経済学批判』における再生産表式成立過程の諸考察

Ｓとの間で取引される「製造業生産物 10 億分」が生産階級の「年前払」の補填をなすのか、「原前払」の補填をなすのか、またこの取引を媒介する貨幣流通＝還流をどのように理解したらよいのか――そのものであったのである[9]。

1)　矢吹、「マルクスの『経済表』の意義」、前掲、13 頁。
2)　本書第Ⅰ部第 5 章を参照されたい。
3)　*MEGA*, Ⅱ/3・3, S.701：訳、前掲、④、68 頁。なお第Ⅸ冊にも、同趣旨からの「重農学派」への言及が見られる (cf. *ibid.*, S.802：訳、④、262~263 頁)。
4)　*Ibid.*, S.702：訳、⑥、71 頁。
5)　*Ibid.*, S.703~704：訳、⑥、74 頁。なおマルクスはこのようなイタリア式複式簿記の特質について、第ⅩⅪ冊でも言及しているが、それは「資本の人格化」としての「資本家」との関連においてである (cf. *MEGA*, Ⅱ/3・6, 1982, S.2160)。
6)　*MEGA*, Ⅱ/3・6, S.2233.
7)　なお念のために、第ⅩⅪ冊の「3. 相対的剰余価値」における小項目「資本の下への労働の実質的包摂」のところでも、マルクスはケネーの参照を求めているが、それは「経済表」についてではない (cf. *ibid.*, S.2146；*MEGA*, Ⅱ/3, Apparat, S.3095)。
8)　*MEGA*, Ⅱ/3・2, S.644, 645, 646：訳、前掲、⑤、506, 508, 508~509 頁。因みに、第ⅩⅫ冊でマルクスはボードーに言及しているが (cf. *MEGA*, Ⅱ/3・6, S.2251)、しかしそれは「この点」に関してではない (本書第Ⅰ部第 5 章を参照されたい)。なお念のために、「1863 年 5~6 月に、即ち手稿執筆の最後の段階で、マルクスは「サブノート (Beihefte)」「A」~「H」と云う形で…8 冊の抜粋ノート (Exzerpthefte) を作って」いるが (*MEGA*, Ⅱ/3, Apparat, S.2401)、その「C」と「D」に、ケネーとボードーからの抜粋が含まれていると指摘されている (cf. *MEGA*, Ⅱ/3・6, Text, S. 2146；*MEGA*, Ⅱ/3, Apparat, S.3095, 3104)。
9)　因みに、マルクスが自らの「経済表」を作成した時にも、なおこの点は解決されていなかったのである (本書第Ⅰ部第 5 章を参照されたい)。

〔補注 2〕
　1862 年 6 月 18 日付のエンゲルス宛の手紙以降、1863 年 5 月に手稿第ⅩⅫ冊でマルクスが自己の「経済表」を画くまでの間に、「改めてケネーの『経済表』を取り上げ」たかどうかは、既に本文で検討した通りである。ところが矢吹氏は、その「必然性」の論拠を、むしろ山田盛太郎氏の論考「再生産表式と地代範疇」に求めて、次のように「断ずる」のである。
　即ち矢吹氏によると、マルクスは研究所版『諸学説』第 3・4 章でスミスの「ドグマ v＋m」批判を通して「抽象的ではあるが再生産論の基礎的範疇」を「確立」し、第 6 章で「ケネー『経済表』を通して貨幣流通と資本流通との関連

第1章　手稿『経済学批判』の第Ｘ冊について　　53

を問題と」したのであるが、「地代論完成によって…改めてケネーの『経済表』を取上げる必然性が生じ」てきたのである。

しかもこの「改めて行われるケネーの研究は、その『経済表』が示す全範疇諸関係を産業革命、農業革命を通して歴史的に『揚棄』した産業資本主義段階の全再生産構造を表示する試みへの、すなわち『ケネーの表の代わりにするもの』としてのマルクス『経済表』への連携を秘めていたのである。」それのみでない。「地代範疇の完成」「以前に…確立して」いた「再生産論の基礎範疇」も、「改めて行われる研究」を通じて「新しい理論的意義を担って、ケネーの『経済表』を揚棄し、まさに『総再生産過程を包括するもの』としてのマルクスの『経済表』へと結実してゆく」ものとなるのである。そして氏は「この点を無視」する者には、「再生産論の視角が欠如している[10]」、と。

しかし1947年公刊の山田氏の論稿「再生産表式と地代範疇」は、氏の1935年の「講演『再生産表式と地代範疇——資本主義経済構造と農業形態——』の手稿のうち、第一部理論の部にあたる部分」であるが、その「主題」は再生産論＝再生産表式論——成立史を含めて——それ自体でも、地代論自体でもない。そのことを氏は明言している。即ち、「表式そのものの詳説は本稿の範囲外である。それ自体が独立の一研究を構成する。」「当面の主題に対して、再生産表式そのものの立入った論及は、今のところ、無用である。」「地代理論をそのものとして取扱うことは本書[本稿]の範囲外である[11]」、と。

では何が「主題」であったのか？それは再生産表式に総括されている「資本主義経済構造」と「農業形態」との関係であり、再生産表式における「基礎的な範疇と地代範疇との関係がここでの問題[12]」であったのである。つまり山田氏は、この論稿では、再生産論＝最生産表式論それ自体——成立史もそこに含まれている——ではなく、再生産論＝再生産構造論——その「第一部理論の部」——を取扱ったのである[13]。

だから氏は、「『経済表』＝再生産表式」とおき、「表式の形態」をここで必要な限り説明する際にも、再生産表式を「マルクス『経済表』対照の形で掲げ」、「いわゆる第八稿」の表式とこの「経済表」とを比較」し、「この『経済表』の過度的な形態」を指示すると共に、上述のように「表式そのものの詳説」を「本稿の範囲外」とするのである。そしてさらに「表式と地代」の項においても、「いうまでもなく、『資本論』第二巻第八稿に現れた再生産表式はそのものとしては地代と直接に関渉するものではない」と断わり、その上で「が、しかし、

この表式における一範疇、剰余価値 m は、実は地代をその「一分肢」として内包するより根源的な範疇であることに注意すべきである」として、「表式」に総括されてくる再生産構造に注意を喚起するのである。そして「剰余価値の『一分肢』としての地代の範疇が再生産過程の基礎的関係の裡にとる姿態」を、「『資本論』第三巻、第二冊、第七篇、第四十九章、再生産過程の分析のために」、ならびに「剰余価値…利潤…産業利潤、利子、地代」そのものをそのものとして表示している…マルクスの『経済表』を参照」しつつ、説明するのである[14]。

このように山田氏は、マルクスの「経済表」を再生産表式への「過度的な形態」のものと位置づけながらも、ここではむしろそれ故に、そこに「vと労働賃金、mと利潤ひいては産業利潤、利子、地代との照応が図示されていること」に「注目」し、「大革命前のフランスに典拠せるケネー」の「経済表」に総括されてくる再生産構造を「揚棄」した・イギリスを本場とする「典型的[15]」な・「資本主義経済構造」を、「経済表」の方が再生産表式よりもより直截に表示しているものとして[16]、それを「参照」しているのである。

従って、「地代論の完成」なしには、「全剰余を地代」とするケネー「経済表」を、「地代を剰余価値の一部(一分肢)[17]」とする」「経済表」でマルクスが「置き替える」ことはできないとしても、逆に「地代論の完成」を「起点」としてケネー「経済表」を「改めて」検討しなければマルクスは自らの「経済表」を画き得ない[18]、などと云うことにはならないのである。だからまた6月18日付のエンゲルス宛の手紙を、嘗て山田氏が読み込まれたようには現在では理解できないとしても、それによって、再生産表式における「基礎的な範疇と地代範疇との関係」についての氏の主張が改めなければならないなどと云うことにもならないであろう。

そしてまた再生産論＝再生産表式論そのものについていえば、「地代論の完成」がマルクス「経済表」成立過程の「起点」ではないことが明らかになったというそのこと自体では、「山田盛太郎氏の主張を批判した[19]」などと云うことにもならないであろう[20]。問題はむしろ成立史に関する新たな資料によって、再生産論＝再生産表式論の理解をどのように深め・展開するかにあるのだからである。

10) 矢吹、「マルクス『経済表』の意義」。前掲、8, 9, 11, 13 頁。
11) 『山田盛太郎著作集』第 3 巻、47, 12, 16, 22 頁。なおケネーの「経済表」そのものの研究についても、山田氏は「独立の一研究」（同、『著作集』、別巻、6 頁）とされている。因みに「地代理論そのもの」に関して付言するならば、山田盛太郎氏は山田勝

次郎氏の「差額地代論」に与していないのである(小林賢齊編、『再生産構造論』、2001 年、134 頁参照)。

12)　山田『著作集』、別巻、247 頁；同、第 3 巻、16 頁。

13)　この、山田氏に独特の発想法については、さしあたり、小林賢齊、「故山田盛太郎氏の学問業績」、『土地制度史学』、第 93 号、1981 年 10 月、3 頁以下、並びに小林編、『再生産構造論』「編者あとがき」などを参照されたい。

14)　山田『著作集』、第 3 巻、5, 9, 12, 16〜17 頁。

15)　同上、23 頁。

16)　因みに、山田氏は『農政学講義案　第 1 分冊』(1946 年)では、「再生産表式においては地代範疇は産業利潤・利子とともに利潤に総括せられ、ひいては剰余価値に帰せしめられ、すなわち m としてそれに内包されたるものとしての含みで示されているにすぎない」(山田『著作集』、第 5 巻、179 頁)と云う表現をとっている。

17)　同上。

18)　そういった発想からは、たとえ岐論的な挿入であるとはいえ、マルクスの「経済表」が「a）剰余価値の資本への再転化」の項下に画かれていたことの説明も与え得ないであろう。

19)　水谷謙治、「マルクス経済表の研究」、『立教経済学研究』第 35 巻第 4 号、1982 年 3 月、2 頁。

20)　辞典項目「再生産過程」(1951 年)、「再生産表式」(1955 年)においては、山田氏自身、マルクスは 1862 年に「ケネー…の［経済表］範式の研究から出発」して、翌年には…「経済表」…を価値・剰余価値理論の上に構成した」とだけ述べ、「地代理論の完成」についての特段の言及はされていない(山田『著作集』第 1 巻、275 頁；同、第 5 巻、136, 179 頁参照)。そして氏は、この辞典項目で初めて、アドラッキー版『資本論』第 II 部で「付録」として収録されたマルクスの「経済表」にも言及されている。なお氏の『昭和 30 年度講義　経済学原理(講義案)　第二編の部』(1951 年 2 月刊)の「第二編　再生産論　第一章」「一。再生産表式の成立」の「〔I〕ケネーの「経済表」…とマルクス…の「経済表」〈1863〉」(『著作集』第 5 巻、133〜138 頁)をも照されたい。

56　第Ⅰ部

第2章　「単純再生産表式」成立過程の一齣
——「エピソード。貨幣の還流運動」についての覚え書き——

第1節　はじめに

　『剰余価値に関する諸学説』は、周知のように、その第21章までの主要部分がマルクスの『資本論』に関する第2期の手稿『経済学批判について』——いわゆる「23冊ノート」(1861年8月~1863年6・7月)——の第Ⅵ冊~第ⅩⅤ冊から編集され、またその第22~24章は第ⅩⅧ冊から編まれている。そしてこの間の第ⅩⅦ冊の終わりから第ⅩⅧ冊の初めにかけて、「エピソード。資本主義的再生産における貨幣の還流運動」が執筆されており、前章で論及した『諸学説』第6章「岐論。ケネーによる経済表」で、マルクスがその「考察を後に廻した」論点の一つ——「資本家は流通に投げ入れるよりもより多くの貨幣をたえずそこから引き出すという疑問(Frage)[1]」——がそこで検討されている。さらにこの期の手稿の終りに近い第ⅩⅩⅡ冊(1863年5月)には、マルクスの「経済表」——「総再生産過程の表」および「総再生産過程の経済表」——が含まれていることも、夙に知られている[2]ところである。

　ところで嘗て筆者は、『諸学説』第3・4章でのスミス批判と第6章でのケネー経済表の検討から、マルクスの「経済表」(諸表[3])を、再生産表式成立過程の中で、「『表』の構成が示している如く、……この第2の時期の総再生産過程把握の到達点を示すもの」で、「消費財[生産]部門の所得および不変資本の分析を出発点として総再生産過程を把握せんとする接近方法からの帰結」であると位置付けた[4]。そしてこの「エピソード」が1980年に*MEGA*, Ⅱ/3・5として刊行された現在においても、この位置づけを基本的に変える必要はないものと考えるが、『諸学説』における単純再生産の検討から「経済表」に至るには、「エピソード」が不可欠の環をなしていたこと、さらに後の「単純再生産表式」

（後出）のいわば基礎数値の出発点が、この「エピソード」に見出されることも明らかとなった。

　以下本章ではその点に焦点をおいて「エピソード」を検討してゆくこととする[5]。

　1）　この問題（Frage）については、本書第Ⅱ部第4章を参照されたい。
　2）　Cf.K.Marx, *Das Kapital*, Bd.Ⅱ, Ht.2, besorgt von Institut, 1932, Anhang, Volksaus-gabe, S.533~536.
　3）　この「諸表」については、本書第Ⅰ部第5章を参照されたい。
　4）　小林賢齊「再生産表式と資本の循環・回転」、『経済学論集』（東京大学）、第25巻第3・4合併号、1958年9月、104~105頁。（後に、拙著、『再生産論の基本問題』に収録（1975年）、その32,33頁。）なお以下本書では、この『基本問題』のページを挙げていく。
　5）　この「エピソード」そのものについては、小林賢齊「解題：『エピソード。貨幣の還流運動』」（『武蔵大学論集』、第40巻第4号、1993年1月（後に、拙著、『マルクス「信用論」の解明』（2010年）の「序章」として収録）において詳細に検討されている。併せて参照されたい。

第2節　「エピソード」に至るまで

　さてこの「エピソード」では、以下で考察するように『諸学説』第6章で「残された」上述の問題が基本的には解決されていくのみでなく、同時に、社会的総資本の単純再生産の問題が、単に価値＝素材補填の問題としてのみでなく、貨幣流通＝還流の問題としても基本的には——社会的規模での固定資本の再生産＝補填の問題を除いて——解決されていく。しかしその点に立ち入る前に、予めこの「エピソード」に至るまでの再生産表式の成立過程を概観しておこう。

　『資本論』の最初の、したがって第1の時期の手稿である『経済学批判要綱』の第Ⅳ冊（1857年12月～1858年1月）には一つの「計算（Rechnung）[1]」——「総生産物の流通過程の表[2]」——が見出される。それは「マルクスによる社会的総資本の再生産過程把握の最初の試みである」が、しかし当時のマルクスはなおスミスやトゥックにならって「社会の総流通を『大流通』——商人と商人との間の流通——と『小流通』——商人と消費者との間の流通——に2区分しており、ま

たこの「表」に総括された基礎範疇は必ずしも一義的に整理されてはいなかった[3]。それが手稿の次の段階、即ち『諸学説』や「エピソード」がそこに含まれている第2の時期になると、「総生産物中の「所得」に分解する部分——賃金と剰余価値——の運動を一括し、この一括された所得を出発点として、これと資本（不変資本）との関係を明らかにしてゆく。[4]」そしてまず『諸学説』第3・4章では、かつて筆者（小林）が「総生産過程の表〔原型〕」として総括したように、二部門分割——ただし第Ⅰ部門は生活資料生産〔織物業がこれを代表する〕——と、「総流通の三区分」——(1) 所得と所得との取引、(2) 所得と資本との取引、および (3) 資本と資本との取引——に到達し、「特に第2の取引に関する一歩立ち入った規定」を与え、また第6章での検討を通じて「消費財生産部門内における資本の再生産と所得の流通との区分にまで到達し得ることとなる。[5]」

『諸学説』の第17章では、今度は蓄積に関するスミスの「ドグマ v ＋ m」を検討する際、マルクスは単純再生産について「新たに付け加えられた労働の結果」によって「消費財の生産において消費される……不変資本が……補填される[6]」という極めて重要な関連を確認し、さらに第21章では、単純再生産と拡大再生産という「2つの現象の区別」を示すために、単純再生産における「3大取引」を再検討し、「年々の総生産物のどの部分が新たに付け加えられた労働を表しているか」を「全く簡単」な「計算（Rechnung）[7]」によって示すに至る[8]。

ところでこの「計算」は、「エピソード」における諸計算例に直接先立つものであるから、ここで若干立ち入っておこう。

この「計算」では年総生産物が、

「A. 〔個人消費用の〕消費可能な物品（consumable Artikel）」

「B. 産業的消費用物品（Artikel für industrielle Konsumption）」

に2大別される。そしてまずAが次の「3つの部分」——1)「諸資本家の所得で……1年間に付け加えられた剰余労働に等しい」部分、2)「賃銀、可変資本で、……労働者がそれによって彼らの賃銀を再生産しているところの新たに付け加えられた労働に等しい」部分、3)「原料や機械など。これは不変資本であり、生産物のうちにただ維持されただけで生産されたものではない価値部分」——「に分解される[9]」、と。

そして「計算」は次のように行われる。

いまこの部門（Kategorie）の不変資本を C'、可変資本を V'、そして「剰余生産物（surplus produce）即ち所得（Revenue）」を R' とすれば、この部門の総生産物（またはその価値）P^a は「単に維持されただけの価値 C'」と「1 年間に付け加えられた労働 V'+R'」とから成り、したがって「P^a − C' がその年に付け加えられた労働に等し」くなる。

部門 B の場合にも「V''+R'' は新たに付け加えられた労働を表している。これに反して、C'' 即ちこの部門（Sphäre）で機能する不変資本はそうではない。」「しかし V''+R'' = C' であり、それら［V''+R''］は C' と交換され、…C' は B の可変資本および所得［R''］に転化され、他方 V'' と R'' とは C' 即ち A の不変資本に転化される。」そこで部門 B の「生産物を P^b とすれば、P^b − C'' がその年に付け加えられた労働に等しくなる」、と。

ところでマルクスは、このように V''+R'' = C' であるから P^b − C''= C' であり、したがって「V''+R'' が C' と交換された後では、… P^a はただ新たに付け加えられた労働のみから成立っており、その生産物は利潤と賃金とに、即ち必要労働の等価と剰余労働の等価とに分かれる」と言う。そしてこの場合には「全生産物 P^a は、その剰余生産物も可変資本も不変資本もその年に付け加えられた労働の生産物から成立つ」が、「これに反して P^b は、ただ旧労働の維持だけを表すに過ぎない、というようにみなされ得る」と述べ、スミスの「ドグマ v + m」に次のように結着を付ける、──「それ故年生産物のうち、所得、即ち賃金および利潤（利潤、地代、利子などの諸分肢も同じく不生産的労働者の賃金も共に）として消費される部分全体が、新たに付け加えられた労働に分解する、というのは正しいが、しかし年生産物全体が所得、即ち、賃金および利潤に分解し、そしてそれ故に新たに付け加えられた労働に対する単なる分け前に分解する、と言うのは誤りである。」「他方、その年に付け加えられた労働は、生産物のうち賃金および利潤に分解する部分によってすっかり表現されているわけではない、というのは正しい [10]」、と。

ここでの「計算」はこのようにスミスの「ドグマ」批判をもって終わり、しかも『諸学説』における「単純再生産についての間奏曲」もこの「計算」をもって終わっているのである [11]。

60　第Ⅰ部　手稿『経済学批判』における再生産表式成立過程の諸考察

　しかしこのことは単純再生産についての考察が、『諸学説』に見出される「間奏曲」のみで充全である、ということを意味するのでは決してない。というのは、第21章までの考察では、単純再生産についても年総再産物の転態を媒介する貨幣流通＝還流の問題が捨象されていたからである。そのことをマルクス自身が「エピソード」で確言している（後述）。そしてそこに「表式」成立過程における「エピソード」のもつ一つの位置があると考えられる。

1)　K.Marx, *Grundrisse der Kritik der politischen Oekonomie*, besorgt v. Institut,1953, S. 345 ; 高木幸二郎監訳、②、375 頁。
2)　小林、前掲、『基本問題』、9．39 ページを参照されたい。
3)　小林、同上、8．9、11~12．14 ページを参照されたい。
4)　因みにこの接近方法が、この第2の時期のマルクスによる「総生産過程把握の試みの一つの大きな特徴」（小林、同上、21 ページ）をなしたのであるが。第3の時期、即ち1863 年8月~1865 年12 月の時期の『資本論』手稿、その第Ⅱ部用第Ⅰ稿（1864 年後半~1865 年春）においても、マルクスはなお次のように述べている、──「現実の再生産過程の場合には、生産物のうち、剰余価値として資本家によって消費される部分も、賃金として労働者によって消費される部分も、われわれにとっては、共に所得という同一の（gemeinschaftlich）範疇に属する」（Ms. Ⅰ、S.108*）、と。
　　　＊Cf. К. Маркс и Ф. Енгельс, *Сочинения*, том 49, 1974, стр. 414 ; *MEGA*, Ⅱ/4・1, S.305~306.
5)　小林、前掲、『基本問題』、21．24．28．39 ページを参照されたい。
6)　*Marx-Engels Werke*［*MEW*］, Bd. 26/₂, S.244~245 ; 訳、国民文庫版、⑥、125 頁。
7)　*Ibid.*, Bd. 26/₃, S.244~245 ; 訳、⑧、27 頁。
8)　本書第Ⅰ部第3章第3節を参照されたい。
9)　*MEW*, Bd. 26/₃. S.245 ; 訳、⑧、27 頁。
10)　*Ibid.*, S.245~246 ; 訳、⑧、27~30 頁。
11)　『諸学説』第23・24 章では蓄積・拡大再生産についての「間奏曲」（*MEW*, Bd. 26/₁, S.222 ; 訳、②、190 頁）こそ見出されるが、もはや単純再生産に関するそれは見出し得ないのである。この点についても、本書第Ⅰ部第3章第3節を参照されたい。

第3節　剰余価値は如何に実現されるのか？

　さてこの「エピソード」は、生活資料を生産する「産業資本家（produktiver Capitalist）」と、「労働者の消費に入っていく生活資料の全販売者を代表する」「商人（shopkeeper）」と、この生活資料を生産する「労働者」との間の流通の考察をもって始まる [1]。

第2章　「単純再生産表式」成立過程の一齣　　61

　この場合、資本家が労働者に貨幣で賃金を支払い、労働者は商人から生活資料を購入し、商人は彼のストックを補填するために資本家から生活資料を購入すれば、貨幣は出発点の資本家の手に還流する。ここでマルクスはまず、「この貨幣が所得であり或いは資本であり、或いはまた何かそういった種類のものであると言うのは、笑うべきことである。」と言うのは、上の例では「貨幣はまず第1に全3過程に流通手段［通貨］として登場」し、「資本家に対してはW－G－A'。労働者に対してはA－G－W。商人に対してはW－G－W'。さらに同じ貨幣が……資本の単なる機能変化として、所得として、資本＋所得として……機能する」のだからである、とスミスやトゥック流の考え方を批判する。その上で具体的に、資本家が労働者に賃金100ポンドを支払い、この100ポンドで労働者が商品を購入すると、貨幣は資本家に還流（returniren）し、「彼が流通に投入したよりも多くの貨幣を流通から引き出した」のである、と言う。なぜなら100ポンドの商品は、もし利潤が10％であるとすれば、「彼にはこの商品は$90^{10}/_{11}$を要費した」だけで、$9^{1}/_{11}$——このうち$1/_{11}$を商人の利潤とする——だけより多くを引き出したことになるからである[2]、と。

　次にマルクスは、「以前に……総資本の種々な部分が如何に相互に交換され、その価値が実現され、その使用価値が補填されるかを考察した際には」、商人（shopkeeper）例えば、「食料品店主を産業資本家に加えるか、あるいは全く省略」していたと述べ、さしあたり「商人（merchant）との関連で」、しかも「商店（shop）」の蓄積活動の点も含めて、「彼［商人］がいかにしてたえず『彼が流通に投入するよりもより多くの貨幣を流通から引き上げるか』[3]」を、多くの計算例を示しながら検討する。

　にもかかわらず、ここで「以上の研究は商業資本が再生産過程の間に進行する貨幣流通との関連で演ずる役割にとっては非常に重要ではあるが、問題はそれによっては解決されていない」、「問題そのものを最も単純な表現に還元するように努めなければならない[4]」と述べて、マルクスは「考察を立て直す[5]。」

　どうしてか？「資本家は彼が支出するよりもより多くの価値を取り戻すということが、そもそも問題ではない［からである］。……これは既に解決されている剰余価値の起源についての問題であるからである。だからこの剰余価値が流通でいかに実現されるかという問題こそが問題なのである」、と。

62　第Ⅰ部　手稿『経済学批判』における再生産表式成立過程の諸考察

　ところが剰余価値を流通で実現する（W－G）の場合には、「資本家は彼が流通からG－Wによって取り去ったよりもより多くの価値を投入する」――W'－G'――のであるから、「このより大きい（höhere）価値が実現されるには、彼が流通で等価を見出すことが必要なだけである」ということになる。しかも「これがいかにして生ずるかは、総再生産過程で種々の諸資本の使用価値と価値とが相互にいかに補填され、支払われ、実現されるかの様式（Art und Weise）の考察の際に、既に詳論してきた」――これは『諸学説』第3, 4, 17, 21章における「間奏曲」を指称するものと見ることができる――のであるから、したがって「それもまた問題ではない。」とすると、なにが未解決なのか。以前には「貨幣流通を捨象するか、あるいは貨幣をただ価値の表現としてのみ、即ち計算貨幣としてのみ考察」したに過ぎなかった。別言すれば、「当時は問題が、生産物が販売されるとすれば、いかにしてそれは補填されるのか？あるいは他方では、誰がそれを買い、誰がそれを補填すべき価値を保持しているのか」というようにのみ、立てられていた[6]。しかし「今や問題はそれでもって購入される貨幣との関係」であり、「ここでは問題は、剰余価値は貨幣でいかに実現されるのかである[7]」、と。

　したがって「立て直された」問題はこういうことになる。即ち、資本家が流通に投入するよりもより多くの貨幣を引上げるとしても、生産過程で価値が増殖され、彼が最初に流通から取り去ったよりもより多くの価値を流通に投げ返すのであり、それ故より多くの価値の等価を流通に見出すことが、ただしそれを貨幣で見出すことが、問題なのである。しかも生産過程で価値が増殖されるとしても、「この価値増殖は貨幣の量には絶対に変化を及ぼさない。貨幣自体は生産過程の前でも後でも流通では同一量[8]」である。

　では生産過程で流通貨幣量に影響を与えるものは何か。それは金銀生産である。そこでマルクスは、「貨幣（金、銀）は、それが貨幣として流通過程で流通する前に、最初は商品である[9]」として、金銀生産、その蓄積、さらにそれとの関連で奢侈品生産などを取り上げ、流通における貨幣（金）量の本源的供給の検討に入っていく。その途上で社会的総資本の年総生産物600万を流通させるに必要な貨幣量[10]について次の試算――これを第1例と呼ぶこととする――を行うに至る。

さてこの試算第1例は次のようである。

社会の総産業資本のうち、1年間に「商品として市場に現れる部分、したがって不変資本の摩損部分を含むところの部分を600万」、またこの「総商品資本」の「$1/6$＝100万を可変」資本と仮定する。そしてこの可変資本を体現している生産物を流通させるに必要な週貨幣量を「$^{100万}/_{52}$＝19,230[11]」ポンドとする。

次いで「（地代を含めた）利潤」を600万の30％、即ち180万と起き、「この利潤はすべてを消費される」（単純再生産）ものと仮定する。そして資本家も労働者と同様にその所得を毎週支出するとすれば、利潤を体現している生産物の流通には毎週34,615$^5/_{13}$ポンドの貨幣が必要である［180万÷52＝34,615$^5/_{13}$］。さらに「可変資本の不変資本に対する割合を一般的に1：5と仮定する。

ところで社会の総資本のうち可変資本が100万、利潤が180万で、単純再生産を想定するのであるから、総商品資本のうち生活資料は280万となる。そしてその価値は「投下資本＋利潤」から成立っている。そこで今その$1/6$を利潤とすれば──マルクスは誤って、利潤を投下資本の20％、したがって商品資本の$1/6$と計算している──、「2,800,000ポンドのうち利潤は466,666$^4/_6$、そして投下資本は2,333,334」となる。

利潤は前提に従ってこの部門の資本家が相互に消費（aufessen）するのであるから、貨幣は相互に還流し、この貨幣の「還流運動によって同一の流通が生ずる。」いま社会の総利潤180万ポンドの流通に10万ポンドの貨幣が必要であるとすれば、──これは先の仮定と異なるが──、この部門の利潤466,666$^4/_6$の流通には、凡そ10万ポンドの貨幣の$1/4$、即ち25,000ポンドの貨幣が必要となるが、貨幣の通流速度を10とすれば、2,500ポンドの貨幣で足りることとなる。

次にこの部門の投下資本2,333,334の$1/5$を可変資本、$4/5$を不変資本と仮定すれば、──これもまたマルクスの計算違い。先の仮定はv：c＝1：5であった──、前者は466,666$^4/_5$──これを概数で466,667とする──、後者は1,866,667となる。この場合、社会の総可変資本100万ポンドに対し週19,230ポンドの貨幣が必要と想定されていたのであるから、この部門の「可変資本の流通のためには8,974ポンド[12]［の貨幣］が必要である。」残る1,866,667ポンドで「生活資料の生産者は彼らの不変資本を支払い、そしてそれでもって不変資本の生産[13]に従

64 第Ⅰ部 手稿『経済学批判』における再生産表式成立過程の諸考察

事している労働者と資本家は、彼らの可変資本を補填しそして利潤を実現する[14]」、と。

これで第Ⅰ部門についての試算は終わる。そこで以上を要約すれば——マルクスはそれを試みていないのだが——、次のようになる筈である。

$$
\begin{cases}
\text{総商品資本} \quad [\quad]c + 1,000,000v + 1,800,000p = 6,000,000 \text{ ポンド} \\
\text{部 門 Ⅰ} \quad 1,866,667c + 466,667v + 466,667p = 2,800,000 \text{ 生活資料} \\
\text{部 門 Ⅱ} \quad [\quad]c \quad + \quad 1,866,667 (v+p) = [\quad] \text{不変資本}
\end{cases}
$$

$$
(c : v = 4 : 1, v : p = 1 : 1)
$$

そして括弧 [ ] の部分を除く生産物の流通に必要な貨幣量は、結局次の如くであるはずである。即ち、

1,866,667 ポンド + 19,230 ポンド + 2,500 ポンド = 1,888,397 ポンド

ところがここでマルクスは計算を全く誤って、総商品資本 600 万から部門Ⅰの資本 2,333,334 (c+v) を控除した残りを、部門Ⅱの資本としてしまい、混乱に陥る。そして「計算を幾分かえるべきである[15]」と述べて、第 2 の試算——これを第 2 例と呼ぶこととする——に移っていく。

第 2 例では今度は社会の資本総額を 600 万、その 20％ を利潤 (18,000,000) ——20％なら 12,000,000 であるが、この誤りにマルクスは後で気付く——と仮定し、「だから流通する総商品の価値は 7,800,000」で、そのうち 280 万が、第 1 例と同様に生活資料から成立つとすれば、残る 500 万が不変資本ということになる、と想定する。

そこでまず「1) 生活資料の生産に従事している部門 2,800,000 ポンド」を「466,667 が利潤で、残りが資本 =2,333,333。このうち可変資本 = 388,888。残りが不変資本 = 1,944,445」と仮定する[16]。そしてこの部門Ⅰの内部での商品流通に必要な貨幣量を次のように試算する。即ち可変資本 388,888 の $\frac{1}{52}$ が「毎週の貨幣表現」で、それは約 7,447 ポンド。利潤部分、つまり「(賃金ではない) 全所得の支出のためには一般的にその額の $\frac{1}{10}$」で足りるとすれば「約 46,667」ポンドであるが、この部門Ⅰでは資本家相互に貨幣の還流が生ずるから、この「還流運動による同一貨幣額の回転 (Umschlag)」を平均して 10 回とすれば、必要貨幣量は 4,666 ポンドで足りることになる。「したがってこの部門では部門内部の流通に……合計 12,143 ポンドの貨幣が必要である[17]」、と。

次に「部門Ⅱ。その資本と利潤とで 5,000,000 ポンドの商品価値」のうち、利潤は凡そ 833,333 で、賃金は 1,111,112 と想定する[18]。そしてこれら利潤および賃金部分の流通に必要な貨幣量を 104,700 ポンドと計算する。即ち利潤部分のためには 833,333 の $\frac{1}{10}$——部門Ⅰの場合とは異なってここでは部門内部での還流がないためと理解し得る——、また賃金のためには 1,111,112 の $\frac{1}{52}$ = 21,367。「この 104,700 ポンド［貨幣］で、部門Ⅱの資本家と労働者は、部門Ⅰから彼らの生活資料を購入し、そして部門Ⅰはその不変資本の補填を部門Ⅱから現物で購入」し、その結果貨幣の出発点への「還流が生じる。」それによってここでは 104,700 ポンドの貨幣で、1,944,445 の 2 倍の商品価値（3,888,890 ポンド）が実現される[19]。

　さて「…残るのは 500 万 − 1,944,445 ポンド = 3,055,555」である。これは部門Ⅱの不変資本部分であるが、その $\frac{1}{10}$ が現物で補填され、流通には入らないとすると、貨幣化（Vergoldung）を必要とする部分は 2,750,000 ポンドの商品である。しかしこの部分は例えば鉄鋼生産者と石炭生産者、機械生産者と鉄鋼生産者といった部門内部での相互交換が行われるので、信用取引が大部分を占め、したがって貨幣は最大限で $\frac{1}{20}$ を必要とするに過ぎない。

　ここまで来てマルクスは漸く利潤部分の計算の誤りに気付き、「また間違い。120 万と言うべきだ。これは 600 万の $\frac{1}{5}$ 即ち 20％ だから」と言う。が „but never mind" として、資本 600 万と利潤 120 万、合計 720 万ポンドの商品価値を実現するには、「部門Ⅰでは 12,143 ポンドが流通し、部門Ⅰと部門Ⅱとの間では 104,700 ポンドが、部門Ⅱでは 137,500 ポンド［2,750,000 × $\frac{1}{20}$ =137,500］が。合計で 254,343 ポンドの貨幣」が必要であると述べ、「三大流通」に必要な貨幣量の試算第 2 例を終える。

　そして再び金生産の関係を導入した後で、一つの結論——「資本家が投入するよりもより多くの貨幣を流通から引き出すために一般的に必要なことは、流通している商品価値を貨幣に転化するために貨幣が充分流通しているということ以上には全く何もない」——を引き出す[20]。

　　1)　*MEGA*, Ⅱ/3・5, 1980, S.1701.
　　2)　Cf. *ibid.*, S.1701~1703. 因みにこのすぐ後では、マルクスは食料品店主（epicier）の資

本を 1,200 ポンド、それが年 4 回転すれば年取引は 4,800 ポンド、したがって 1 ヶ月の取引は 400 ポンドで、それ故週売上は 100 ポンドという具体的計算例を挙げている (*ibid.*, S.1703)。そしてこの週売上 100 ポンドが、労働者の週賃金 100 ポンドに照応する。

3) *Ibid.*, S.1703, 1713.

4) *Ibid.*, S.1715, 1716.

5) 本書第Ⅰ部第 3 章第 4 節を参照されたい。

6) このことは、上述のように、『諸学説』における単純再生産の考察も、それ自体としてはなお充全ではなかったことを意味する。

7) *MEGA*, op. cit., S.1716~1717.

8) *Ibid.*, S.1717.

9) *Ibid.*, S.1718.

10) ここで貨幣量が問題となってくることにより、単純再生産についての「計算」も上述の『諸学説』第 21 章における「計算」とは自ずと異なり、具体的数量が、具体的数字例が必要となる。その意味では、後の「総再生産過程の経済表」の直接の起点をこの第 1 例に求めることができようか。

11) ここでは 1 年間の「労働週」が 52 週と想定されている [19,230 × 52 = 999.960] (*MEGA*, op. cit., S.1725)。なおこの第 1 例の少し前で金生産を検討した折にも、マルクスは年間 52 労働週という想定を置いている (cf. *ibid.*, S.1722)。

12) 19,230 × 0.466667 ≒ 8,974.0

13) ここでマルクスは、「生活資料製造 (Lebensmittelfabrikation) 部門を「部門Ⅰ」(SphäreⅠ, KlasseⅠ)と呼び、「不変資本製造 (Fabrikation des constanten Capital)」部門を「部門Ⅱ (SphäreⅡ, KlasseⅡ)」と呼ぶに至る。

14) *MEGA*, op. cit., S.1726~1727.

15) *Ibid.*, S.1727.

16) 利潤 466,667 は、2,800,000 × $\frac{1}{6}$ と計算されている。これは資本 2,333,333 の 20% に相当する。ところが 2,333,333 × $\frac{1}{6}$ ≒ 388,888 であるから、v：c = 1：5 ということとなる。その結果、この第 2 例の部門Ⅰの $\frac{m}{v}$ は 120% となっている。

17) *MEGA*, op. cit., S.1727.

18) 部門Ⅱの利潤額の計算についてもマルクスは説明を与えていないが、5,000,000 × $\frac{1}{6}$ として産出されている。これに対し賃金については、部門Ⅰの不変資本が 1,944,445 で、これが部門Ⅱの「賃金と利潤とから成る生産物部分」と交換されるのであるから、1,944,445 − 833,333 = 1,111,112 となるとしている。その結果、部門Ⅱの剰余価値率は約 75% になっている。

19) *MEGA*, op. cit., S.1727~1728. なおここでの両部門間取引では、部門Ⅱの所得 [利潤 + 賃金] 支出のみが起点とされている。

20) *Ibid.*, S.1728~1729.

第4節 「充分な」貨幣を流通に投ずるのは誰か？
──第3例と第4例──

　このようにマルクスは『諸学説』第6章で考察を後に残した問題を、この「エピソード」で、しかも途中で「剰余価値の貨幣での実現」の問題として立て直し、社会的総生産物の流通に必要な貨幣量を試算するために、「三大流通」に、『諸学説』第21章の場合とは異なって、具体的数量を入れて第1例・第2例の計算を試みる。そしてそのことは、それはそれで、社会的総資本の単純再生産について、『諸学説』では捨象されていた側面、即ち貨幣流通＝還流の考察をもたらすと同時に、第6章で「残された問題」に対しても一つの結論に導かせた。

　しかし、この「貨幣が充分流通して」いれば足りるとする結論は、『諸学説』第6章以来の問題に対する最終的解決たりうるであろうか？それは否である。というのは、誰が「充分な」貨幣を流通に投ずるかは依然として明らかではないからである。そしてこの点を詰めるためにマルクスは次の例──これを第3例と呼ぶこととする──を挙げてゆく。即ち、「工場主(Fabrikant)は同じ貨幣でたえず新たな労働を購入し、労働者は同じ貨幣でたえず新たな商品を購入する。工場主(商店を省略すれば)がこの貨幣を本源的に流通に投入する。だから彼はそれを本源的には流通から既に受け取っていたに違いない。しかし金生産者との流通から。或いはしかしこの過程が以前に生じていたとすれば、彼はこの貨幣を彼の貨幣形態で蓄積された資本の一部として保持している[1]」、と。

　この第3例では、工場主の「週商品の価値＝600ポンド(そのうち100ポンドが利潤、あるいは20%)、そして毎週支払われる賃金は100ポンド」と仮定され、さらに「彼は彼の商品の1/6を金生産[者]に販売しなければなら」ず、しかも「今度限りは、彼が週の賃金の支払いのために必要とする[貨幣]100ポンドをもっている」ものとする。

　つまり工場主は「金生産者との流通から」本源的に流通に必要な貨幣を受け取り、しかも賃金支払いのための貨幣を「貨幣形態で蓄積された資本の一部として保持している」、と想定される。また工場主の投下資本全体は1,500ポン

ド、そのうち 1,000 が固定資本(capital fixe)、398 が毎週の原材料(matière brute et instrumentale)、100 が週賃金とされる。そして固定資本の耐用年数を 10 年、したがって「年 100 ポンドの摩損部分(déchet)」、年「50 労働週」として毎週の固定資本摩損部分 2 ポンドとすると、週商品価値のうち不変資本は 400 ポンド、可変資本は 100 ポンド、利潤 100 ポンド[資本500の20％]となる[2]。

　前 2 例に較べて、この計算例は改善されている。「摩損部分」が第 1 例とは異なって正しく「固定資本」の摩損部分として計上され、また前 2 例が年総生産物から出発して「毎週の貨幣的表現」を試算するという面倒な計算の仕方であったのに対し、この第 3 例では週生産物を 600 ポンドとするという単純な方法の採用となっている[3]。

　しかしその説明は極めて晦渋であるので、やや長文ではあるが引用しよう。工場主は、「第 1 週に 600 ポンドを受け取るが、そのうち 100 は商品と交換されるのではなく、貨幣[金]と交換される。だから彼は彼の全利潤を貨幣[金]に転化したか、あるいは彼の運転資本(working capital)の他に、100 ポンド多く提供した。(これは実際上は商人が投下する。) あるいは彼は第 1 週においては、彼の利潤のどの部分も消費しえない。なぜなら商品の $\frac{1}{6}$ を彼は金で保持し、$\frac{1}{6}$ を彼の労働者が消費してしまい、そして $\frac{1}{6}$ は不変資本を補填するのであるからである。次週には彼は賃金を支払いうるために金生産者の金を彼の商品のどの部分をもっても買う必要はない。しかし第 1 週には彼は彼の資本の一部を二重に必要とする。第 1 に商品の形態で、労働者が消費するであろうところの $\frac{1}{6}$ を。第 2 に金の形態で、それでもって労働者に彼から購入する能力を与えるために。だから彼はこの週には彼自身の食料(Fraß)のための予備貨幣を、貨幣を、――この事業から彼に流れてくるのではなくて、彼が 500 ポンドをもって彼の生産を始めた時に、彼が相続などしていたか、あるいはそれが有り得ることなのだが、生活のために借り入れる貨幣を――持たなければならない[4]」、と。

　強いて解釈するならば、マルクスの言わんとするところはこうであろう。即ち、利潤を実現するための貨幣 100 ポンドを工場主が流通に本源的に投入しなければならないが、この 100 は、第 1 週の生産物のの $\frac{1}{6}$ を金生産者と交換して入手してこなければならない。そこでこの本源的な第 1 週の間は、工場主は個人的消費を行うことができないことになる。したがって彼は「彼の運転資本

第2章　「単純再生産表式」成立過程の一齣　69

[500]の他に100ポンド多くを提供」して初めて生活し得るが、その貨幣100
は彼が「500ポンドをもって彼の生産を始めた時に」、相続などで受け取って
いたか、あるいは借り入れた貨幣ということになる、と。

　もっとも途中ではマルクスは、工場主が金生産者との交換で入手する金＝
貨幣100ポンドを、労働者の所得即ち賃金部分と結び付けてくる。第1週に
は、生産物たる生活資料の形態での可変資本と、賃金支払いのための貨幣形態
での可変資本と、「二重の形態で」資本が存在することが必要である、と。

　そして先の引用箇所の少し後で、マルクスは第2週になれば金生産者との交
換で工場主が入手した金＝貨幣100ポンドが流通に入り、また第1週に支払
われた「賃銀100ポンドが、労働者による商品への支払いで彼[工場主]に還流
するのであるから」、資本のうち賃金部分が二重に存在することも、工場主が
自分の消費のための予備貨幣をもつことも必要ではない[5]、とする。

　ともあれこの第3例でマルクスが直接問題にしていることは、「貨幣のうち
流通で見出される部分を最初に投入するのは誰か」という点であった。そして
その答えは次の通りである──「それは常に資本家──彼が生産者であろうと商
人であろうと──であり、労働者あるいは利子または地代の取得者(Erhaltner)
では決してない。彼[利子取得者]は利付きで貸付、資本を流通に投入する、即
ち、資本を、産業資本家に移転する(transfer)が、しかし彼[産業資本家]がそれ
を初めて現実に流通に投げ込むのである」、と。そして続いて、地代取得者
(Grundrentner)が受取る貨幣は、農業資本家・鉱工業資本家および労働者か
ら支払われものであること、さらに地主(Landlord)の個人的消費支出などを検
討し、貨幣を流通に「最初に投入する」者は資本家であることを、確認してゆ
く[6]。

　その上で、つまり利子・地代の取得者もまた流通への本源的な貨幣投入者で
はないことを確認した上で、今度は生産物の価値構成を初めて不変資本、可変
資本および剰余価値──利潤ではなく──とし、また金銀生産者や蓄積の問題
を捨象して、今一度社会的総生産物の二大部門間の交換関係と貨幣流通＝還
流を検討する。それが、ここで第4例と呼ぶものである。しかしこの第4例で
は数量化の試みは再び原則的に影をひそめる。即ち、

　まず「産業資本家の第Ⅰ部門(die erste Klasse)は、生活資料をその最終形態

で、つまりその形態でそれらが個人的消費に入っていく形態で、生産する資本家から成立っている。彼らの年生産物の価値は」、不変資本と可変資本と「利潤（利子）と部分的には地代に分解するところの剰余価値」とから成立っており、不変資本部分は「固定資本の摩損部分」と原材料（Rohmaterial und matiére instrumentale)」とから成立っている、と第Ⅰ部門の年総生産物の価値構成を明示する。

　そして「所得と所得との交換」の説明に移る。この部門の生産物の一部分はこの部門の労働者によって、彼らに支払われた貨幣で購入され、「それ故この貨幣は産業資本家に還流する」、と。また剰余価値については３つの部分に分けて考察される。(1) その「多かれ少なかれ僅かの部分」ではあるが、それはこの部門の内部で「現物で消費され、したがって流通には入らない。」(2)「前年度に支払われている地代、利子、利潤によって……第Ⅰ部門の総生産物のうちそれらに照応する価値部分が買い戻され、……　それによって産業資本家が地代や利子に支払った通貨（die currency)が彼に還流する。」そして (3)「この部門の資本家 a が、b, c, d, e の生活資料を購入するとすれば」「それぞれに各人がそれでもって他の商品を購入し、そして改めてそれで購入される通貨が還流する[7]」、と。

　このように利子・地代など「前年度に支払われて」いた貨幣の還流という特殊な還流形態を含めて「所得と所得との交換」を説明した後、「資本と所得との交換」に移る。

　第Ⅰ部門の不変資本部分は「最終的商品の形態からその生産諸要素に再転化され」「現物で補填されねばならず」、それには「資本Ⅰのこの部分が第Ⅱ部門によって購入されねばならない。」それ故「われわれは両部門間の貨幣流通に到達する」、と。そして「第Ⅱ部門（Zweite Klasse)。その生産物もまた不変資本……、可変資本および剰余価値から成立ち、最後のものは再び利潤、（利子）および地代の形態で分配される」と述べ、剰余価値とその分配論上の諸概念とを明確に区別する。その上で両部門間の貨幣流通を検討し、ここでは第２例とは異なって、貨幣の出発点への間接的還流を指摘する。

　第Ⅱ部門でも「その可変資本を貨幣で支払うが、しかしこの貨幣は、それが第Ⅰ部門でそうであったようには、産業資本家に直接には還流しない。」貨幣

は最初第Ⅰ部門の資本家に流れ、第Ⅰ部門はその貨幣で「第Ⅱ部門の可変資本の価値に等しい生産物価値を……Ⅱの産業資本から購入する……。この回り道を通って資本家Ⅱに賃金の支払いに必要な、そして本源的には彼らによって支出された通貨が還流する。」「同時に彼らがその生産物の一部＝可変資本の価値をこの回り道を通って第Ⅰ部門に販売し、そして後者はその額までその生産物をその生産の基礎的構成要素(the elementary constituents)に再転化する[8)]」、と。

　両部門間の流通の残りの部分、即ち第Ⅱ部門で「利潤(利子、地代)の形態で充用される所得に関して言えば、前年度など[から]のその貨幣化された定在(ihr vergoldetes Dasein)が、部門Ⅰの生産物の最後になお残っている部分に支出される。そこで貨幣が部門Ⅰに流れ、それによって部門Ⅰはなお欠如している不変資本を部門Ⅱから買い戻す(zurückkaufen)。それ故このことが部門Ⅱの剰余価値のために貨幣を還流する[9)]」、と。

　そして両部門間流通についての極めて重要な規定[10)]を再確認する。即ち「第Ⅰ部門にとっては資本の再生産が、第Ⅱ部門にとってはその剰余価値[所得]の貨幣化(Versilbertung)である」、と。また言う「Ⅱの貨幣が如何にⅠへ流れるかという様式は……、ⅠとⅡの同じ貨幣量が還流する様式と形態によって種々であるに違いない。なぜならこれは、貨幣として存在している資本の生産資本へのこの再転化であり、またここで購入される量と、同様に期間(Termine)とは、両資本の生産条件に照応するに違いないからである[11)]」、と。

　さてここまで来たところで、別言すれば第Ⅰ・第Ⅱ両部門の「剰余価値の貨幣での実現」、それとの関連で貨幣の還流を考察し、資本の再生産[＝循環]と剰余価値の貨幣化[=所得の流通]との区別と絡みあいを確認したところで、マルクスは『諸学説』第6章以来の問題に結着を付ける。──「次のことは明らかである、即ち、資本家が200ポンドを所得に支出し、そして1,000ポンドを資本として流通に投入するが、しかし1,200を引き出すとすれば、彼は流通に投入したよりもより多くの貨幣を流通から引き出す。なぜなら彼は流通に資本としてはただ1,000ポンドを投入したにすぎないのだから。」この「より多くの貨幣」200ポンドを「彼は同じ価値をもつ生活資料……に対して支出した」にすぎないのである。彼はそれを「一般的に単なる貨幣所有者として、そして

72 第Ⅰ部 手稿『経済学批判』における再生産表式成立過程の諸考察

資本家としてではなく、支出者(Verausgeber)として、支出したのである[12]」、と。

このように資本投下と所得支出とを明確に区別することによって、懸案事項に結着を付けたマルクスは、続いてスミスによる総流通の「2区分」説およびそれを「貨幣理論の根本的基礎」としたトゥックを立ち入って批判[13]した後、この第4例で、残っている第Ⅱ部門の不変資本の問題、即ち「資本と資本との交換」に立ち帰る。

「部門Ⅱでは不変資本が、それ自身の生産分野の中で現物での補填によって実現されるか、この同一部門の種々の分野間での生産物の交換によって実現される。ここでは生産物が再び生産条件としてそれ自身の生産に入っていく。……ここでは事態の性質上貨幣は支払手段として発展し、そしてそれ故に運動は貨幣なしに相殺(set off)によって清算される。」「ここでは実際不変資本と不変資本との交換が生じ、そして生産物は単に相互に生産過程における位置を変えるに過ぎないのだから、貨幣はたえずそれを支出した人に還流する[14]」と、第Ⅱ部門内取引を特徴づけ、第4例の検討を終える。

そして第ⅩⅦ冊の最後のページで、マルクスは「今や考察すべくなお残っている」問題として4点を挙げてくるが[15]、そこにはもはや単純再生産に関する一般的論点は見出し得ないのである。実際この第4例に続く「エピソード」の部分——つまり手稿第ⅩⅧ冊の最初の部分[16]——にも、また同じ手稿第ⅩⅧ冊から編まれた『諸学説』第22~24章にも、もはや単純再生産についての検討は存在しない。したがって社会的規模での固定資本の再生産の問題[17]を除くと、単純再生産についての一般的考察は第4例をもってひとまず終わるのである。

1) *MEGA*, Ⅱ/3·5, S.1730.
2) *Ibid.*, S.1730. 投下資本全体は 1,498[=1,000+398+100]でなければなるまい。
3) この第3例は次のように要約しえよう。

$$400c + 100v + 100p = 600 \qquad (単位ポンド)$$

2f.c.(d)+398z. $\qquad <c:v = 4:1,\ p' = v/p = 100\%>$

4) *MEGA*, op. cit., S.1730~1731.
5) Cf. *ibid.*, S.1731.

第2章　「単純再生産表式」成立過程の一齣　　73

6)　*Ibid.*, S.1731 ; cf. S.1731~1733.

7)　*Ibid.*, S.1734~1735. なおここでマルクスは年総生産物の価値＝素材「補填（Ersatz）」と貨幣の還流との区別について注意を与えている。例えば、労働者の生活資料購入による貨幣の還流は、「労働者によって消費された資本部分の補填ではなく、通貨の産業資本家への還流である」、と。また利子・地代取得者の生活資料購入による貨幣の還流についても、「それは前年度に支払われた利子、地代などのための補填ではなく、通貨の資本[家]への還流である」、と。そしてこの区別の強調は、上述の第1例を検討する際、マルクスが『諸学説』の「間奏曲」は「補填」を主題としていた――本章第3節を参照――とするのに照応する。

8)　*Ibid.*, S.1735~1736. この間接的還流との関連で、マルクスは、奢侈品生産の場合には第Ⅰ部門内部でも、同様に迂回的還流が生じること、また部分的にはその貨幣が利子、地代などを貨幣化することを指摘する。しかしこれらの「還流（Rückströmen）は［フラートンが言う］時計仕掛けのようには単純ではなく」、「それらの還流がどのように媒介されるかを、一般的には信用制度において初めて展開すべきである」とし、「ここではただ本質的な運動のみを把握すれば足りる」、と考察を限定していく（*ibid.*, S.1736~1737）。なおこの「本質的な運動」と「信用還流」とについては、さしあたり小林賢齊『マルクス「信用論」の解明』、vii ~ viii, 20, 23, 35, 47, 514, 530 ページ等々を参照されたい。

9)　*Ibid.*, S.1737. ここでマルクスが念頭に思い浮かべている具体的な現実の関係は次の通りである。「第Ⅱ部門の生産物のうちその剰余価値を表す部分と、生活資料で存在している第Ⅰ部門の不変資本との交換は、世界市場では手に取るように示される。例えばイギリスのキャラコと綿花との交換、あるいはイギリスの機械や糸と外国の小麦との交換、等々」（*ibid.*）、と。

10)　小林、前掲、『基本問題』、24, 28~30, 63~64, 146, 147 ページを参照されたい。

11)　*MEGA*, op. cit., S.1737.

12)　*Ibid.*, S.1737~1738. 『諸学説』第6章で、ケネー経済表における貨幣流通の様式（Art）の区別の検討を通じてマルクスが、既に「貨幣還流の2形態」の認識に到達し、『経済学批判』での規定を修正している――小林、前掲、『基本問題』、26, 28~29 ページを参照――ことを、ここで想起することが必要である。

13)　Cf.*ibid.*, S.1738~1741.

14)　*Ibid.*, S.1742~1743. なお、この「資本と資本との交換」を取り扱った最後のところで、マルクスは、新たに付け加えられた「年労働の生産物」と「過去の、過ぎ去った労働の成果」との交換の問題に再度言及し、「資本主義生産が発展すればするほど、それだけますます多くの過去の労働の成果が要因として生産に入っていく」こと、したがって生産物の価値構成部分のうち不変資本部分がそれだけ大きくなっていくことを指摘している（*ibid.*, S.1743）。

15)　*Ibid.*, S.1743.

16)　因みに、手稿第ⅩⅧ冊は、この「エピソード」に前後を挟まれた「複利」についての「岐論」で始まっている（*ibid.*, S.1746~1749）。

74　第Ⅰ部　手稿『経済学批判』における再生産表式成立過程の諸考察

17)　この問題は、「一方的購買」・「貨幣蓄蔵」・「一方的販売」という新たな視点の導入
　　により、『資本論』第Ⅱ部第Ⅷ稿において解決の基本的方向が示されていく。

第5節　むすびに

　これまで検討してきたように、「エピソード」の第4例において、社会的総
資本の単純再生産に関する価値＝素材補填、並びに貨幣流通＝還流の検討は一
つの到達点に達している。したがって第3例のように、これを数量化して表示
するならば、そこには「経済表」ないしは「再生産表式」が与えられることと
なる。

　実際1863年7月6日付のエンゲルス宛の手紙で、マルクスが「ケネーの表
に取って代えるもの」として書き送った総再生産過程の「経済表」に付された
説明は、基本的には「エピソード」の第4例の説明を「表」に即して行ってい
るものと見ることができよう。しかもこの「経済表」の具体的数値は「エピソ
ード」第3例のそれを基礎とし、m'[p']を200％に修正して計算したものと見
ることができる[1)]。

　ところで手稿『経済学批判』に続く1863年8月から1865年2月に至る第3
期の手稿の、『資本論』第Ⅱ部用「第Ⅰ稿[2)]」（1864年後半〜1865年春）の「第3
章　流通と再生産」第1節「資本と資本との、資本と所得との交換、および不
変資本の再生産」においては、「エピソード」第4例とは異なって、マルクス
は初めから具体的数値を挙げて「三大取引」を検討する。しかも「経済表」の
数値とも異なって「エピソード」第3例の数値をそのまま基礎においている。

　即ち、「われわれは資本の取引高(Umschlag)から始めよう。」「資本は500ポ
ンド、そのうち400は不変資本（固定資本の摩損部分、ないしはその価値が生
産物に入っていき、その使用価値は補填されねばならない固定資本部分、…
…。他方で原材料(matières instrumentales und Rohmaterialien))；100ポンド＝
可変資本即ち賃金。剰余価値率＝100％、したがって剰余価値は100ポンド。
そこで年生産物の総価値は600ポンドである、としよう」と述べ、「経済表」
の部門Ⅰのm'＝200％を、「エピソード」第3例の数値に戻す。そして「産業
諸資本(die produktiven Kapitalien)」をひとまず3種(Sorte)に分類した後、「第

第2章　「単純再生産表式」成立過程の一齣　　75

3種」は「事実上生活資料または生産手段に包括される」とし、「第1種」—
—生活資料生産——の資本を「資本A」と名付け、また「生産手段、即ち不変
資本を生産する資本家」を「B) の部門(Kategorie)」と呼び、ここでもほぼ
「エピソード」第4例に準ずる形で「三大取引」を貨幣流通＝還流を含めて詳細
に考察する。その場合、「第Ⅱ部門(Kategorie)」の資本もまた $1/5$ が可変資本、
$4/5$ が不変資本と想定するが、資本Aの m' が100％とおかれ、またBの不変
資本は800、可変資本は200、したがって第Ⅱ部門の総商品資本は1,200と与
えられてくる[3]。

　そしてこの具体的数字例によって——「再生産表式」として総括されてこそい
ないが——「三大取引」を考察した後、マルクスは『諸学説』第3章第10節
でスミスの「ドグマ v＋m」批判（＝「不変資本の再生産に関する問題」の検討）を
始めた時の亜麻布の例に立ち帰り、「だから所得の価値が全生産物の価値と一
致すると言うことは不可能である」ことを再説し[4]、この第3章［篇］の長い第
1節の終りで再生産論を「決定的に重要な理論」と呼び、この理論は「2つの
命題に分解する」—— 1)「いずれの資本によって生産された生産物の価値も P＝ c
＋ v ＋ m である。」「創り出された付け加えられた価値＝ P － c である。……付け加
えられた価値はもっぱら新たに付け加えられた労働の量によって規定される。これ
に対し、この労働が付け加えられる形態(Form)……は、全生産物にその特定の形態
(Gestalt)とそれに固有の使用価値を与える。2) 生産過程や流通過程の考察の場合に
は「範式(Formel)：P＝ c ＋ v ＋ m」で足りたが、「現実の再生産過程の場合には異
なる。」「主要な問題」は「商品の生産に消費された不変資本が、新たな労働量・付
け加えられる労働量によって生産されねばならない。生産手段もまた c）［不変資本］
自身によってたえず再生産されねばならない」ということであり、また「生活資料
［の生産］で消費された生産手段を生産するために労働が支出されねばならない。そ
してその他にこの生産手段の生産手段がたえず再生産される」ということである[5]
——と、結論する。

　さてリュベルによると、『資本論』第Ⅱ部用第Ⅱ稿(Ms.Ⅱ, S.146 ; cf. *MEGA*, Ⅱ
/11, S.382)には、次ページの「単純再生産表式」が示されている[6]。これはまさ
に第Ⅰ稿の具体的数字例の表式化である。そして第Ⅷ稿から採られた『資本論』

$$\left\{\begin{array}{l} \text{I．消費財の生産}(\text{Production de bien de consummation}) \\ \qquad \text{C}^{400} \quad + \quad \text{V}^{100} \quad + \quad \text{M}^{100} \\ \text{II．生産手段の生産}(\text{Production de moyens de production}) \\ \qquad \text{C}^{800} \quad + \quad \text{V}^{200} \; \cdot \; \text{M}^{200} \end{array}\right.$$

における「再生産表式」では、両部門の位置が逆転させられている[7]とは言え、その具体的数値例は、第Ⅰ稿での、したがって第Ⅱ稿での数値を５倍にしたものということができよう。

1) 「経済表」の数値は、「エピソード」第１例・第２例のように社会的総資本の年総生産物から出発して計算されたものとは思えない。もしそうであれば、年総生産物は分数とはならずに第１例・第２例と同様に整数となっていたであろうからである。
  「エピソード」第３例の数値——前節、注3）を参照——と「経済表」の部門Ⅰの数値との相違点は、「単位」および「年生産物」か「週生産物」かという点を除くならば、m' の取り方のみである。第３例とは異なって、「表」では m' が200％と想定されている。その結果、部門Ⅰの総生産物が「表」では700に変更されている。しかしこの m' の変更は、部門Ⅱの分数表示を結果する。Ⅰ400 c ＝ Ⅱ v ＋ m であるから、部門Ⅱも、m' ＝ 200％、c：v ＝ 4：1 とすれば、Ⅱv は 400 × $\frac{1}{3}$ ＝ 133 $\frac{1}{3}$、Ⅱm は 400 × $\frac{2}{3}$ ＝ 266 $\frac{2}{3}$ となり、またⅡc は 133$\frac{1}{3}$ × 4 ＝ 533$\frac{1}{3}$ とならざるを得ないのである。
  なお「経済表」そのものについては本書第Ⅰ部の第４章および第５章を参照されたい。
2) この第Ⅰ稿(Ms.Ⅰ)については、さしあたり、松尾純、「『資本論』第二部『第一草稿』(1864~65 年)について」(『経済評論』、1975 年 10 月 108 頁以下)に依拠した。[Cf. *MEGA*,Ⅱ/4・1, 1988, S.301~]
3) Cf. Маркс и Энгельс, *Сочинения*, op.cit.,стр.411, 416, 421; Ms.Ⅰ, S.107, 109, 112；*MEGA*,Ⅱ/4・1, S.305~306, 307, 311~312. なおマルクスはこの第１節の最初のところで、「われわれはこれまで［第Ⅱ部第１・第２章まで］の考察では、個人的消費過程は考察に入らなかったか、あるいはただ形式的にのみ考察に入ってきた」が、「いまや個人的消費は総再生産過程の一つの契機を形成し、そしてかかるものとしていまや消費を考察しなければならない」(*ibid.*, стр. 413；Ms.Ⅰ, S.108；*MEGA*, ibid., S.305)ことを強調している。
4) Cf. *ibid.*, стр. 443~444；(Ms.Ⅰ, S.123；*MEGA,* ibid., S.330). なおこの点との関連でマルクスは、部門Ⅱ［資本B］を、B$^{1)}$ と B$^{2)}$ の細部門——ただし簡単化のためにBの総生産物を600ずつ——に分割し、B1）は部門Ⅰ［資本A］の不変資本を、またB$^{2)}$はB$^{1)}$ の不変資本を生産するものと仮定しても、事態に変化がないことを示

している（cf. *ibid.,* стр. 448~449 ; Ms. I , S.125; *MEGA,* ibid., S.333~334）。

5) *Ibid.,* стр. 456~458 ; Ms. I , S.129~130 ; *MEGA,* ibid., S.340, 341~342. なおここから
も、再生産表式の成立にとって、「単純再生産の場合には、Ⅱ c の再生産＝補填、即
ち今年新たに付け加えられた労働と、生産物に移転された前年の・過去の労働との交
換の関係 ［I（v ＋ m）＝ Ⅱ c］を解くことが要であった……」（本書第 I 部第 3 章第
5 節）ことを確認し得よう。

6) *Oeuvres de Karl Marx, Économie* Ⅱ, edition établie et annotée par M. Rubel, 1968,
p.1725.

7) 小林、前掲、『基本問題』、34~35 ページを参照されたい。

第3章 『諸学説』における蓄積についての「間奏曲」と「残された問題」

第1節 はじめに

　既に第1章第3節で概観したように、「資本の生産過程」の篇に属する『剰余価値に関する諸学説』において、マルクスは、スミスの「ドグマ v＋m」批判の途上で、「間奏曲」「岐論」としてではあるが、「資本の流通過程」の篇に属する生活資料生産部門における不変資本(c)の再生産＝補填の問題——I(v＋m)＝IIc[[「所得と資本との交換」]]——を検討し、さらに「所得と所得との交換」「資本と資本との交換」という、単純再生産過程における「3大取引」を析出する。また同じく　スミスの「ドグマ v＋m」に基づく、スミス＝トゥックの「総流通の2区分」説と総取引に「必要な貨幣量」論をも、いわば「岐論の岐論」として批判していく。

　それのみでない。マルクスは、「所得即ち利潤の一部分が資本化される場合に生じる変化」の考察、つまり「事実上蓄積過程の考察」も、しかも「その形式的な側面」についてではなく、年総生産物の「3大取引」にそれが「どのように影響するか」の考察をも、「間奏曲」に加えてゆこうとする。そして『諸学説』がそこに含まれていた手稿『経済学批判』の中の「エピソード。資本主義的再生産における貨幣の還流運動」においては、前章で考察したように、固定資本の社会的規模での再生産＝補填の問題を除けば、単純再生産の分析については「一つの到達点」に至っていたのである。

　ところがマルクスは『諸学説』や「エピソード。貨幣の還流運動」では、蓄積＝拡大再生産の考察にとって不可欠な「基本的2論点」を指摘するのではあるが、しかしそれを解決し得ずに問題を「後に残して」行く。本章ではその点を検討していく。

第2節　『諸学説』第3・4章と第17章における
蓄積についての「間奏曲」と未解決の諸問題

　問題のさしあたっての発端はこうである。『諸学説』の第3章第8節でマルクスは「〔社会的生産物の全価値を所得に分解するスミスの誤り〕」(*MEW*. Bd. 26/₁, S.69：訳、①、159頁[1])を検討し、さらに第10節で「不変資本の再生産に関する問題は、明らかに資本の再生産過程または流通過程の篇(Abschnitt)に属するが、しかしそのことはここで主要な事柄を片付けることを妨げない」(*ibid.*, S.81：訳、①、180頁)と述べて、社会的総資本の再生産と流通の問題に入っていく。その際彼は、「困難は、現存する不変資本の再生産であり、再生産すべき不変資本に対する余剰(Überschuß)たる新不変資本の形成ではない」(*ibid.,* S.76：訳、①、176頁)として、消費手段生産部門の不変資本の再生産＝補填の問題を取り上げ、社会的「総生産物の二部門分割と三つの流通[2]」の区別に到達する。そして「この不変資本の再生産の問題は第4章第9節で再度検討され…今度は総生産物の二部門分割が前提され、先に到達した三種の取引が、(1) 所得と所得との交換、(2) 所得と資本との交換、および (3) 資本と資本との交換と明確に規定され」、さらに「第2の取引に関する一歩立ち入った規定」が与えられていく[3]。

　しかしマルクスは第4章第9節の末尾で、「なお解決すべく2つの問題が残っている」とし、その第2に蓄積＝拡大再生産の問題を挙げる。即ち、「これまでは所得全部が所得として支出されると仮定された。したがって考察すべきは、所得・利潤の一部分が資本化される場合に生じる変化であり」、「これは事実上蓄積過程の考察と一致する」(*ibid.,* S.222：訳、②, 189頁)、と。

　先に第3章では彼は次のように云っていたのである。「資本家が彼の利潤、即ち彼の所得の一部を資本に、即ち労働手段および労働材料に、転化するとすれば、この両者は、労働者が資本家に対して無償で働いた労働の部分によって支払われるのであり」、「このことは資本の蓄積に帰着し、そして何らの困難も含んでいない。即ち…現存しておりそして補填されねばならない不変資本量を

80 第Ⅰ部 手稿『経済学批判』における再生産表式成立過程の諸考察

超える新不変資本の形成である」(*ibid.*, S.78：訳、①、176頁)、と。

　では何が残っている問題なのか。蓄積過程の「形式的な側面」、即ち「生産物のうち剰余価値を表す部分が、一部分は賃金に、一部分は不変資本に、再転化されるということ」は「簡単」である。しかしこのことが、「不変資本の再生産」の問題を通してこれまで明らかにされてきた社会的総生産物の「三大取引」に「どのように影響するか」。これがなお「ここで研究すべき」ことであり、「この間奏曲は、この歴史的−批判的部分において、あい間あい間に奏で終えるべきである」(*ibid.*, S.222：訳、②、189~190頁)、と。

　実際マルクスはこれに続く第10節で直ちに、「〔蓄積の問題におけるスミスの混乱〕」(*ibid.*, S.223：訳、②,190頁)を取り上げる。即ち『諸国民の富』第1篇第6章末尾の一文[5]、「スミスが本来は蓄積の謎を解こうと試みているこの文章の中にはあらゆる種類の混乱がある」(*ibid.*, S.224：訳、②、192頁)、と云う。そしてマルクスは、スミスの「ドグマ v＋m」にはここでは「立ち返えらない」としながらも、次の諸点は「ただ書き留めるべきである」(*ibid.*, S.224：訳、②、193頁)とする。――（ⅰ）年々の生産物の「大部分は、現物では、産業的にのみ消費されうる諸商品｜原料・種子・機械など｜としてのみ不変資本に入っていくことができる諸商品から成立っている。」そこでたとえスミスの云うように、ある年の労働の生産物が翌年にはこの労働よりも「はるかに多量の労働を常に購買または支配する」ことができるとしても、右の「産業的に消費されねばならない[生産物]部分」は「スミスの計算から何よりもまず差し引かれるべきである、あるいはむしろそれを付け加えるべきである」(*ibid.*, S.224~225：訳、②、193~194頁)。（ⅱ）「以前よりもより多くの労働量が充用されると仮定すれば、…より多量の労働を吸収するための労働手段―原料と固定資本―がそこになければならない(*ibid.*, S.225：訳、②、194頁)。（ⅲ）前年よりも『遥かに多くの労働量』を『購買または支配する』ための元本をもつことも、もし仮りにより多量の労働が市場にないとすれば、何の役にも立たないであろう」(*ibid.*, S.227：訳、②、198頁)、と。

　ただしこの第の（ⅲ）点については、「スミスは増大する労働量が既に存在することになっているであろうということを知っている」とマルクスは云う。即ち（a）従来の賃金に含まれているであろう人口の増加分、（b）「失業している被

救恤民、半失業労働者など、(c)「不生産的労働者」——「その一部分は、剰余生産物の別の充用によって、生産的労働者に転化されうる」、(d)「同一労働者数がより多くの量の労働を提供し得る」(*ibid.*, S.228：訳、②、199頁)[6]、と。

ところで、蓄積が行われるためには追加不変資本諸要素も存在しなければならないという第（ii）の点については、マルクスは、「スミスが提起している諸点を解明した後で…なお考究すべきである」(*ibid.*, S.225：訳、②、194頁)とし、問題を残していく。そして第17章「リカードの蓄積論。その批判」において、「資本の基本形態から」恐慌を取り扱っていくに先立って、この問題の基本的な検討に着手する。

まず冒頭でマルクスは、今度は『原理』第8章の脚注[7]を引用し、リカードが蓄積を、「所得のうち資本に追加される部分…が不生産的労働者によってではなく生産的労働者によって消費される」という意味に解しているのは「スミスの場合と同じ…」であるとし、次のように云う——「資本の蓄積が恰も所得の賃銀への転化に、即ち可変資本の蓄積に等しいかのごとき理解は、初めから誤りで、一面的で…それによって蓄積の全問題が間違って取り扱われる」(Bd. 26/2, S. 471：訳、⑥、92～93頁)、と。したがってリカードが拠って立つスミスの「ドグマ」から再検討しなければならない。

そしてここでも「何よりも先ず、不変資本の再生産が明らかであることが必要である」とし、資本と所得との交換・資本と資本との交換を再確認した上で、次のように云う——「機械や原料や補助材料の形成や生産においてそれ自身産業的に消費される」この不変資本部分の「価値は、今年の労働の成果ではなく前年の労働の成果[8]」であるから、「充用不変資本の割合」が増加すれば、スミスやリカードが主張するのとは異なって、「たとえ年々の労働が同じままであるとしても、単に年々の生産物量のみでなく、年々の生産物の価値も増大するであろう。」したがって「この増大は資本蓄積の一形態であり、それを理解することが是非必要(wesentlich)なのである」(*ibid.*, S.473, 474：訳、⑥、93, 96, 97頁)、と。

その上でマルクスは蓄積を考察する場合の第1の[本質的]問題に入っていく[9]。

「まず第1に剰余価値の（そして生活資料の形でそれに照応する剰余生産物の）一部分が可変資本に転化されねばならない」が、それには「労働者数が増大する

82　第Ⅰ部　手稿『経済学批判』における再生産表式成立過程の諸考察

か、または労働者が働いている労働時間が延長」されねばならない。ただしこの後者は「蓄積の恒常的手段であると考えることはできない」し、また不生産的労働者の生産的労働者への転化や婦女子・被救恤民などの生産過程への引き入れも、マルクスは「ここでは除外」する。そこで「一般的人口の増加に伴う労働者人口の絶対的増加」（「たとえそれが充用資本に比べて相対的に減少していくとしても」）が、「恒常的過程としての蓄積の基礎として現れる。」そしてこのことはさらに「労働人口の再生産のみでなく、その不断の増大を許す平均賃金を前提する」（*ibid.,* S.478：訳、⑥、105頁）。

　では第２に「剰余価値のうち不変資本に転化されるべき部分はどのようなのか」（*ibid.*：同上）。ここでマルクスは、第３章で初めて不変資本の再生産の問題を取り扱った時と同様に、リンネル織物業者を例にとる。彼が剰余価値の一部を不変資本に転化しようとすれば、「糸や織機などを市場に見出さねばならない」（*ibid.,* S.478~479：訳、⑥、105~106頁）。もしこれらの生産条件を市場で見出せない場合…には、注文しなければならない。」従って「彼が攪乱されることなく…剰余価値を資本に再転化させ、蓄積過程を年々たえず継続し得るための諸条件」、即ち「資本蓄積のための諸条件は、資本の本源的生産または再生産一般のための諸条件と全く同じである。」それ故、「ある分野における現存資本の生産と再生産が他の諸分野における並行的生産と再生産を前提するのと同様に、一産業部門における蓄積または追加資本の形成は、他の諸産業部門における追加生産物の同時的または並行的形成を前提とする。従って、不変資本を供給するあらゆる分野の生産規模が同時的に増大しなければならない」（*ibid.,* S.482, 483~484, 485：訳、⑥、112, 114, 117頁）。

　ところがマルクスはこの第２の点については極めて控えめな結論を与える。──「従って蓄積が[可能]であろうとするためには、あらゆる分野で不断の余剰生産（Surplusproduction）が必要であるように思える。このことは若干立ち入って規定すべきである」（*ibid.,* S.486：訳、⑥、117頁）、と。

　なぜなのか？マルクスはここでは問題を解決し終えていないからである。

　織物業者が彼の剰余価値の一部を「所得として消費してしまうのではなく」、追加不変資本に転化しようとする。彼は追加不変資本諸要素を、例えば糸を、市場で見出せねばならない。ところが、「従来の資本の再生産は従来の諸条件

の下で行ってしまったとわれわれは前提したのだから、糸の紡績業者は彼の全資本を、前年に織物業者によって必要とされた糸の量を供給するために、支出してしまったのである。したがって彼はいかにして糸の追加供給によって追加需要を充足すべきなのか？ [10]」(*ibid.*, S.479：訳、⑥、106 頁)。マルクスはこの問題に対しては未だ解答を与えていない。それ故に彼は、「一般的蓄積を前提すれば」「資本の蓄積のための諸条件は、…資本の再生産一般のための諸条件と全く同じである」と述べたのである。この前提がいかにして成立つのか。それを解決しないまま、彼は「第 2 の本質的問題」(*ibid.*, S.486：訳、⑥、117 頁)に移るのである。

　さて「第 2 の本質的問題」とは、第 4 章第 10 節では「立ち返らない」とされていた蓄積に関するスミスの「ドグマ v＋m」の問題——即ち、剰余価値(＝利潤)は「新たに付け加えられた労働のみから成立って」いるから、その一部分が資本に転化される場合に、「この新しい資本が全部賃金に支出される、即ち新しい労働とのみ交換される」(*ibid.*, S.486：訳、⑥、117~118 頁)ということになるのかどうか——である。

　これに対してマルクスは、資本に転化されるべき剰余価値(したがって剰余生産物)の一部分でも可変資本に転化されないことが明らかになれば、スミスの「ドグマ」は崩れるものと考え、次のように問題を立てる——「資本家が剰余価値の一部分を、あるいはむしろそれが表われる剰余生産物を売る代わりに、それをむしろ直接に資本に充用することによって、それは資本に転化されうるのか？」(*ibid.*：同上)、と。

　この「予め売却されることなく、直接に再び生産条件としてそれ自身の生産諸分野に入って行きうる」剰余生産物の一部として、マルクスは、農業では種子・家畜・自家製の肥料・木材などを、機械製造業では「工作機械」を、鉱山業では「補助材料」としての石炭などを挙げる。そして「ここでは蓄積と拡大された規模での再生産とは直接に一致する」(cf. *ibid.*, S.487~489：訳、⑥、119~123 頁)と云う。したがって「ここでは剰余労働が表われる使用価値の種類が、即ちそれが再び生産条件として、剰余生産物が属している…生産諸分野に入ってゆきうるかのみが問題」であり、ここでもまた「経済的形態規定にとって使用価値の規定が重要性をもつ [11]」ことを指摘した上で、生産手段生産部門におけ

84　第Ⅰ部　手稿『経済学批判』における再生産表式成立過程の諸考察

る追加投資のための内部取引に移っていく。「剰余生産物の一部は、生産者間の、例えば機械や労働用具などの生産者と原料・鉄・石炭・金属・木材などの生産者との間の（媒介された）交換を通して、だから不変資本の種々の諸成分の交換を通じて、資本（不変資本）に再転化されうるか？」（ibid., S.489：訳、⑥, 123, 124頁）、と。

　そして彼は剰余生産物の一部について、「不変資本の生産者たちの間で交換が生じる」ことを確認し、さらにこの生産手段生産部門内の転態は、単純再生産の場合のそれとは異なって所得の資本への転化の一形態であることを次のように明らかにする。——この交換は、「もはや、それらを相互に補填すべき不変資本を表す生産物部分の交換ではなく、剰余生産物の一部分の、即ち直接に不変資本に転化される所得（新たに付け加えられた労働）の交換であり、これを通して不変資本量は増大され、そして再生産される規模が拡大されるのである」（ibid., S.491：訳、⑥, 126頁）、と。

　しかし注意すべきは、第1の［本質的］問題の場合と同様に、ここ「第2の本質的問題」の場合にも前提が置かれているということである。即ち、

　問題は次のように立てられている。「前提された資本の単純再生産の場合には、不変資本の再生産で損耗した不変資本部分は、直接に現物でか、あるいは不変資本の生産者たちの間での交換によって、即ち…資本対資本の交換によって、補填される。」そしてこの部門で「新たに付け加えられた労働の結果で、したがって［この部門の］所得（賃金と利潤）に分解するところの生産物によって」「消費財の生産において消費される…不変資本は…補填される。」しかもここでマルクスは、この不変資本諸要素の生産者達の「生産物のうち、彼らの不変資本に等しいその部分を超える残りの部分（Überschuß）」即ち消費財生産者達の不変資本を補填する部分を、「彼らの余剰生産物（surplus produce）」と呼び、それらは「賃金」と「利潤（地代を含む）」とから成立っている、と云う。その上で前者は労働者によって「生活資料にのみ実現することができる」が、後者は、「もしそれが充分に大きければ、一部分は個人的に、一部分は産業的に消費される」（ibid., S.490~491：訳、⑥, 124~126頁）とし、産業的に消費される「場合には」、上述のように、不変資本諸要素の生産者たちの間での交換を通じて彼らの利潤（所得）の一部分が彼らの不変資本に転化し[12]、彼らの不変資本量が

第3章 『諸学説』における蓄積についての「間奏曲」と「残された問題」 85

増大する、というのである。

では如何にして生産手段生産部門の生産者たちは、「前提された」即ち与えられた・従来の資本をもって、彼らの不変資本を再生産＝補填し、さらに消費手段生産部門の不変資本を再生産＝補填して、なお余りある「余剰」の生産手段を生産し得るのか[13]？ 彼らの利潤はそれほど「充分に大きい」のか？ これこそ社会的総資本の蓄積＝拡大再生産過程の考察にあたって解かれねばならない課題である。

がしかしマルクスは、ここでも、「不変資本の余剰生産(Surplusproduction)——即ち従来の資本を補填するために、したがってまた従来の生活資料量を生産するために必要であるよりも大きな生産——を前提すれば、機械や原料などを使用する諸分野における余剰生産、即ち蓄積には、もはや何の困難もない」(*ibid.*, S.492：訳、⑥, 128頁)と述べて、第17章の本題に入っていく。そしてこの問題は第21章で、消費手段生産部門の側面から再検討される[14]。

1) 『諸学説』も特に断らない限り、本章では、*MEW*の巻(Bd.)と頁(S.)および国民文庫版の訳とを挙げることとする。なお引用文中の〔 〕括弧の部分は、Werke編集者によるものである。

2) 小林賢齊、「再生産表式と資本の循環・回転」(『経済学論集』[東京大学] 第25巻第3・4合併号、1958年9月；小林、『再生産論の基本問題』1975年に所収、23ページ。なお以下では、『基本問題』のページのみを挙げていくこととする。)

3) 同上、『基本問題』、24ページ。

4) 『諸学説』第3・4章で、マルクスがスミスの「ドグマ v＋m」批判の途上で、「不変資本の再生産」の検討を通じて、「総生産物の二部門分割と三つの流通の区別」に「明らかに」到達している、と筆者が前掲の『基本問題』で、研究所版 „Theorien", 1. Teil, (1956)によって指摘して以来、この点は、その後多くの論者によって確認され、「この認識はすでに一般化していると言ってよい」(矢吹満男、『資本論』成立過程におけるマルクスの『経済表』の意義」、『土地制度史学』、第61号. 1973年10月、9頁)のである。しかしその際筆者は、同時に、この「残された問題」に言及し(同上、『基本問題』、26, 35頁など)、『諸学説』では結局マルクスは蓄積＝拡大再生産の問題を解決しきれないで、それは『資本論』にまで「残された」(同上、35頁)とした。

では「この間奏曲は…奏し終えるべきである」というマルクス自身の指示はいかに理解したらよいのか。研究所版『諸学説』第Ⅰ部では、ここに編集者「注解」(Anmerkungen, Nr. 76；*ibid.*, S.459)が付され、第6章の「岐論」(および『資本論』第Ⅱ部第20・21章)の参照が求められていたのであるが、筆者は前掲『基本問題』にお

86　第Ⅰ部　手稿『経済学批判』における再生産表式成立過程の諸考察

いてこの「岐論」を検討すると共にカウツキー版、„Theorien“, Teil Ⅱ/₂ und Ⅱ/₃ ——研究所版第17章と第21章——の参照を求めておいた（同上、『基本問題』30ページ）。その後、Werke 版„Theorien“, Bd. 26(1965)では、編集者はこの「注解」(Anmerkungen, Nr. 7979 ; S.466~467) を拡充し、第17~21章のみでなく、第23章の参照をも求めるに至っている。

　　しかし蓄積＝拡大再生産についての「間奏曲」を『諸学説』でマルクスがどのように奏でているかは、その後も必ずしも充分には明らかにされていない。例えば、水谷謙治、「再生産論（『資本論』・二巻三篇）の成立について（一）」、『立教経済学研究』、第20巻第1号、1965年5月、34~38頁；高木彰、『再生産表式の研究』、1973年、57~61頁；矢吹、前掲、10~11頁；赤間道夫、「再生産論成立の学説史的基盤――『剰余価値学説史』の再生産論研究――」、『商学論集』第48巻第3号、1979年1月、127~142頁。水谷氏の場合には、「単純再生産は蓄積の一部であり、その考察によって再生産上の主要な問題が解決されてしまう」（同上、「…成立について（完）」第20巻第3号、1979年1月）という見地に立たれるので、他の論者とは自ずと異なるとはいえ、これら論者が主として第17章――恐慌論との関連――のみを取り上げられるのは何故であろうか？

　　蓄積＝拡大再生産の検討を、マルクスは既に第4章で始めているし、また第24章でも言及しているのであり、したがって筆者は、MEW 編集者の「注解」もさらに拡充されねばならないと考えている。

5)　Cf. A. Smith, *An Inquiry into the Nature and Causes of the Wealth of Nations*, 1776, ed. by E. Cannan, Modern Lib., p.54 : 訳、岩波文庫版、①、199~200頁。

6)　ここでマルクスは、「ちなみに、生産的資本の増加と共に…それと同じ割合で充用労働（生きた労働…）が増大するに違いないというのはＡ．スミスの誤り」で、それは彼の「ドグマ v＋m」と「密接に関連している」ことを指摘する（cf. *MEW*, Bd. 26/₁, S.228 : 訳、②、199頁）。

7)　Cf. D. Ricardo, *On the Principles of Political Economy and Taxation*, 1817, ed. by E. Gonner, 1925, p.123 : 岩波文庫版、137頁。

8)　「三大取引」が、ここでは、そして後述の第21章では、今年の・現在の労働と、前年の・過去の労働との関連で再把握されてくる点に注意されたい。

9)　なお幾つかの前提がおかれている。例えば労働の生産性（だから生産方法）は不変であり、同量の商品の生産には同量の労働を必要とし、したがって「資本の増加分には、前年の同量の資本の生産に費やされたのと同じだけの労働が費やされる。」また剰余価値の一部の、不変資本と可変資本とへの転化の割合は、「資本の前提とされた有機的構成(Konstitution)に依存」し、「生産が高度に発展すればするほど……不変資本に転化される部分は……それだけ大きくなる」(*MEW*, Bd. 26/₁, S.478 : 訳、⑥、103~104頁)。ただしこの後の点については、マルクスは「労働の増大された生産性と同様」で、「争い得ない事実」(*MEW*, Bd.26/₃, 222頁), S.356 ; 訳、⑧、222頁) としている。さらに対外貿易も捨象される(*MEW*, Bd.26/₂, S.478 : 訳、⑥、105頁)。

10)　マルクスが固定資本の償却基金中に、「それを充用するものの側から」すれば「一

第3章 『諸学説』における蓄積についての「間奏曲」と「残された問題」 87

つの蓄積元本」があるとし、また固定資本の更新との関連で、単純再生産であっても「他の部面では不断の蓄積」ないし「商品在荷」が必要である (cf. *ibid.*, S.481~482；訳、⑥、109~110頁) としているのも、この点との関連においてなのである。

11) 因みに『資本論』第Ⅲ部第7篇第49章では、この使用価値の規定が見失われる関係が次のように指摘されている。この剰余価値は、「自由に処分し得る追加的な富の形態で、簡単に言えば、個別資本家の立場からは、彼の所得の形態で、実存する。しかしこの新たに創りだされた価値は…部分的にはその現物形態からして生産的に消費されなければならない。」ところがこのことは、「剰余価値の全生産物がまず第1に利潤の形態で現れるということによって看取できなくなる」(*MEW*, Bd. 25, S.856；訳、⑬、1196頁) のである、と。この「利潤の形態」においては、剰余価値が表していた剰余生産物の特定の形態は消え去っているからである。

12) したがって、ここでは、未だ消費手段生産部門の追加不変資本諸要素には言及されておらず、それ故、蓄積の場合における部門間転態は、「第2の本質的問題」との関連ではなお度外視されているとしなければならない。

13) なお「第2の本質的問題」を扱う場合にも、マルクスは「全分野における固定資本の単なる(bloß)再生産が、またそれと並行して、固定資本を生産する現存資本の再生産も、一つの蓄積元本を形成する」、即ち追加不変資本要素を供給するものとしている (cf. *ibid.*, S.489；訳、⑥、124頁)。

14) したがって『諸学説』第17章の「間奏曲」をもって、蓄積＝拡大再生の問題が、「ここでは『流通の三流れ』を侵害することなく『解決』している」(赤間、前掲、139頁、136頁も参照。傍点は引用者) などとするのは全くの誤りであり、「皮相的結論」(赤間、同上、139頁) と言わなければならない。

第3節 『諸学説』第21章と第23・24章

以上のようにマルクスは、『諸学説』第17章では次の諸点を明らかにした。即ち、剰余価値を表現する剰余生産物のうちには、その使用価値からして生産手段たる部分が存在し、したがってこの部分はスミス(やリカード)の主張に反して追加の[生産的]労働者の雇用には充用し得ないこと、だから所得[剰余価値]の資本への転化は、可変資本への転化のみではなく、生産手段生産部門内における所得の[交換を通じた]不変資本への転化が存在すること、そしてこのことを理解することが「是非必要」でああること、を明らかにした。しかし同時にここでマルクスは、個別資本にとってではなく、社会的総資本にとっては、この所得の不変資本への転化は、従来の──単に生産手段生産部門のみでな

く、消費手段生産部門の——不変資本の再生産＝補填に必要な生産手段以上の生産手段を、かかる剰余生産物の存在を、前提せねばならないこと——この前提がいかにして成立つかは未解決であるが——をも明らかにした。

　ところで剰余生産物のうちには、その使用価値からして凡そ資本には、即ち、不変資本にも可変資本にも、転化し得ない部分がある。第21章ではこの点がまず明らかにされる。

　即ち第1節(a)項末尾の部分でマルクスは言う、「奢侈品生産に従事する労働者たちは、実際彼らの雇主に対して資本を生産するが、しかしその生産物は現物では資本には、即ち不変資本にも可変資本にも、転化され得ない。」なぜなら「奢侈品生産物のうち、必需品——その全部または一部が可変資本に入っていく——と彼の地で交換するために外国へ送られる部分を除けば、それらは単なる剰余労働を表しており、そして剰余労働そのものが、そのまま、富者によって所得として消費される剰余生産物の形態にある」からである(Bd.26/$_3$, S.241~242；訳、⑧, 22頁)、と。そして彼はここで、事実上、「奢侈品生産者達の賃金」部分と「生活必需品生産者たちの剰余労働」部分との交換を明らかにし、さらに、「剰余労働のうち直接に奢侈品の形態で表わされる部分」の大小が与える「蓄積および再生産の程度」に言及する。——「もし剰余労働のうち直接に奢侈品の形態で表わされる部分が大きすぎるならば、明らかに蓄積および再生産の程度は停滞するに相違ない……。もし小さすぎるならば、資本の(即ち、剰余生産物のうち、現物で資本として役立ち得る部分の)蓄積は人口よりも急速に進行するであろうし、そして利潤率は、必需品のための外国市場が存在しないなら、低落するであろうに [1]」(*ibid.*, S.242；訳、⑧, 22~23頁)、と。

　次いで(b)項では、この奢侈品生産との関連で生活必需品生産部門の剰余生産物の不変資本への転化を取り上げ、蓄積の場合の二大部門間転態、即ち「〔拡大再生産における資本と所得との間の交換〕」に、ここで初めて言及する。——「労働者の所得が同時に可変資本として現れるという事情は、ただ、蓄積—資本の形成—の場合には、可変資本を生産するところの資本家の、生活資料(必需品)の形で存在する・剰余が、不変資本を生産するところの資本家の・原料または道具の形で存在する・剰余と直接に交換されうる、という限りでのみ重要である。ここでは所得の一つの形態が他の形態と交換され、そして交換が成

第3章　『諸学説』における蓄積についての「間奏曲」と「残された問題」　89

就されるならば、Ａの所得がＢの不変資本に、またＢの所得がＡの可変資本に転化される」(*ibid.*, S.242~243；訳、⑧、24頁)、と。

　即ち単純再生産における資本と所得との間の交換を考察する場合には、マルクスは「賃銀をも所得とみなし、また一般にただ所得に対する不変資本との関係だけ」を、換言すれば、生産手段生産部門において「新たに付け加えられた労働」［即ちⅠ(v+m)］と、消費手段生産部門の不変資本、商品生産物消費手段に移転された「過去の労働」［即ちⅡc］との交換のみを取り上げた。ところが蓄積─新資本の形成の場合には、「新たに付け加えられた労働」と「過去の労働」との交換が、一般的に問題なのではない。ここでは「新たに付け加えられた労働」(その一部)が相互に交換されるのであるが、使用価値的には、消費手段生産部門の剰余(必需品)が生産手段生産部門の剰余(原料や機械)と直接に交換され、それが成就されるならば前者が後者の可変資本に、後者が前者の不変資本に転化する。つまり「所得の一形態が他の形態と交換される」ことによって、所得が直接可変資本または不変資本に転化するのである[2]。

　そこでマルクスは、「このような流通や再生産や諸資本の相互補填様式などの考察に当たっては」、「与えられた規模での再生産」と「拡大された規模での再生産、または蓄積」という「二つの現象を区別しなければならない」(*ibid.*, S.242；訳、⑧．24頁)との結論に達する。そしてそのような観点から改めて単純再生産における「三大取引」を再検討し、「年々の総生産物のどの部分が新たに付け加えられた労働を表しているかを問題に」し、これを「全く簡単な」「計算[3]」で示す(cf. *ibid.*, S.244~246；訳、⑧．27~30頁)。その後で彼は、これと対比する形で、「拡大された規模での再生産の場合には事態が異なっている」(*ibid.*, S.246；訳、⑧．30頁)ことを再確認する。──「この蓄積の場合にのみ、所得も可変資本も不変資本もすべてが取得された他人の労働である、ということが明らかになる。そして労働者がそれでもって労働する労働諸条件も、彼が彼の労働に対して受け取る対価も、資本家が対価なしで受け取った労働者の労働であるということが明らかになる」(*ibid.*, S.247；訳、⑧．31頁)、と。

　しかし「間奏曲」は、ここでもそこまでであって、今度は第17章の場合とは異なって、マルクスは右の結論に続いて、「新たな資本は取得された他人の労働のみから成立つ」に至るという、後に『資本論』第Ⅰ部第Ⅶ篇第22章第

90 第Ⅰ部 手稿『経済学批判』における再生産表式成立過程の諸考察

1節で展開される「商品生産の所有法則の資本制的取得の法則への転化」(*MEW*, Bd. 23, S.605；訳、④、903頁）を簡単な数字例によって示すのである[4]。

　実際、第21章第2節では、「賃労働は自己疎外された労働である」(*ibid.*, S. 255；訳、⑧、46頁）こと、また第3節では、それが「本源的蓄積」によってもたらされ、「蓄積は、本源的蓄積において一つの特殊な歴史的過程として、資本の発生過程として、そして一つの生産様式から別の生産様式への移行として現れるものを、ただ連続する過程として表わす」(*ibid.*, S.267, 268；cf. S.308~309；訳、⑧、67、68、139頁）ことをマルクスは明らかにする。それのみでない。蓄積が「恒常的な過程」となり、「同時に労働の客体的条件、再生産の条件であるところの労働の増加した生産物が、たえず資本として現れて、労働から疎外され・支配する・資本家において個人化された力として労働に対立して現れる」と、「蓄積すること、即ち剰余生産物の一部分を労働条件に再転化することが、資本家の独自な機能となり」(*ibid.*, S.267~268；cf.S.316；訳、⑧、68、154頁）、そこでさらに、「再生産の拡大が利潤の資本への転化として」、そして蓄積は、資本家が「剰余生産物を消費してしまわないで」資本に転化することとして、即ち「資本家の節約として」(*ibid.*, S.26；cf. S.312；訳、⑧、70、145~145頁）現れること、を明らかにする[5]。

　さて第23章第3節で再び「『収奪』の法則」と「『取得』の法則」(*ibid.*, S. 370；訳、⑧、245頁）に言及した後、マルクスは再度「〔拡大再生産としての蓄積〕」に立ち返る。しかし彼はここでも第17章で提起した問題への解答は与えてはいない。即ち「蓄積のいかなる部分も現物で行われないような場合」を想定しても、「すべての蓄積は賃金への投下になる」というスミス＝リカードの見解は「誤りであろう」ことを検討した後、第17章および第21章での到達点を次のように要約する。「剰余はどこでも、特殊な資本が生産する物品の性質で、石炭・鉄などで存在する」のであるから、生産手段生産者相互の交換によって「剰余の一部分は直接に不変資本に転化」し、また「生活資料生産者たちは、他方の生産者たちが追加可変資本を入手するまさにその同じ過程によって、追加不変資本を入手するのである」(*ibid.*, S.371, 372；訳、⑧、246, 244頁）、と。

　しかしここでは「再生産——それが蓄積である限りでの——を単純再生産から区別するもの」として次の3点を指摘する。(1)「単純再生産の場合には、

生産物の一部分は過去の労働を表している」が、「蓄積される諸要素は、その可変[資本]部分も不変[資本]部分も、新たに付け加えられた労働から成立っている。」(2)「旧い不変資本の加速された消費もまた蓄積の一契機である。」(3)「再生産の過程で、部分的には資本の遊離によって、部分的には生産物の一部の貨幣への転化によって、また部分的には、生産者が単純に回収された貨幣で、他の生産者・例えば奢侈品生産物の販売者に対する[商品]需要を減らすということによって、形成される追加貨幣資本によっては、単純再生産の場合のように諸要素の体系的補填は全く必要ない。」「追加資本(可変または不変)が相互に補い合わない場合にはいつも、貨幣は一方の側で貨幣資本として沈澱するに違いない」(*ibid.*, S.372；訳、⑧, 248~249頁)、と。

　この第1点は既に指摘された問題であり、また第2点はある点で「蓄積元本」に類似する問題を含むが、第3点は新たな問題提示である。しかしこの第3点もまた、ここではただ問題の指摘に止まる。そして第24章においてマルクスは「〔追加固定資本の充用可能性の諸条件について〕」(*ibid.*, S.425；訳、⑨、68頁)の検討を行う[6]。

　この場合ジョーンズは「補助資本の増加〔「追加固定資本の充用」〕は知識の増加にかかっている」として3点を挙げるが(cf. *ibid.*, S.429, 433；訳、⑨、76~77, 83頁)、マルクスは前提として「何よりもまず必要なのは、余剰生産物(surplus produce)が、その現物形態においてであろうと、貨幣に転化されてであろうと、そこにあるということである」と指摘して、次の諸例を挙げる。例えば、棉花生産において、原棉を適時に除核して綿花にするための手段がなかった時には、生産された綿の「一部は畑で腐敗した」(「余剰生産物」の存在)。ところが「この状態は繰綿機の発明によって結末をつけられ……生産物の一部分は今では操綿機に転化する。しかし繰綿機は自分の費用を補填するだけでなく、剰余生産物を増大する。」また例えば、「石炭を消費する新たな機械は、すべて、石炭で存在する余剰を資本に転化するための手段である」(*ibid.*, S.433：訳、⑨, 83頁)、と。

　そして彼は「余剰の一部分の資本への転化は二様でありうる」と言う。即ち(1)「既存補助資本の増加、より大きな規模でのその再生産」と(2)「それらを通して補助資本の新たな種類が創り出されるところの・新たな使用価値の発

92　第Ⅰ部　手稿『経済学批判』における再生産表式成立過程の諸考察

見または旧使用価値の新たな利用の発見・および機械や動力の新たな発見」――
――「ここではむろん知識の拡大が条件であるが」――（*ibid.*, S.433；訳、⑨、83~84頁）、
と。

　さてこのような「余剰の存在」と「知識の増加」に媒介された「余剰」の利
用の関係の考察から、マルクスは一つの重要な問題に気付くのである。「蓄積
は新たな労働を直接活動させることを必要としないで、ただ従来の労働に別の
方向を与えることだけが必要なのである」、と。例えば「以前には手織機を製
造していたその同じ工場が、いまでは力織機を製造するというようになり、織
物工達の一部は、この変化した生産方法に移行し、残りの部分は街頭に投げ出
される。」そして「以前には直接に生活資料の生産に用いられていた労働の大
部分が、補助資本の生産に振り向けられる」（*ibid.*, S.434；訳、⑨、84~85頁）、と。

　しかしこの新たな視点も、ここではなお「スミスの見解」への別様の批判と
して位置づけられるに止まる。即ち「このこともまた、資本の蓄積＝より多く
の生産的労働の充用というA.スミスの見解に対立する」（*ibid.*）、と。そして
マルクスは「以上の考察を度外視しても」として、この新たな視点を一般化し
ようとするのではあるが、しかしそれもまた蓄積の「あり得る」場合としてで
あるにすぎない。「それ［蓄積］は……労働の充用における単なる変化、そして
労働の・生活資料の直接的生産から生産手段……の生産への・単なる移転であ
り得る」（*ibid.*, S.434~435；訳、⑨、85~86頁）、と。

　　1)　念のために、ここで奢侈品生産が取り上げられる関連について簡単に触れておこ
　　う。「パンフレット筆者」は、リカードを、「資本の蓄積が人口の増加よりも急速であ
　　れば賃金が上昇」し、「資本の価値は減少する」と主張していると解し、しかしそれ
　　は「二つの道」から「妨げられる」と批判する。即ち、第1に、剰余生産物が固定資
　　本に転化されれば、「労働元本……が資本の蓄積と共に増大するに違いない」という
　　ことは「妨げられる。」第2に、剰余生産物のうち「必需品として存在する部分」を、
　　「資本家が……外国の奢侈品と交換して自分でそれを消費することが可能」となれば、
　　「労働元本」はやはり資本の蓄積と共には増大しない、と。
　　　この第2の点との関連で、マルクスは次の「注意」を与える。もしも必需品と「外
　　国の奢侈品」との交換が行われないとすれば、剰余生産物［必需品］の「大きな部分
　　は可変資本として労働者と交換されなければならないであろう。その結果は、賃金の
　　上昇と絶対的または相対的剰余価値の減少であるであろう。ここに、マルサスが、生
　　産物のうち労働と交換される部分が資本に転化し、高い価値を持ち、大きな利潤をも

第3章　『諸学説』における蓄積についての「間奏曲」と「残された問題」　　93

たらし、多くの剰余労働を吸収するためには『富者』の消費を増大する必要性を言う、本来の秘密がある。云々」、と。

　そしてこの「外国貿易による必需品の奢侈品への転化について妥当することは、一般的に奢侈品生産について妥当する」として、マルクスは後者の問題に入っていくのである(cf. *MEW*, Bd. 26/₃, S.237~238, 241 ; 訳、⑧、14~16, 22頁)。

2)　因みに、『資本論』第Ⅲ部第Ⅶ篇第49章では、次のように述べられている。利潤の資本への転化は、超過労働の一部分の、新追加生産手段の形成への充用以外のなにものも意味しない。このことが利潤の資本への転化という形態で生じるということは、労働者ではなく資本家が超過労働を自由にすると云うことを意味するに過ぎない。この超過労働が、まずそれが所得として現象する……段階を通過せねばならないということは、この労働またはこの労働の生産物が非労働者によって取得されるということを意味するに過ぎない。しかし実際に資本に転化されるものは、利潤としての利潤ではない。……現実にかく転化されるものは、価値、対象化された労働、あるいはこの価値が直接表現される生産物、または、この価値が予め貨幣に転化された後にそれと交換される生産物である。……その際、剰余価値が一つの形態から他の形態に転化されるに過ぎない。しかし剰余価値を資本にするのはこの形態転化ではない。いまや資本として機能するのは商品とその価値である」(*MEW*, Bd.25, S.858 ; 訳、⑬, 1197~1198頁)、と。なお、小林賢齊「再生産表式と『投資金融』(『土地制度史学』第56号、1972年9月<小林、前掲、『基本問題』第2部第2章274~276, 141ページ>)も参照されたい。

3)　ここで示される「全く簡単」な「計算」から、二行の算術式からなる単純再生産表式への道程は、結果から見れば、それ自体としては、あるいは形式的には、事実上ひと飛びである。しかし、この間にマルクスは、貨幣での剰余価値の実現の問題を検討し、次章で検討するように、自己の「経済表」をひとまず作成するのである。

4)　ここでは『資本論』における「再生産論の構成」(山田盛太郎、『再生産過程表式分析序論』、3~8頁)との関連にまでは立ち入ることはできない。しかし『諸学説』での社会的総資本の再生産＝流通に関する「間奏曲」が、単純再生産における「三大取引」を、価値論──特に「労働の二重性」把握──の深みにまで引き戻して、「新たに付け加えられた労働」と移転された「過去の労働」との交換を軸に再把握した上で、これとの対比において拡大された規模での再生産を考察し、そしていわゆる「取得の法則の転変」を確定している点には留目しなければならない。

　われわれは、単純再生産における「三大取引」の、かかる視野からの、立ち入った分析を、『資本論』第Ⅱ部第Ⅲ篇第20章第7・8(および9)節に見出すのであるが、例えば宇野弘蔵氏の『経済原論』(上巻、1951年)、第3章「資本の再生産過程」、三、「A　社会的再生産過程の一般的原則」の (1)「単純再生産表式」では、この点の考察を欠き、同、(3)「拡大再生産表式」の後の、「B　価値法則の絶対的基礎」において、それに代って、単に労働時間の社会的配分の問題が説かれている。(宇野、同上、235~257, 268~274頁を参照されたい。)

　しかしリュベル版『資本論』第Ⅱ部第3篇 („Die realen Bedingungen der Zirkulations-

und Reproduktionsprozesses" —第Ⅱ部用第Ⅱ稿における表題—*)　第12章によれば、第Ⅱ稿［Ms.Ⅱ］では現行『資本論』第20章第1・2節——但し第Ⅷ稿からの、エンゲルスによる挿入部分を除く——に、第6～8節（および第9節）が、直接続いていたのである。

　　*Oeuvres de Karl Marx, Économie Ⅱ, edition établie et annotée par M. Rubel, 1968, p.1719.

　　即ちリュベルの「注解」（Notes et Variantes）によると、Ms.Ⅱ, S.142 に, Reproduktion auf Einfacher Stufenleiter (ohne Geldzirkulation dargestellt) 'という標題があり、エンゲルスはそれを Einfache Reproduktion と改めて第20章とし、そこから S.145 までを、Ms.Ⅷ, S.16 を加えて、その章の第1・第2節とする。そしてこのMs.Ⅱ, S. 145 に、「生産手段の生産」（La Production de Moyens de Prduction）という標題が見出され、エンゲルスはそれを今度は 'Das konstante Kapital der Abteilung I' と改めて第20章の第6節とする。第6節の終りまで来たところに、「この点は後で補足される」というマルクスの括弧に入れた書き込みがあり（Ms.Ⅱ, S.146）、エンゲルスはその後から S.148 までに表題を付けて第7節とする。そして一方 S.148～150 に標題を付けて第8節とすると共に、エンゲルスは他方では、S.147 にある注記や S.152 などの記述から第9節を独立に仕上げるのである *。

　　*Cf. Oeuvres, op.cit., p.1723, 1725, 1726.

　　このように第Ⅱ稿では、現行版の第20章第6～9節は、第1・2節と一連のものとして説かれていたのであり、第3～5節をエンゲルスが Ms. Ⅷ から挿入して来た * としても、宇野氏のように第7・8節を切り離して、しかもそれをさらに第21章の後へ配置し、社会的労働の配分の問題に解消することはできない。

　　*この間の事情については、Vorwort［v. Engels］（MEW, Bd.24, S.12 ; 訳、⑤, 11 頁）を参照されたい。

　　因みに、同じくリュベルの「注解」によれば、エンゲルスは第Ⅷ稿を凡そ次のように取り入れている。即ち Ms. Ⅷ の S.1～13 を、現行版第19章第1・2節とし、S.16 を第20章第1・2節に部分的に挿入し、S.18～26 を第3～5節とする。そして S. 27～42 を第11・12節とし、S.42～4S 及び S.48～50 を前に移して第10節とする。なおリュベル版では第13節が削除されている*。

　　* Cf. Oeuvres, op. cit., p.1720～1722, 1724～1728, 1728～1731, 1733～1734, 1965.

5)　　この点も「再生産論の構成」の問題と係わるのであるが、後述するところも含めて、『諸学説』における社会的総資本の再生産＝流通に関するこれら「間奏曲」は、だから単に『資本論』第Ⅱ部第Ⅲ篇や第Ⅲ部第Ⅲ篇第15章を準備したのみでなく、同時に第Ⅰ部第Ⅶ篇第21～23章及び第Ⅲ部第Ⅶ篇（特に第49章）への「序曲」的意味をもったものと言えよう。

6)　　ここでマルクスは、R. ジョーンズを、「労働が資本によって支払われるか、それとも直接に所得から支払われるか」という「A. スミスによる本質的区別」を、「それにとって可能な限り充分な展開を与え……、種々な経済的社会構造の理解のための鍵」（MEW, Bd. 26/3, S.406 ; 訳、⑧, 36 頁）とした、と評価している。したがって『諸学説』第4章で、スミスの生産的＝不生産的労働の批判的検討の中で始まった * 蓄積＝拡大

第3章 『諸学説』における蓄積についての「間奏曲」と「残された問題」　95

再生産に関する「間奏曲」が、部分的にではあるにせよ、ここで奏でられているとしても不思議ではない。ここでは、第21章の場合とは逆に、「蓄積」という資本家の「機能」、したがってそれが「節約」として現れる関係などが詳細に検討された後で、この「追加固定資本の充用可能性の諸条件」が取り上げられているのである。
　＊この点については、本章第2節の注4）を参照されたい。
　なお追加固定資本の充用ではなく、固定資本の再生産＝補塡の問題を解くことと、蓄積とⅡcの再生産＝補塡との関係の問題を解くこととは、ある点では相互に条件づけあうものと考えられる。

第4節　『諸学説』第6章で「残された問題」と第23章の「間奏曲」

　さて『諸学説』では、上述のように、所得［利潤］の一部分が「資本化される」場合、つまり資本の蓄積＝拡大再生産が行われる場合、そのことが「不変資本の再生産」の問題を通して社会的総生産物の「3大取引」に「どのように影響するのか」という問題［だから蓄積とⅡcの再生産＝補塡との関係の問題］は未解決のまま、その第23章の「間奏曲」では、ある意味では突然、追加貨幣資本およびその沈殿の問題が付け加わってくる。
　即ち第6章「岐論。ケネーによる経済表」でマルクスは貨幣還流[1]の二形態を区別し、「先にスミス批判を通じて第Ⅰ部門と第Ⅱ部門との取引に関して到達した資本の再生産＝循環と所得の流通との区別を、今度はケネーの経済表における貨幣流通の様式の区別を通じて、消費財部門内における資本と所得との流通の区別にまで到達し得ることとなる[2]。」しかしマルクスはそこでは、「トゥックに向けられた疑問[3]」――「資本家は流通に投げ入れたよりもより多くの貨幣をたえずそこからひき引上げうるのはなぜか」――は、「考察を後にまわされるべき」ものとして「残して」（*MEW*, Bd. 26/1, S.303, 304, 318 ; 訳、③, 54, 89頁）ゆき、しかも『諸学説』の中では、われわれはこの「残された問題」への解答を見出すことはできないのである。
　ところが、『諸学説』は、は手稿『経済学批判』（いわゆる「23冊ノート」（1861〜1863年））の第Ⅵ〜ⅩⅤ冊から編集された第21章までの主要部分と、手稿第ⅩⅧ冊から編まれた第22〜24章部分とから成り立っている。そしてその間に、手稿第ⅩⅦ冊の終わりから第ⅩⅧ冊の初めにかけて――手稿の通し頁でS.1038〜

96　第Ⅰ部　手稿『経済学批判』における再生産表式成立過程の諸考察

S.1074――、「エピソード。資本主義的再生産における貨幣の還流運動」が執筆されていて、しかもこの第6章で「残された問題」も検討されている。

　そこでここではさしあたり、前章でも言及したのだが、B.フィッシャーに依って[4)]、この点に若干立ち入っておくこととする。

　さて彼に依ると、この「エピソード」は「産業資本家と商人(shopkeeper)と労働者との間の流通」(手稿ⅩⅦ冊、S.1038)の分析をもって始まり、S.1041まで、資本家が労働者に賃金を支払い、労働者は小売商人、例えば食料品店主(Spicier)から買い、後者は資本家から仕入れるという流通と貨幣還流を考察する。そしてマルクスは、「この流通は実際、貨幣の流通(Circulation)を考察する限りでは、単なる貨幣の通流(Umlauf)、即ちG－W－G－Wなどを表現するに過ぎない。しかし同時に、その背後に隠れている過程を考察するならば、生産・消費・分配・流通および再生産の諸契機がそれらの絡み合いにおいて含まれている再生産過程の総循環(Gesamtturnus)を表現する」(手稿、S.1041)との結論を引き出す。

　そしてそこからマルクスは小売商人の蓄積の考察に入り(手稿、S.1041f.)、商人が「店舗」(shop)の蓄積を行うとすれば、「店舗としての店舗はただ……産業資本が拡大された規模で生産しているときにのみ……蓄積し得る」(手稿、S.1044)とし、商人が貨幣形態で蓄積するのが、「産業資本の別の分野での同時的再生産を前提することなしに生じ得る唯一の」(手稿、S.1045)可能な蓄積であるとする。そして手稿S.1046で「商人……に関して言えば、彼がいかにたえず『彼が流通に投げ入れるよりもより多くの貨幣を流通から引き出すか』を見てきた」として、「エピソード」の第1の部分――全体のおよそ4分の1――を終える。

　しかしマルクスは、これまでの考察は、「商業資本が再生産過程の間に進行する貨幣流通に関して演ずる役割にとっては……重要」であったとしても、「問題は……解決されていない」(手稿、S.1047)とし、さらに次の区別を与える。即ち「貨幣の単純な流通は、ただ、同一貨幣片が異なった人々によって通流するということのみである。これに対して還流運動――連続性(Continuität)――は、同一貨幣片、またはいずれにせよ同一貨幣額が、たえず再び同一人によって購買手段または支払手段として通流することを含むのである」(手稿、S.1047

第3章 『諸学説』における蓄積についての「間奏曲」と「残された問題」 97

~1048）、と。その上で商業資本の貨幣還流の問題を超えてマルクスは先に進む。

　そこでフィッシャーは、「エピソードの性格が…次第に岐論（Abschweifung）として現れてくる」と言う。即ちマルクスは手稿 S.1048 で、「彼が支出するよりも多くの価値を取り戻すということがそもそも問題なのではない。なぜならばこのことは、[もし問題であるとすれば]、既に解決されている剰余価値の起源（Ursprung）についての問題であろうからである。だからこの剰余価値が流通でいかに実現されるかという問題こそ重要なのである」――この引用全体が手稿では線で囲まれている――と考察を立て直し[5]、それとの関連で「総再生産過程で種々な諸資本の使用価値と価値とが如何に相互に補填され、支払われ、実現されるか」（手稿、S.1048）について、既に詳論されていることを指示する。そしてかしこでは貨幣流通が捨象されていたが、いまや「貨幣は、生産過程からは排除され、ただ流通においてのみ考察される」（手稿、S.1049）、と言う。

　そしてこの貨幣での「剰余価値の実現問題」との関連で、これに続く部分でマルクスは金＝銀生産の考察に移っていく。フィッシャーの紹介によると、マルクスは、ここで、貴金属生産者と機械製造業者や石炭生産者などとの間の交換によって、どれほどの金量が流通で流れるか、また商業資本と産業資本とを改めて取り入れて多くの計算をしながら、金生産者の蓄積可能性や、「部門ⅠとⅡ」（Klasseen Ⅰ und Ⅱ）の間の特殊な交換関係を、追及する。そしてマルクスは、鉛筆で印を付けて次のように言う。「われわれは商人、工場主および労働者の間での同一貨幣量の循環（turnus）を考察した。……工場主は……この貨幣を本源的に流通に投じる。だから彼は本源的に流通から受取っていなければならない、しかし金生産者から」（手稿、S.1057）、と。しかも金生産に関するこの「総括」部分には、フィッシャーによると、「土地所有、地代および利子が貨幣還流との関連で取扱われているところの、極めて短いがしかし同時に重要な部分」が含まれている[6]。

　このように貨幣での剰余価値の実現、従ってその全分肢形態を含めた貨幣流通＝還流を、金生産者との関連で視野に収めた上で、いま一度マルクスは、手稿 S.1048~1049 で考察を立て直した点、即ち社会的二大部門間の交換関係と貨幣流通＝還流問題に立ち帰り、手稿第ⅩⅦ冊の終りまで、それを詳論する。

98　第Ⅰ部　手稿『経済学批判』における再生産表式成立過程の諸考察

しかも今度は、蓄積および金＝銀生産者を捨象する方法がとられ、さらに最初は不変資本を除外して、まず両部門間の流通と交換を、ただ可変資本と剰余価値についてのみ考察し、次いで『諸学説』第3・4章におけるスミスの「ドグマ v＋m」批判を指示した後で、不変資本との関連での資本家階級ⅠとⅡとの再生産諸関係の考察に向かう（手稿、S.1064 まで）。そして手稿ⅩⅦ冊の最後の頁で次のように言う──「いまやなお考察すべきは、1）蓄積、特に貨幣との関連で。2）運動の同時性。3）金＝および銀生産者。4）総運動の下での商業資本（das merkantaile Capital）である」（手稿、S.1065）、と。

　従って手稿第ⅩⅧ冊はこの4点の考察をもって始まり、その途中にはさらに短い岐論「複利に関する要点について」が入り込んでくるが、「エピソード」の終りの部分で、貨幣資本の蓄積の考察と共に先に金生産者の蓄積の分析の際に言及していた問題に立ち帰り、再び鉛筆で印をした結論を導き出す。即ち「金生産者と他の諸部門（Klassen）との間の交換は新たな現象を[示め]さない。しかもそれはまさに、剰余価値の一部がここで直接に貨幣材料に転化され、そしてそれによって単純再生産過程が、商品の価値実現（Verwerthung）が直接に金蓄積として、だから潜在的貨幣資本の蓄積として、自らを表示するという契機を受け取る限りにおいてである」（手稿、S.1073）、と。そして「エピソード」の最後でマルクスは、「剰余価値のうち金生産者との交換によって蓄積されるこの部分を度外視すれば、産業資本は一般的に彼の所得の一部分をいかにして……貨幣資本として蓄積……し得るのか？」（手稿、S.1074）、と自問する。しかし彼は「この点の立ち入った考察は後にまわさるべきである」と英語で書き込んで「エピソード」を終え、「商業資本」の考察（手稿第ⅩⅧ、S.1075～1086）に戻っていくのである[7]。

　だから一方では、『諸学説』第6章で「残された問題」である「トゥックに向けられた疑問[問題]」は、この「エピソード」で剰余価値の貨幣での実現の問題として立て直され、それによって解答が与えられていくのであるが、他方では、拡大再生産の場合における剰余価値の貨幣資本としての蓄積の問題が新たに提起されてくる。そこで手稿ⅩⅧ冊の「商業資本」の考察に続く部分──手稿、S.1086～1156 ──から主として構成されている『諸学説』第22～24章（*MEW*, Bd.26/3, S.320, 354, 390, 442；訳、⑧、160、218頁：⑨、9、99頁）では、問題がな

第3章 『諸学説』における蓄積についての「間奏曲」と「残された問題」 99

お未解決であるとはいえ、蓄積のための貨幣蓄蔵の問題が、単純再生産からの区別の一つとして提示されてくるのである。

1) 『諸学説』では、これに先立つ第4章第13節で、デステュット・ド・トラシを「〔利潤に関する俗流的見解〕」として取り扱っている（*MEW*, Bd.26/1, S.240~255；訳、②、225~254頁）が、『資本論』第Ⅱ部第20章第13節では、デステュットの見解は、「貨幣流通によって媒介される社会的再生産及び消費に関する……遺憾なき叙述」、即ち「社会的再生産の考察に際しての経済学者たちの混乱的で同時に大言壮語的な無思想」の「実例として役立つ」（*MEW*, Bd.24, S.484, 486；訳、⑦、630, 641頁）ものとして位置づけられている。

2) 小林、前掲、『基本問題』、28ページ。筆者は、「ここにマルクス自身による『経済表』がある」とし、それに、「ここでは蓄積の問題は措いて問わない。なお、このマルクスの『経済表』成立の過程が彼の地代論の完成を伴っていることは周知の如くである。云々」という「注」を付した（同上、30ページ）。

　これに対し、水谷氏は前掲、「…成立について（二）』において、小林は『諸学説』第3・4章のスミス批判と第6章とを「マルクス『経済表』への『ステップ』として取り上げ、……それらの検討からただちにマルクスの『経済表』の検討に移って」いるのに、「他方では、右の如く「＜表＞成立の過程が地代論の完成を伴っている」というかたちで山田氏の見解を受け入れて」いるのは、「整合」に欠ける、と批判されている（『立教経済学研究』、第20巻第2号、1966年7月、160頁）。

　そしてここに図らずも、地代論の完成と再生産表式の成立との関連に関し、改めて、山田盛太郎氏の見解をめぐる一連の論議が生じることとなった。例えば、桜井毅、「再生産表式の形成と位置づけ」〔宇野弘蔵編、『資本論研究』、Ⅲ、1967年、210~212頁：高木彰、「再生産表式の形成過程（Ⅰ）」〔岡山大学、『経済学会雑誌』、第2巻、1970年（高木、前掲、『…研究』に所収。36~39頁）〕：矢吹、前掲、12~17頁：松尾純、「マルクス再生産論の形成過程」〔『経済学雑誌』、第72巻第2号、1975年2月〕、同、「再生産論の形成とその基本問題」〔同上、第74巻第1号、1976年1月〕。

　しかし水谷氏の批判は、「『再生産の問題の根幹は、社会的総資本の価値および質料補填の態様にある以上、絶対地代の証明をまたないで地代を剰余価値の一分肢として『一般的に』把握しておくだけでも立派に」「『再生産の問題を問題として』」「提起しうる関係にある」（同上、166頁。傍点は引用者）との見解を前提されている。が、この前提自体に対して、既に桜井・矢吹両氏が、それぞれ異なった見地からではあるが、異口同音に「絶対地代の証明をまたないでどうして地代を剰余価値の一分肢として一般的に把握し得るのか」（桜井、同上、211頁；矢吹、同上、13頁）と批判されている。なお後出の注6）も参照されたい。

3) この問題の、即ち「トゥックに向けられた疑問」それ自体の考察については、本書第Ⅱ部第4章で詳論されている。参照されたい。

4) Cf. B. Fischer, Zum Inhalt und Platz der „Episode. Refluxbewegungen des Geldes

100　第Ⅰ部　手稿『経済学批判』における再生産表式成立過程の諸考察

in der capitalistischen Reproduktion" in den Heften ⅩⅦ und ⅩⅧ des ökonomischen Manuskripts von 1861~1863, in : R. Nietzold/H.Skambraks/G.Wermusch, „……*unserer Partei einen Sieg erringen, Studien zur Entstehungs- und Wirkungsgeschichte des ,Kapitals' von Karl Marx*", 1978, S.150, 154.

5)　本節の注1)で指摘しておいた、マルクスによるデステュット論の位置づけの変化は、この考察の「立て直し」と関連するものと言えよう。

6)　このように貨幣での「剰余価値の実現の問題」として、貨幣流通＝還流問題が捉え直されることによって、商業利潤のみでなく利子や地代までが視野に入ることとなる点に注意する必要がある。

7)　以上、ここでの「エピソード」の紹介は、本書の前章における紹介と同様に、すべて前掲のフィッシャーの論考(Fischer, *op. cit.*, S.150~154, 157)に依拠している。そこで、念のために、フィッシャーの論考に従って、やや煩瑣ではあるが手稿のページを掲出しておいた。なお、後に筆者は、*MEGA*,Ⅱ/3·5(1980年)によって、この「エピソード」の解題[「エピソード。貨幣の還流運動」──「再生産表式」の形成過程、と同時に「信用。架空資本」の基礎過程、としての──]、『武蔵大学論集』第40巻第4号、1993年1月]を試み、さらにそれを、拙著、『マルクス「信用論」の解明』(八朔社、2010年)の序章〔「再生産＝循環論と「信用論」──解題『エピソード。貨幣の還流運動』──」〕として収録した。参照されたい。

第5節　むすびにかえて

　これまで検討してきたように、マルクスは『諸学説』第4章第9節の末尾で「残っている問題」の1つとして蓄積＝拡大再生産の問題を挙げていた。しかもそれは蓄積過程の「形式的な側面」などではなく、剰余価値の一部が資本に再転化される場合における「不変資本の再生産」に係わる問題、つまり蓄積と不変資本、就中Ⅱcの再生産＝補填との関係の問題であり、これが社会的年総生産物の「3大取引」に「どのように影響するか」という問題であった。これが一つ。

　いま一つが、「エピソード。貨幣の還流運動」において、剰余価値の貨幣資本としての蓄積の問題として新たに提起され、『諸学説』の最後の諸章における「間奏曲」の中で、「単純再生産からの区別の一つ」として新たに提示されてきた「蓄積のための貨幣蓄蔵」の問題であった。

　そしてこれらが、社会的総資本の蓄積＝拡大再生産の考察にとっての「基本的2論点」に他ならない。しかしマルクスは、これら2つの基本的論点の考察

第3章　『諸学説』における蓄積についての「間奏曲」と「残された問題」　　101

を後に残したまま、手稿第ⅩⅩⅡ冊で、自分の「経済表」——いわゆるマルクスの「経済表」（「再生産過程の表」および「総再生産過程の表」[1]——を一先ず[2]作成するに至るのである[3]。

　しかしこの「基本的2論点」の解明は、実は『資本論』第Ⅱ部第Ⅷ稿にまで持ち越されていくのであり、特に第2の論点の解決には、「一方的販売」・「貨幣蓄蔵」・「一方的購買」という商品取引における貨幣の「一つの独自的役割[4]」という「新たな問題[5]」の導入が必要となってくる。

　そして第1の点についても、単純再生産の場合のように、Ⅱcの再生産＝補填を、即ち、新たに付け加えられた労働[Ⅰ(v＋m)]と、生産物に移転された前年の・過去の労働[Ⅱc]との交換の関係を解くというような簡単なものではなくなっていく。そしてこれから本書第Ⅱ部で検討するように、所得［余剰価値］の一部の資本への転化・資本の蓄積・拡大再生産の場合には、次のように言うことができるであろう。一方でのⅡcの再生産＝補填を損なうことなく、他方での消費の「節約」（＝「貯蓄」）とその資本への転化[追加投資]の関係を、即ち、生産物に「移転された前年の・過去の労働」と「新たに付け加えられた労働」の一部[所得＝賃金＋余剰価値の一部]との交換の関係を損なうことなく、しかも同時に、「新たに付け加えられた労働」の他の一部[所得＝賃金＋余剰価値の一部]が相互に交換されて新資本[可変資本あるいは不変資本]に転化する関係を解く、という形をとるのである[6]、と。

　そこで単純再生産の「Ⅱcの転態」の場合のⅠ(v＋m)＝Ⅱcに準えて、蓄積＝拡大再生産の「Ⅱcの転態」を定式化するならば、それはⅠ(v＋mk)＝Ⅱcのみでなく、Ⅰ(v＋mk)＞ⅡcおよびⅠ(v＋mk)＜Ⅱcの「3つの事例[7]」[Ⅰ(v＋mk)≧Ⅱc]が生じうることとなる。

---

　1)　本章を当初執筆した時点では、マルクスの「経済表」としては、なお研究所版（アドラツキー版）『資本論』第Ⅱ部第2分冊付録に掲載の2表を指摘するにとどまらざるを得なかった。なおこの2表については、第5章の第3節を参照されたい。
　2)　さしあたり、小林、前掲、『基本問題』30~33ページを参照されたい。なお、ここで「ひとまず」というのは、蓄積についての「基本的2論点」が未解決のままであるというだけでなく、この「経済表」では、「あたかも不変資本が即固定資本たるが如き奇妙な数値」（同上、33ページ）がとられている点にも示されているように、当時マルクスは未だ固定・流動資本概念の問題も解決しきっていなかったのである。

102　第Ⅰ部　手稿『経済学批判』における再生産表式成立過程の諸考察

　　この最後の点については、海道勝稔氏（「再生産論と資本主義の矛盾」〔『土地制度史学』、第 77 号、66 頁）、また赤間氏（前掲、106 頁）によって、疑義が提示されている。しかし固定・流動資本概念は、マルクスにおいても初めから厳密に回転様式上の区別として処理されていたのではなく、スミスの尾を引いている（小林、前掲、『基本問題』、12～21, 29～30, 35～36 頁：同、「アダム・スミスの再生産論」〔『武蔵大学論集』、第 7 巻第 2～4 合併号、1959 年 11 月、3～13 頁）。流動資本と流通資本の区別が確立してくるのは、『資本論』第Ⅱ部用の手稿、それも恐らく第Ⅱ稿の段階であろう。そして他方、この流通・流動資本概念の区別から資本の循環範式も、特に貨幣資本の循環範式も確立していくものと筆者は想定する（その指標は第Ⅴ稿か）。したがって筆者は、『要綱』のマルクスは未だ「貨幣資本の循環［の型］を析出することはできない」（小林、前掲、『基本問題』、15 ページ）とするのであり、矢吹氏による批判（前掲、5, 7 頁）も当たらない。

3)　なお周知のように、1863 年 7 月 6 日付マルクスのエンゲルス宛手紙で、マルクスがこの「経済表」を「私の本の最後の諸章のうちの一章の中に総括として載せるもの」（*MEW*, Bd.30, S.362）と認め、また 1863 年 1 月の『資本論』プラン草案（手稿第ⅩⅧ冊、S.1139 [*MEW*, Bd.26/₁, S.390；訳、③、206 頁]）に、第Ⅲ部［篇］第 10 章「資本主義的生産の総過程における貨幣の還流運動」とあるところから、この「表」がそこに入れられるものであったと見るのが定説化している。しかしフィッシャーによると、この「1863 年 1 月のプラン草案後の半年も経たない」（Fischer, *op. cit*, S.155）、しかも「表」が「最初に記されている手稿である第ⅩⅩⅡ冊の S.1353 には、剰余価値の資本への再転化の分析との関連で、マルクスは既に次のように記している。「われわれは生産物が販売されたと仮定しよう。そうすれば再び貨幣に転化される。この過程のより以上の考察は次の流通過程の篇（Abschnitt）に属する」、と。したがって 7 月 6 日付の手紙でいう「最後の諸章のうちの一章」が 1 月プラン草案の第 10 に相当するか否かも疑問となる。

　　他方フィッシャーは、『資本論』第 2 部用第Ⅱ稿には、第 2 章（Ⅱ. Kapitel）「資本の回転」の第 5 として「蓄積、剰余価値の貨幣での実現との関連での貨幣流通についての研究」があり、また『資本論』第Ⅱ部第 17 章には「エピソード」に照応する数多くの個所が見出されること、また第 20 章では第 12 節のみでなく第 5 節にも同様の個所があり、「エピソード」における貨幣還流の「主要諸問題」ないし「基本的諸問題」は、第Ⅱ部第 1・17・20 章に移され、若干の特殊な問題のみが、第Ⅲ部第Ⅴ篇第 26・27・28・30・31・33 章などに、取入れられている、と指摘している（cf. Fischer, *ibid.*, S.153,155～156）。従って 63 年 1 月プランの「第Ⅲ部［篇］、第 10 章」が『資本論』第Ⅱ部第 20 章に移されたという大方の推定も崩れることとなろう。

4)　*MEW*, Bd.24, S.448；訳、⑦、589 頁。

5)　*Ibid.*, S.503；訳、⑦、668 頁。

6)　「シスモンディの蓄積分析」が「『所得の資本への転態』という決まり文句で全く満足し、この操作の物質的諸条件を探究していないこと」に「大きな欠陥」があった（*MEW*, Bd.23, S.606；訳、④、906 頁）とすれば、新版消費の「節約」（＝「貯蓄」の形成）

第 3 章 『諸学説』における蓄積についての「間奏曲」と「残された問題」 103

と「投資」との対応——即ち S＝I ——という新しい「決まり文句」で満足するわけにはいかない。なぜなら、一方での「消費」（I mk）が、他方で「蓄積」（II mac, そしてさらに II mav）を条件づけさえするのであるからである。

7) この点については、本書第 II 部を参照されたい。

104 第Ⅰ部

第4章 「剰余価値の資本への再転化」と
マルクスの「経済表」
——手稿『経済学批判』第ⅩⅩⅡ冊における——

第1節 はじめに

　1861年8月~1863年7月執筆のマルクスの手稿『経済学批判』(いわゆる「23冊ノート」)の全ⅩⅩⅢが刊行されてみると、マルクスの「経済表」は、意外なことに、その第ⅩⅩⅡ冊(1863年5月執筆)の「4.剰余価値の資本への再転化」の「α)剰余価値の資本への再転化」の末尾に画かれたものであった。

　しかも第ⅩⅩⅡ冊153頁から始まるこの「4.剰余価値の資本への再転化」はなお未定稿で、「α)剰余価値の資本への再転化」(1353~1394頁)と「β)いわゆる本源的蓄積」——第ⅩⅩⅡ冊1394~1395頁と第ⅩⅩⅢ冊(1863年6~7月執筆)1461~1463頁——の2項目のみにとどまり、「γ)植民制度[1]」の項目は全く叙述がなされておらず、ウェークフィールドからの短い抜粋が第ⅩⅩⅢ冊に散見される[2]のみである。

　そしてここで最も多く展開されている「α)」項にしても、その後半部分即ち1371頁以下は小項目「再生産[3]」とされ、特にそこには多くの岐論的部分や雑録的部分が挿入されており、「経済表」もその末尾の括弧〔　〕に入れられた「岐論的部分[4]」として画かれているのである。

　ではなぜマルクスは、「第1篇:資本の生産過程」に属する[5]この「4.剰余価値の資本への再転化」の項に、「流通過程という次の篇に属する[6]」問題を挿入し、「経済表」をも画いていったのであろうか[7]。本章ではこの点を、やや煩瑣にわたるが、「α)剰余価値の資本への再転化」の叙述それ自体に即しながら、即ちこの「α)」項のいわば紹介という形[8]をとりながら、検討してゆきたい。

第4章 「剰余価値の資本への再転化」とマルクスの「経済表」　105

1)　手稿第ⅩⅩⅡ冊表紙に記された「内容目次」には、「γ）植民制度」が挙げられている（cf. *MEGA*, Ⅱ/3·6, S.1891）。

2)　Cf. *ibid.*, S.2354~2356, 2370, usw.

3)　*Ibid.*, S.2243.

4)　例えば、次章第1節などを参照されたい。

5)　Cf., *MEGA*, Ⅱ/3·5, S.1861~1862；訳、『マルクス資本論草稿集』、⑧、542頁。

6)　*MEGA*, Ⅱ/3·6, S.2215.

7)　因みに、原氏は、「『資本論』第1部と第2部とに属する、いわば次元の異なる二つの問題」が、ここには「混在」し、「体系的に未分化」なのだとされる（原伸子、「『1861~1863年草稿』における資本蓄積論——*MEGA*, Ⅱ/3·6について——」『経済志林』第50巻第3·4号、1983年3月、366頁）が、氏は本題的部分と岐論的・挿論的部分とをいかに位置づけられるのであろうか。岐論的に挿入されていることをもって「混在」と言われるのであろうか。また原氏を批判される大友氏も、同じく「『剰余価値の資本への再転化』…の中での社会的総資本の再生産と流通への移行」を認めたうえで、その「移行理由」が問題なのだとされている（大友敏明、「マルクス『経済表』の構造と意義」『三田学会雑誌』第77巻第3号、1984年8月、32頁）。しかし以下で見るように、マルクスは「次元の異なる二つの問題」へ、この相違を意識することなく単に「移行」しているのではない。

8)　この「a）」項の叙述自体が錯綜していることから、このような形をとることも許されるであろう。

第2節　「a）剰余価値の資本への再転化」
——特にその前半部分について——

「a）」項の冒頭で、マルクスは、ここで取り扱う「剰余価値の資本への再転化」について、つぎの3点にわたる限定を行っていく。

第1に「資本制的生産過程の結果」としての剰余価値を含んだ「生産物が販売され、再び貨幣に転化されると仮定」（*MEGA*, Ⅱ/3·6, S.2214）する。ただし「この過程のより立ち入った考察は流通過程という次の篇（Abschnitt）に属する」（*ibid.*, S.2215）。そしてこの貨幣化された剰余価値の一部分を資本家は個人的消費にあてるが、ここではその部分については「全く捨象することができる」（*ibid.*, S.2216）。

第2に、この貨幣化された「剰余価値自身が再び資本に転化される」のであるが、「剰余価値がどのようにして資本に自らを転化するか」という「過程の、

立ち入った諸条件は次の篇で考察すべきである」(*ibid.*)。というのは「剰余価値が自らを資本に転化するには、本源的に一つの与えられた価値が、だから貨幣が、資本に自らを転化する諸条件…以外の諸条件を必要としない」ので、ここでは「貨幣の資本への本源的転化の場合と同様に、それらは市場で見出されるものと想定する」(*ibid.*, S.2216~2217)。そして「ここではただ純粋に形式的なこと(das rein Formelle)のみを考察すべきである」(*ibid.*, S.2216)。

第3に、これらの諸条件——「労働諸条件」と「労働能力」——が「市場で見出される」としても、なお「科学技術上の諸条件によって与えられて」くるところの、生産諸要素の「割合」がある。例えば「もしも仮に剰余価値が種々な要素を——与えられた割合で——相互に購買するには充分に大きくないとすれば(wäre)、剰余価値は資本に転化され得ないであろう(könnte)。」しかし「これらのケースや可能性は現実の(wirklich)再生産過程の考察に属し」、「生じてくる諸事情や諸修正は後で考察すべきである。」ここ「剰余価値の資本への転化の考察にあたっては、これは一つの事実として、考察から消えるべき前提」なのである(*ibid.*, S.2217~2218)、と。

だからマルクスが、ここ「剰余価値の資本への再転化」で考察しようとする対象は、手稿第Ⅸ冊の「5. 剰余価値に関する諸学説」「c) A.スミス」の小項目「所得と資本との交換」のところで、「あい間あい間に奏で終わらせる」としていたところの、「蓄積の篇(Abschnitt)に属する」(*MEGA*, Ⅱ/3·2, S.553 ; 訳、⑤, 391頁)考察、ないしは「蓄積過程の考察」(*ibid.*, S.573 ; 同上、391頁)のうちの「間奏曲」(*ibid.*, S.574 ; 同上、391頁)の部分[1]とは異なるのである。ここでは、「蓄積過程の考察」のうちの「純粋に形式的なこと」を、右の3つの限定を付して、むしろ積極的に取扱うというのである。

ではまず何を問題とするのか。それは、貨幣の資本への本源的な転化と、貨幣に実現された剰余価値の一部分が不変資本に、また他の一部分が可変資本に再転化されることとの区別である。

「区別はいまや資本のすべての要素が不払労働から成立っている」(*ibid.*, Ⅱ/3·6, S.2218)ということだけである。即ち「資本形成の第1の過程」(貨幣の資本への転化)においては、「資本家によって領有された他人の不払労働を表示するものはただ剰余価値だけであった」が、「この第2の過程」〔剰余価値の資本への

第4章 「剰余価値の資本への再転化」とマルクスの「経済表」　107

再転化]においては、「資本それ自体が…より多くの剰余労働を領有する手段として役立つところの、対象化された他人の不払労働として現れる」(*ibid.*, S.2218~2219)のである。

　例えば資本5,000ポンドで剰余価値1,000ポンドを獲得しその半分を年々資本に転化した資本家は、10年で資本5,000ポンド分の価値を消尽するが、彼は「資本所有」(Capitalbesitz)としては10,000ポンドをもち、彼が10年間に領有した剰余価値もまた10,000ポンドである。「だから彼の全資本は、いまやもう事実上資本に転化された剰余価値だけを、即ち対象化された不払の他人の労働だけを表し、そしてそれはその額が増大するにつれてたえず新たに他人の労働をより大規模に領有する」(*ibid.*, S.2219)こととなる[2]。

　そこでマルクスは、「剰余価値、即ち剰余労働、即ち対象化された不払の他人の労働」の「資本へのこの転化が資本の蓄積である」(*ibid.*, S.2220)と規定する。

　そしてこの第1の区別と共に、次の第2の区別が与えられる。即ち貨幣の資本への転化の場合には、「労働の客観的諸条件即ち生産諸条件(労働材料と労働手段)の形態における対象化された労働と生活資料」とが、「労働能力即ち労働者に、他人の商品として対立して現れた」のに対し、剰余価値の資本への転化の場合には、「労働者に、彼自身の労働が、資本——労働の搾取のための手段として労働に対立する他人の所有——である生産諸条件および生活資料に対象化されて、対立して現れる」(*ibid.*, S.2221)、と。

　このようにマルクスは、まず貨幣の資本への転化との「区別」から、資本の蓄積の本質に係わる2つの規定を与えた後、今度は剰余価値の生産過程の分析との関連で、次のように、資本の蓄積によって資本制生産様式の発展のための条件が創り出されることを明らかにする。

　即ちその第1は剰余価値生産の増大と蓄積との関連である。(1)「与えられた生産の発展段階…で絶対的剰余価値が増大され得る」のは、「労働の強化か労働日の延長」によってであり、この「両者が与えられたものとして前提されるならば充用される労働者の数が増加される」ことによってである。ところがそのためには「投下された資本の大きさが増大しなければならない。」また(2)「相対的剰余価値は労働の生産力の発展によってのみ…増加されうる」が、「こ

れは再び投下された資本の増大する大きさを前提する。」そして以上 2 点は剰余価値の生産過程の分析の際に「既に見た」ところであるが、「投下された資本の大きさは資本の蓄積によって増大する。」だから「資本制生産様式は、一方で剰余価値―剰余労働を創り出すための諸条件を増大するとすれば、逆に剰余価値の資本への再転化…が、資本制生産様式の、…労働の社会的生産力の発展のための物的諸条件、発展にとっての条件を増大する」(*ibid.*, S.2221)こととなる [3]、と。

その第 2 は、相対的過剰人口と資本の蓄積との関連である。即ち「資本制生産様式がどのようにして相対的過剰人口(Surpluspopulation)をたえず創り出すか」ということも「既に見た」ところである。だから「資本制的蓄積は人口の単なる自然的発展によっては条件づけられておら」ず、「それは新たに形成された資本のために、そしてたえず新たに形成しつつある資本のために、多かれ少なかれ労働能力の大きな処分し得る量を創り出す」(*ibid.*, S.2222)のである、と。

このように資本の蓄積が、蓄積のための諸条件を自ら創り出してゆき、そして剰余価値が資本に転化すると、今度は「本源的資本」と「剰余価値」という「形態的対立(Formgegensatz)」は消滅して「共通の一特徴」が残り、「剰余価値を資本から区別していたものが自ら資本となり、それはそれで剰余価値を生産するが故に資本として自らを実証する」、とマルクスは言う。

そこで彼はここから、資本蓄積の本質に係わる第 3 の規定を導き出す。「だから資本が資本を生産したのであって、決して単に商品を生産したのではない。あるいは資本関係が拡大された規模での資本関係を創り出したのである」(*ibid.*, S.2223)、と。

ただしここでいうところの「拡大された規模での資本関係」とは、次のような具体的内容においてである。即ち「資本として労働に対立して現れる生産された富の量の…増大と共に、1) 資本制生産様式は、これまで資本制生産に投げ込まれていなかった生産諸分野へと拡大される。」また「2) 新たな生産諸分野を形成」し、「新たな使用価値を生産し新たな労働部門を活動させる。」3)「追加資本が同じ生産分野で同じ資本家によって充用される限り…この蓄積は集積として現れる。なぜなら一つの資本がより多くの労働者を支配し、そして

第4章　「剰余価値の資本への再転化」とマルクスの「経済表」　109

より多くの生産手段が、より大量の社会的富が、一人の手に統合されて現れるからである。」他方「4)…社会の表面の種々な諸点で…種々な諸資本の形成が生じ」、「資本家の数と独立の諸資本相互の反撥として自己を実現する[4]」(*ibid.*, S.2223)、と。

　さてここでマルクスは、再び以前の剰余価値の生産過程における分析と資本の増大＝蓄積との関係に戻り、「絶対的剰余価値の生産の考察にあたって既に見てきたのだが」として、今度は不変資本価値の生産過程での維持と労働の生産性との関係を指摘し(cf. *ibid.*, S.2224)[5]、その関係と資本蓄積との関連を「2つの側面」から次のように整理する。α)「より大規模な生産手段の充用と共に労働の生産性が発展」し、「資本の蓄積が拡大」し、生産手段の範囲も拡大される。β)「価値増殖過程に入ることなしに労働過程に入りこむ過去の労働の量は、だからかこの労働の無償機能(die Gratis Funktion)は、生産過程で資本制生産様式の発展――この発展自身は資本の蓄積によって条件づけられる――と共に増大する。」このように「これら2点は不変資本の増大と関係し、その蓄積は資本の蓄積と共に措定される」のであるから、「剰余価値の一部の不変資本への累進的転化」は、「可変資本に転化される剰余価値の部分への制限である。」そして労働の生産性の増大と共に、剰余価値の大きさが不変であっても、「生産物の量、だから剰余生産物の量もまた増大する」(*ibid.*, S.2227~2228)、と。

　しかしマルクスはここでは資本の有機的構成の高度化の問題には入っていかずに[6]、「さしあたって強調すべき」こととして、「価値増殖過程に入る資本の不変資本部分が…生産物の中に再現する」ということ、また「その他に、生産手段の価値のうち生産物に入っていかない部分が維持される(*ibid.*, S.2228~2229)」ということを挙げ、むしろ、総生産物の価値の大きさとその構成諸部分との関係の問題を論じていく。

　即ち不変資本価値の生産物における再現によって、第1に「総生産物の価値がこの再現価値部分だけ高められ」、第2に「生産物の増大された量のうち増大する部分が不変資本の増大量に対する等価を表わす」のに、与えられた労働者が不変資本に付加する価値は、「与えられた労働時間に、労働の生産性およびこの労働に照応する物的生産諸条件の範囲から独立」(*ibid.*, S.2229)している。だから「生きた労働によって維持される不変資本の価値の大きさは、生きた労

働の量に依存するのではなく、2つの事情——1）生きた労働が運動させる不変資本の価値の大きさ…（たとえ増大する労働の生産性と同じ割合では増大しないとしても）、2）この価値の大きさのうち総生産物に入りこむ部分——に依存する（*ibid.*, S.2229~2230）。ところが「資本の蓄積——それが同時に資本量の個々の資本家の手への累進的集積である限り…——は、同一量の労働によって運動させられる不変資本の価値量を増大する」ので、「リカードが、100万人が…例えば年々同じ価値を労働の生産性の程度から独立に生産すると考えているとすれば、それは誤りである」（*ibid.*, S.2230）[7]、と。

　そしてこの不変資本の価値の問題との関連で、工業では綿工業の事例が、また農業についてはケネー（の経済表）が挙げられ（cf. *ibid.*, S.2230~2232）、不変資本即ち「原前払を構成する経営の富（richesses d'exploitation）」は、「単にケネー的意味において」のみでなく、「同時に生きた労働の搾取（Exploitation）の富なのである」とし、資本の蓄積はまさに「かかる富を創り出していく」（*ibid.*, S.2233）ことを強調する。

　さらにマルクスは、この農業における不変資本（「経営の富」）との関連で括弧〔　〕に入れた岐論を挿入する。即ち「収穫逓減の法則」を基礎にした農産物価格上昇論に対し、「われわれが後で見るであろうように、この法則が永遠の法則として主張されるならば誤りであるが、法則自体が仮に正しいとしても（wäre）」（*ibid.*, S.2233）として、不変資本価値の生産物における再現との関連で農産物価格の上昇を説明すべきことを解いていく（cf. *ibid.*, S.2233~2236）[8]。

　さて、ここまで来たところでマルクスは最初の問題、即ち貨幣の資本への転化と剰余価値の資本への再転化との区別の問題に回帰する。ただしそれは『経済学批判要綱』の「蓄積論」との連携をつけるという形においてである。そしてマルクスは、「後で再び説明が続けられる[9]のだが、私はここに以前の叙述——そのうちの適当な箇所は保持され得るので——からの送りこみをしておきたい」（*ibid.*, S.2236）と括弧〔　〕に入れて断わり、『要綱』を引用する[10]。

　即ち『要綱』では次のように問題が立てられていたのである。「剰余価値自身が再び資本として措定される」ということは、剰余価値が「労働の客体的諸条件」と「労働の主体的諸条件」とに分かれることであるが、「資本の最初の登場の場合には、この諸前提自体が表面上は流通からやってくるもの…と見え

る。」これに対し剰余価値の資本への再転化の場合には「この外的諸条件が資本自身の運動の契機として、資本自身の生産過程の諸結果として現われ、それ故資本自身がそれらを資本自身の契機および条件として前提する」(*ibid.*)、と。

そしてだから、1.「その全体における剰余生産物はいまや剰余資本——本源的資本と比較すれば、それ自体がなお資本として実現されてしまう前に剰余資本なのだが——として現れ」、また2.貨幣の資本への転化の場合には、「生きた労働能力に他人の外的な[諸力]として対立していた、そしてそれがそれ自身から独立の一定の諸条件の下で消費され充用される[諸力[11]]に対立していた、すべての契機」が、いまや「それ自身の生産物および結果として措定される」(*ibid.*)、と。

『要綱』では、以上からさらに次の3点が指摘される。「第1に、剰余価値あるいは剰余生産物は一定の不払労働の額—剰余労働の額以外の何物でもない」(*ibid.*)。

「第2に、この価値が新たに自らを増殖するためにとらねばならない特定の形態——一方では原料や道具として、他方では労働者のための生活資料として——、まさに剰余労働自体の特殊な諸形態にすぎない」(*ibid.*, S.2237)。したがって「剰余労働を吸収することを許す剰余生産手段が、いまやそれ自体剰余労働あるいは剰余価値の単なる転化形態である」(*ibid.*, S.2237~2238)。

「第3に、価値の(価値としての)貨幣の形態における、あるいは素材的には生産的資本即ち生産手段——これはまた生活資料をも含む——の形態における、自立的な向自的存在(Fürsichsein)——、だから資本としてのその定在」は、「所有の、対象化された富の、生きた労働からの…絶対的分離(Scheidung)、分裂(Trennung)」として、また「労働は他人の労働として、資本家に人格化された価値に対立して、現れる。」そして一方、「この絶対的分離が…いまや労働自身の生産物として、それ自身の契機の対象化として現れ」、他方「労働能力はその再生産に必要な生活資料だけを領有し」、「労働条件自体を他人の領域にある人格化のうちに、労働能力に対立して登場する事物(Sache)、価値として措定」する。そこで「労働能力は、単により豊かにならないのみでなく、それがこの過程に引き込まれた時よりもより貧しくなる」(*ibid.*, S.2238)、と。

そしてマルクスは、この第2の点から第3の点へと『要綱』を引用していく

112　第Ⅰ部　手稿『経済学批判』における再生産表式成立過程の諸考察

途中で括弧〔　〕に入れた次の補筆を行う。「このこと[第2の点]は本来再生産過程の考察に属する。」個別資本ではなく「総資本の総剰余生産物を考察するならば、それは労働材料、労働手段および生活資料から成立っている」のではあるが、換言すれば「総資本は単に剰余価値を再生産するのみでなく、この剰余価値が新たに資本として機能する素材的形態をも再生産する」のではあるが、「蓄積の単純な形式が考察されるここでは――（事実蓄積はなお形式的に考察される、なぜなら具体的にはそれはやっと流通＝再生産過程と一緒に考察されるのだから）――、さしあたり強調すべきは、資本家は剰余価値において、彼が新たな原料や道具を買い得る価値部分をもっているということである」(*ibid.*, S.2237)、と。つまり『要綱』におけるこの第2の点の指摘は内容的には「保持され得る」が、ここ「（*a*）」項では、冒頭の限定に従ってそれは考察の外に置かれるというのである。

　ところでこのような『要綱』からの引用を終えた後(cf. *ibid.*, S.2239)、マルクスはそれを受ける形で、先には「さらに以下で立ち入って考察」するとして後に廻していた追加可変資本の大きさの問題に移っていく。

　即ち「全剰余資本は、剰余価値のうち資本に再転化される部分に等しいが、しかしそれは全部が生きた労働と交換されるのではなく」、「他の部分は、それが諸要素として不変資本に入っていくところのその同じ形態で、対象化された労働と交換される[13]」のに、スミスやリカードのような「最も優れた経済学者たちでさえ」「剰余資本をただ労働あるいは可変資本とのみ交換される」という「誤った表象」に陥っている、と先ずスミスの「ドグマ v ＋ m」を批判する。

　しかも「可変資本とのみ交換される」どころか、事態は「逆で」あって、「この資本形成の発展においては剰余資本のたえずより大きな部分は追加の過去の労働…と交換され、そしてたえずより小さな部分が生きた労働と交換される。」だから蓄積と共に「総資本の大きさが増大すると、あらゆる事情の下で資本の可変部分はたとえ絶対的に増大しようとも相対的には減少する」(*ibid.*, S.2240)。というのは、「資本制生産様式の考察のところで既に見てきた」のであるが、「資本制生産の発展――それはその物質的基礎よりも資本量の増大する大きさと結び付いているのであるが――のためには、生産様式、労働の生産性、し

第4章 「剰余価値の資本への再転化」とマルクスの「経済表」　113

たがって対象化された労働手段の一定量が生きた労働の一定量を必要とする技術学的割合、が変化する」からである。そして「剰余価値の資本への再転化…と共に発展するところの増大する労働の生産性が、総資本のうち可変資本に転化される部分が不変資本に転化される部分に対してたえず減少することのうちに、表現される」（ibid., S.2241）のである、と。

　先にマルクスは不変資本の大きさと労働の生産性と資本蓄積との関係を考察したのであるが、今度は可変資本の大きさと労働の生産性と資本蓄積との関係を考察して、資本の有機的構成の高度化に言及するのである。そして先には「既に見てきた」ところとして言及するに止まっていた相対的過剰人口の問題に、この有機的構成の高度化との関連で立ち入っていく。即ち、

　「充用労働量は総資本の増大と共に増大するが、しかし総資本の増大に比して単に減少する割合において」であり、したがって「剰余資本の可変部分が全余剰人口（Surpluspopulation）を絶え間なく吸引し得るであろうが、それでもやはり総資本の割合においては追加可変資本の相対的大きさはたえず低下する。」そして「同一不変資本の労働生産性での比較的短い中間期間を例外とするならば、資本が増大するその割合で…不変資本の可変資本に比しての比例的で絶対的な増大が発展する」（ibid., S.2241）。だから「すべての蓄積はより大なる蓄積の手段であり、したがってより多くの生きた労働を搾取するための手段ではあるが、しかし同時に総資本の割合ではより僅かの生きた労働を充用するための手段である。」「だから資本によって吸収される労働者数の増加は、反撥され自由にされる労働者数の増加によってつくり出される」こととなる。そしてこれこそ「蓄積が人口の自然的増加（Fortschritt）以外に、それを通じてたえず自由に処分し得る余剰人口…さえをも予備として保持し且つ生産するところの一事情」（ibid., S.2242）なのである、と。

　そして最後にマルクスはこの「可変資本の量」を「生活資料の量」と結び付ける「賃金基金説」に対する次の批判をもって、この「α）」項の前半部分の叙述を終える。即ち、「可変資本の大きさは資本の大きさや労働の生産性の発展と共に可変資本に転化される生活資料の増大する量と一致する…などと決して誤って思い込まれてはならない。あるいは生産物のうちある特定の部分はその使用価値の性質上、可変資本に転化されなければならない、あるいは可変資

114　第Ⅰ部　手稿『経済学批判』における再生産表式成立過程の諸考察

本は消費手段として労働能力の再生産に入り得るところの消費資料(あるいは消費資料のための素材)の大きさに何かある必然的割合をもつ、というのは寓話的表象である」(*ibid.*, S.2242~2243)、と。

1)　この点については、本書第Ⅰ部第1章第4節および第3章第2節を参照されたい。
2)　マルクスは、「経済学者たち」が、「現存するすべての資本を、利子および複利として考察すべきである」理由を、ここに見出している(*MEGA*, Ⅱ/3·6, S.2220)。
3)　ここには、この手稿『経済学批判』(1861~1863年)で、資本の直接的生産過程の分析を深めてきたマルクスが、「資本の生産過程の篇」に「剰余価値の資本への再転化」を組み込んでくる理由の一端が示されているものと言えよう。
4)　ただしこの「拡大された規模での資本関係」の第3)と第4)の点について、マルクスは「この2つの対立する形態が相互にどのように関係するか、それはここで展開すべきではなく、諸資本の競争の考察＊に属する」(*MEGA*, Ⅱ/3·6, S.2223)としている。
　　＊なおこの点については、さしあたり *MEGA*, Ⅱ/3, Apparat, S.3103 を参照されたい。
5)　ここでマルクスは、労働過程には入り込むが、価値増殖過程には入り込まない要素として、「自然諸力のような無償のサービス(Gratisdienst)を指摘し、また機械などの「修繕費」はここでの「維持」には含まれないことを断わり、さらに「恐慌時」のように「機械が機械として機能しない状態」にある場合の「維持」の問題など、「これらすべては労働過程および価値増殖過程の考察に属する」(*ibid.*, S.2224)としている。
6)　ここでマルクスは、「剰余価値そしてだから剰余生産物を考慮の外に置けば、生きた労働が資本の可変部分を再生産する」のではあるが、「この関係はさらに以下で立ち入って考慮すべきである」(*ibid.*, S.2228)と断っている。
7)　なお、この「資本の蓄積の一形態」との指摘と、リカード批判は、既に「諸学説」「h)リカード。蓄積論」(*MEGA*, Ⅱ/3·3, S.1098；訳、⑥、669~670頁)に見出される。
8)　因みに、この岐論的部分の欄外に、マルクスは「地代」と書き記している。
9)　この「続き」は小項目「再生産」の中に見出される。
10)　Cf. *MEGA*, Ⅱ/1·2, S.360~363；高木幸二郎監訳、②、385~389頁。ただし、いくつかの削除と、一個所の加筆がなされている。
11)　なお引用文中の括弧[ ]内は、MEGA編集者による補足である。
12)　ここでも、それが「より立ち入ってどのように生ずるかは流通過程のところで後になって初めて考察すべきである」(*MEGA*, Ⅱ/3·6, S.2239)との限定が、繰り返されている。

第 4 章 「剰余価値の資本への再転化」とマルクスの「経済表」 115

第 3 節　小項目「再生産」
──その本題的部分について──

　ところで「a）剰余価値の資本への再転化」の後半を占める小項目「再生
産」（*MEGA*, II/3・6, S.2243, 2280, 2281, 2283）は、内容的には 2 つの部分から成
立っている。一つはここでの本題的部分であり、いま一つは括弧〔　〕に入れ
られた岐論的部分ないしは「再生産に属する」と断られている挿論的部分である。
しかも叙述の仕方は、まず本題的部分が手稿 1371 頁の終りの方（*ibid.*, S.2243,
Z.9）から始まって 1376 頁の終り（*ibid.*, S.2251, Z.18）まで展開され、1377 頁は括
弧〔　〕に入れられた岐論的部分で始まり、挿論的部分を含めて、それが
1382 頁の終り（*ibid.*, S.2260, Z.40）まで続く。そして 1383 頁（*ibid.*, S.2261, Z.1）は
「当面の目的にとっては」という書き出しで再び本題的──とは言え、かなり断
片的──部分に回帰し、それが『要綱』からの「引用[1]」を含めて 1389 頁の
終り（*ibid.*, S.2273, Z.24）まで及ぶ。1390 頁（*ibid.*, S.2274）は最初の行から、再び括
弧〔　〕に入れられた「経済表」の第 I 表の標題をもって始まる岐論的部分
で、それが 1394 頁（*ibid.*, S.2283）の第 IV 表で終わるのである[2][3]。

　そこで岐論的・挿論的部分の検討は次節に譲り、さしあたり前段と後段に分
断された形の本題的部分から見ていくこととしよう。

　さて本題的部分の書き出しは、ここ「剰余価値の資本への再転化」で考察さ
れる「再生産」についての限定と、さしあたっての考察対象の提示である。即
ち「その立ち入った規定における再生産は次の篇で初めて展開される。ここで
はさしあたってただ次のことだけが必要である。即ち絶え間なく更新される行
為として考察された生産、あるいはその絶えざる更新との関連で考察された生
産が、再生産である。全体としての生産過程…は常に再生産過程である。総生
産物のうちに、1）不変資本、2）可変資本が再生産され、最後に 3）剰余価値
を表す剰余生産物が新たに含まれる。不変資本のうち価値増殖過程に入り込ま
ない部分は、ここでは考察の外に置かれる。これについてのより立ち入った考
察は次の篇に属する。」

　「まず最初に再生産されるものは本源的価値」であるから、そして生産物の

うち新たに生産される「剰余価値を代表している部分は消費に入り得る[4]」のではあるが、「さしあたっては最初の２つの部分[不変資本と可変資本の部分]を考察」する。その場合「生産が同一規模で新たに始められるものとすれば、生産物のうち可変資本と不変資本を表す部分は、それらが本源的に保持している使用価値形態に再転化される」のであるが、しかしそれについては「次篇でより良く」展開される（*ibid.*, S.2243）、と。

　このようにマルクスは、まず絶えざる更新との関連で考察された生産が再生産であり、また全体としての生産過程は常に再生産過程なのであるが、年総生産物の再生産＝補塡の諸条件といった再生産の立ち入った考察は次篇に委ね、ここではさしあたり、総生産物のうちに最初に再生産されてくる本源的価値部分から考察を始める、というのである。

　ではこの場合、単なる生産（過程）と再生産（過程）とでは何処が異なるのか。「再生産の場合には生産物から出発されるが、単なる生産過程の場合には特定の生産物が初めて生成する」のである。あるいは、後者の場合には「再生産されるものが生産物において、それが予めなお保持していなかった一つの形態を受け取るのに、他方再生産の場合には再生産されるものが一つの形態をたえず繰り返す」のである。そこで「再生産においては生産の諸前提が、まさに生産の過ぎ去った結果として、そして生産の結果がその前提として現れる」（*ibid.*, S.2243）こととなる。

　それではなぜここで再生産を考察するのか。それは次の理由による。まず生産を「その流れにおいて捉えれば…、生産はたえず再生産として現れ」、また「蓄積は拡大された規模での再生産でしかない。」そして「もし仮に剰余価値が全く消尽されるとすれば（wäre）、[再生産の]規模は同じままに止まる」（*ibid.*, S. 2243~2244）。そこで「（*a*）」項の前半で既に明らかにされている次の点――「1) 剰余資本は剰余労働にすぎない、2) いずれの本源的資本も…ある一定期間後には、その価値から見れば剰余価値に由来するものとして現れ…本源的資本としては消滅する[5]」――を「考慮の外におき」、「さらに蓄積を考慮の外に」（*ibid.*, S.2244）おいて、事態を単純再生産として捉えると、新たに「第3）…の点がやってくる」からである。即ち「単純再生産過程を考察すれば[6]…、事態は、この過程が単なる、そして孤立化され個別化された生産過程として現れた時とは、異

第4章 「剰余価値の資本への再転化」とマルクスの「経済表」 117

なって自己を表現する[7]」(*ibid.*, S.2245)からなのである。

そこで「可変資本の労働[力]への転化の絶えざる反復」を考察すると、「労働者はたえず1）可変資本、2）剰余価値を再生産する」のであるから、「彼に可変資本として対立して登場するものが、剰余価値がそうであるのと同様に、彼自身の生産物である」ことがわかる。だから「彼は可変資本を再生産しそしてそれが彼の労働[力]を新たに購入するために役立って」いるのである。したがって「経済学者たち（例えばリカード）の間で流布している次の表象——労働者と資本家は生産物の価値を分かち合う…という表象——は、それ以上何の意味もない」こととなる。もちろん「この表象は恣意的では決してない」が、しかし「たえず更新されるところの連続する生産過程——だから個々の固定化された生産過程ではなく——を考察するならば、労働者が生産手段に付加した価値が、1）それから可変資本が更新される、だから賃金が支払われるところの、2）それから剰余価値が流れてくる…ところの、元本を形成する」のである。「だから労働者の対象化された労働が、そこから彼の生きた労働が支払われる元本である」(*ibid.*, S.2247)ことが解る。

先にはマルクスは、剰余価値の資本への再転化によって、労働者の労働者自身の剰余労働が、労働者に、資本である生産諸条件および生活資料に対象化されて対立して現れることを明らにした。今度は生産過程を単純再生産過程として考察することによって、労働者は、彼に支払われる可変資本そのものを自ら再生産することを明らかにする。

そこでマルクスは、「労働者が彼自身の生産手段をもって労働する」と「想定」した場合と比較し、「この労働元本(Arbeitsfonds)が彼[労働者]に可変資本として対立して登場する…ということは、それ自身の特殊社会的な形態にすぎない」こと、また「資本制生産においては、この労働元本は資本家に属する商品量としてたえず再生産され、そして労働者は、彼が資本家のためにそれに含まれているよりもより多くの労働を与えることによって、それをたえず買い戻さなければならない」ことを指摘する。そして「労働者はそれをたえず資本として再生産するが故に、それをたえず買い戻さなければならない」(*ibid.*, S.2247~2248)として、単純再生産において資本‐賃労働関係が再生産されるものとする。

118　第Ⅰ部　手稿『経済学批判』における再生産表式成立過程の諸考察

　このように資本制生産における「労働元本」の「特殊社会的な形態」に言及したマルクスは、続いてその歴史的形態である賦役労働者やインドのリオットの場合と比較した後(cf. *ibid.*, S.2248~2250)、「賃金労働者の場合には全労働が支払われた労働として現れる」理由を、次のように指摘する。即ち、それは「彼の労働のどの部分も彼に属する労働として現れず、そして彼の労働の全生産物が、単に彼自身の消費元本を形成するところの元本もまた、…たえず資本として現れるからである。彼の必要労働自体が彼に無縁の労働として現れるが故にのみ、彼の全労働が支払われた労働として現れるのである [8]」(*ibid.*, S.2250)、と。

　その上でマルクスは「われわれが既にみてきた」ことは以下の点であるとし、繰り返し自ら次のように整理する。「1) 剰余資本…はその全要素から見て、資本家によって等価なしに領有された剰余労働から成立っており、そしてそれは他人の剰余労働のこの領有の反復のための手段である、2) 全資本価値は、剰余資本から区別される本源的資本の価値もまた、生産全体において消滅し、そして単に資本化された剰余価値に転化する、3) 剰余価値を考慮の外に置くと可変資本は生産過程の全体において、労働者自身によって…たえず更新され再生産される労働元本の一つの特殊な歴史的形態としてのみ現れる」(*ibid.*, S.2250~2251)、と。

　そしてこれら3点を「経済学者たち」がどのように表現しているかを示して、マルクスはこの本題的部分の前段 [9] を終える(cf. *ibid.*, S.2251)。

　これに対しその後段は、全体として捉えられた生産過程における総生産物のうちに含まれる第3)の部分、即ち先には考慮の外におかれた「剰余価値を表す剰余生産物」の考察から始まる。

　「当面の目的にとっては剰余生産物 [10] の剰余資本への転化は最も簡単には次のように把握される。」「剰余生産物は種々な使用価値の生産物」――1)「労働者階級の消費には入っていかない消費手段 [11]」、2)「一般的消費に入り得る消費手段」――その「多かれ少なかれ一部分」は1)の部分と共に「剰余生産物の所有者」によって消費され、その「いま一つの部分…が労働［力］の購買に役立ち」、追加の「可変資本に転化される」――、3)「種子、原料、助成材、半製品、家畜、機械および器具から成立って」いて、「不変資本に転化される」――「で表される。」そして「剰

余生産物のうちこのように可変資本と不変資本に転化される部分の総額が…剰余資本を形成する」のであるから、再生産として捉えられた剰余生産物は、「資本家の手中では新たな剰余労働を領有させ、そして既に領有された剰余労働を無償で再生産させる手段なのである」(*ibid.*, S.2261)、と。

このように剰余生産物のうち、その所有者によって個人的に消費されない部分が使用価値的に「剰余資本」であるとした後、マルクスは、無償の過去の労働に依存する労働の生産性が資本の生産力として現れることを指摘する。「労働の生産性、そして同時に労働によって再生産された生産物の価値が、対象的諸条件の富、即ち生産過程に入っていく過去の労働の量——だから資本の蓄積——に依存するという事情は、労働のあらゆる生産力と同時に、労働に独立に対立している資本の生産力として現れる。」即ち「再生産過程で生きた労働によって運動させられる過去の労働の、この段階的拡大が…この過去の労働の功徳として表現される」(*ibid.*, S.2261~2262)、と。

そしてこれとの関連で、労働の生産性を高めるところの、「対象化された労働の蓄積の他に」、「資本にとってはなにも要費しない」にも拘らず「再生産過程で決定的に重要な役割を演ずる」ものとして、「労働者本人の技能の絶えざる蓄積」と「科学の蓄積」を挙げる。前者は「修業や習熟した技能の新たに育つ労働世代への移転を通じて」蓄積され、また後者については「科学が物的生産過程への適用を見出す限り」と限定しつつも、「知識の到達された結果は知識の要素として教えられ、再生産され、そして学ぶ者によってかかる要素としてさらに加工される [12]」(*ibid.*, S.2262)、という。

しかし以下は断片的・雑録的な叙述となる。まず「2つの表象」——「1) 節約(Ersparung)と蓄積する(accumulieren)こととを混同すること、2) 資本の蓄積過程を単なる貨幣蓄積において現れるような蓄積と混同すること」——に対する「警告」を与える。

即ち第1)の点について。「全剰余生産物が消尽され得るという表象は…向即自的に誤っている」(*ibid.*, S.2262)。これほど「ひどい幻想はない」(*ibid.*, S.2263)。なぜなら、再生産過程におけるリスクに対する「予備元本」は「剰余生産物からのみ形成され」、また「分業の絶えざる拡大、改良された追加機械など」のために剰余生産物が「必要」であり、さらにその最大の部分は、「消費し得な

120 第Ⅰ部 手稿『経済学批判』における再生産表式成立過程の諸考察

い形態、即ち生産手段として…存在する[13]」（*ibid.*, S.2236）からである、と。

第2）の点について言えば、それは「既に以前に注意」を与えておいた[14]、と。

次も同じく通俗的な「極まり文句」——資本の蓄積過程で労働者自身よりもより多くの分け前にあずかる者はいない——に対する批判である。それによると「労働者に可能な限り僅かの賃金が支払われる時、（剰余価値率が、さらに利潤率が、可能な限り高い時）、労働者は喜ぶに相違ない」のである。「なぜなら剰余価値ないし剰余生産物の量と共に剰余資本に転化される部分が、そしてそれと共に追加可変資本の量が…増大」し、そして「仮りにこの部分が労働人口…よりもより急速に増大するならば、労働の価格はその価値ないしは平均以上に騰貴するであろう（würde）」（*ibid.*, S.2263~2264）からなのである。

しかしこれでは「特定の事情の下で労働者の無償労働のより大きな部分が賃金として彼に還流するためには、彼は彼の労働のより小さな部分を一時的に賃金として領有すべき」だということになり、「労働者にとっては間の抜けた循環」にすぎない。その上「蓄積と共に資本のうちで可変資本に転化する部分は相対的に減少」し、そして「蓄積によって与えられる生産力の発展と共に過剰にされた人口、あるいは資本制生産様式それ自体によってたえず創り出される過剰人口の量が増大する」（*ibid.*, S.2264）のである、とマルクスは言う。

このように「極まり文句」の批判という形でマルクスは、蓄積に伴う資本の有機的構成の高度化と相対的過剰人口の増大を指摘するが、ここでは「これについては考慮の外に置く」とし、そして「このことは決定的に重要なのであるが、蓄積が労働者の関心事であるのは」、次の場合に、「それが彼を繰り返し不運に陥れる」からである、と言う。即ち与えられた剰余生産物の下でその「より僅かな部分が資本家によって消費され、そしてより大きな部分が剰余資本に転化されることによって、剰余資本が増大される限り」、と。また剰余生産物のこの部分は「剰余生産物が同一不変の大きさの場合には労働の生産性に…依存するので、…諸資本が多くの資本家の下で分散的に不生産的な仕方で充用されることに代って、大量に集積されて充用されるということが、（ひとたび賃労働が存在する限り）労働者の関心事なのである」（*ibid.*, 2264）、と。

しかしこれらについては、それ以上の説明を加えずに[15]、この「集積され

第4章 「剰余価値の資本への再転化」とマルクスの「経済表」　121

た充用」との関連で、さらにマルクスは次の指摘をする。「蓄積過程が集積過程と一致する限り、資本制生産の内的発展は、私的生産を、即ち現実にばらばらの生産者の、彼の労働条件に対する所有が、生産それ自身の条件として現れるような種類の生産を、ますます止揚することのうちにある。労働者が生産の諸条件に対して共通の社会的大きさとして振舞うことが展開する」(*ibid.*)、と。

　しかしこの点についてもこれだけで、マルクスはこれらの断片的・雑録的叙述を終えて、「以前の叙述からの結論」の「引用 [16]」(*ibid.*, S.2265)に移っていく。そしてそれは、『要綱』からの先の「引用」の続き——主として「剰余資本ⅠおよびⅡ」、「領有法則の転回」および「資本の本源的蓄積」の一部——であり、それによってまず小項目「再生産」の本題的部分と『要綱』との連携をつけ、さらにこの「α)」項から次の「β) いわゆる本源的蓄積」の項への展開の関連を『要綱』の言葉で示そうとするのである。

　即ち「剰余生産物が剰余資本として価値増殖される限り」、それは「1) 労働能力との交換のための生活資料」と「2) 追加労働の充用のための物的諸条件」とに分かれ、この第1の部分、即ち「労働元本が、いまや第2の部分と全く同様に、疎外された・資本に転化された労働として現れる。」そして「本源的には資本それ自身における分割として現れた」この2つの部分への分割が、「いまや労働それ自身の生産物——客体化された剰余労働——がそれぞれ2つの構成部分に分解される」というように現れる。しかもそれは「素材的に」も「形態に従って」もそうであるから、「労働によって生産された剰余資本—剰余価値—のうちに、同時に新たな剰余労働の現実的必然性(および可能性)が創り出され、そして剰余資本自身が同時に新たな剰余労働および新たな剰余資本の現実的可能性なので」あり、「剰余資本の創造によって労働自身がまたもや新たな剰余資本の創造を自らに押し付ける」(*ibid.*, S.2256)のである、と。

　このように『要綱』では、再生産された剰余生産物から出発し、次いで、「本源的資本」部分の再生産に言及していく [17]。「本源的な非剰余資本(Nicht Surpluscapital)については、労働に対する関係が非常に変化してしまい、1) その必要労働と交換される部分はこの労働自身によって再生産され…、2) 原料および道具のうちに生きた労働の価値増殖のための現実的諸条件を表わしている価値の部分は、資本として初めて生産過程で維持されている。…だから価値

のこの本源的額が、資本として初めて生産過程で生きた労働によって措定され
ているのである」(*ibid.*, S.2265~2266)、と。

では剰余資本ⅠとⅡとの区別は何処にあるのか。「剰余資本Ⅰ…――それが
本源的生産過程からやってくるような――の形成にとっては、資本家の側での価値
の保有(Besitz)が条件…として現れ」、そしてこの「価値は資本家が生きた労働と
交換することに由来」したものではなく、「一つの先行する(vorhergehende)、
いわゆる本源的蓄積」に由来したものなのである。これに対し、「剰余資本Ⅱ
は剰余資本Ⅰとは異なった前提をもつ。」即ち「剰余資本Ⅱの前提は剰余資本
Ⅰの存在に他ならない。」従って「このことが資本を常に再び新たにそして常
に拡大された規模での過程を始めるべき状態におくこととなる」(*ibid.*, S.2266)。

そこで「他人の労働の過去の領有が今や他人の労働の新たな領有にとっての
単なる条件として現れ」、「過去のそして客体化された他人の労働の所有が、現
在のそして生きた労働のさらなる領有にとっての唯一の条件として現れる。」
だから「資本の側では所有権は、他人の生産物に対する権利に…、そして労働
者の側では彼自身の労働とその生産物を他人の所有として維持すべき義務に、
弁証法的に急変」(*ibid.*, S.2267)し、資本と労働自身との、資本家と労働者との
関係の拡大された規模での再生産が現れる[18]」(*ibid.*, S.2268)。

そしてこのような「資本の上に打ち立てられた生産様式がひとたび前提され
ると、…資本家が自分の労働あるいは何か他のものによって――単に手元にあ
る過去の賃労働によってのみでなく――創り出した価値を流通に投げ込まねばな
らないという条件は、資本のノアの洪水以前的諸条件、即ちかかる歴史的諸前
提としてまさに過ぎ去ってしまい、そしてだから資本の形成の歴史に属するが
決してその現在の歴史には属さないところの、即ち資本によって支配されてい
る生産様式の現実の体制には属さないところの、資本の歴史的諸前提に属す
る」(*ibid.*)こととなる。だから「ブルジョア経済学者」は「特定の歴史的段階
で、特定の歴史的生産様式の下で創り出される」「ブルジョア的生産」の「法
則」を「自然法則」とみなすのである、と「弁護論的試み」(*ibid.*, S.2269~
2270)を批判し、「以上は部分的には既にいわゆる本源的蓄積の考察に属する」
(*ibid.*, S.2270)と述べて、『要綱』からの長い「引用」を終わる。

しかしマルクスはさらに「ここで付け加えておくべきこと」として、「貨幣

第4章　「剰余価値の資本への再転化」とマルクスの「経済表」　123

の資本への転化、したがって剰余資本の形成の場合」について、なお次の2点を書き加える。「第1に、貨幣は労働と自由に交換しなければならない。そのために充たさなければならない歴史的諸条件は後で考察すべきである。」「第2に、… 一人の個人が資本家になりたければ、彼は貨幣をもっていなければならない」が、その貨幣を彼がどのようにして獲得しようとも [19]、「彼自身が労働者を搾取したその瞬間から、初めて彼は貨幣を資本に転化するのである」(*ibid.*)、と。

　そして最後に再び「資本制生産様式はたえず諸条件を再生産する」と述べ、その理由として次の4点を挙げ、この本題的部分の後段を締めくくる。

　「1) 単純な[再]生産過程において資本としての労働諸条件の関係と賃労働としての労働者の関係を再生産」し、「2) 剰余価値の資本へのたえざる転化（蓄積）を通じて、この資本として実存する諸条件の量を、賃労働者として現存する労働能力の増大によって創り出し」、「3) たえず新たな分野への資本制生産様式の拡大を通して、直的生産者とその生産諸条件との、この中になお現存している統一を止揚し、彼を賃労働者に、彼の労働手段を…彼に対立する資本に転化」し、そして最後に「4) 資本の集積（および競争）を通じて、たとえ既に発展している諸分野でのこの吸引過程に、新たに形成されている事業などの反撥過程が並行的に経過するとしても、小資本を打ちのめし大資本に統合する [20]」(*ibid.*, S.2273)、と。

　1)　この部分は、マルクスが先に『要綱』を引用するにあたって、「後で再び説明が続けられる」としていたのに対応する。
　2)　この小項目を手稿の頁で見るならば、本題的部分と岐論的・挿論的部分との区別は、このように截然としている。
　3)　「a)」項もここで終わり、手稿1395頁(*MEGA*, II /3·6, S.2280, Z.25) からは、今度は『要綱』からの「引用」で始まる次の「β) いわゆる本源的蓄積」となる。
　4)　なおここでマルクスは剰余価値の「全部［が消費されるの］ではないとしても」とし、それについては「後で示唆される」(*ibid.*, S.2243)、としている。
　5)　この点を、マルクスはここでは次の式をもって再説している。資本 = C、剰余価値 = y、 y = c/x（または xy = C, x : C = 1 : y）とすれば、xy = C。あるいは剰余価値 = c/x であれば、C = xc/x = x (c/x) = C。「したがって c/x がある年の剰余価値とすれば、x 年で本源的資本は剰余価値によって置き換えられるに相違ない」(*ibid.*, S.2245)、と。

124 第Ⅰ部 手稿『経済学批判』における再生産表式成立過程の諸考察

6) 因みに、原氏の場合には、この小項目「再生産」の中に、「初版『資本論』第Ⅰ部第6章……『1』『a）単純再生産」の内容の確立およびそれの体系上の位置の確立を見ることができる」（原、前掲、224～225頁）とするのに対し、大友氏は、「単純再生産」についての考察を「いわゆる労働財源」論や「領有法則転回論」などと共に「断片的に散在する」（大友、前掲、35頁）叙述として取り扱っている。なお本節、後出の注9）も参照されたい。

7) これに続けてマルクスは括弧〔 〕に入れた小さな岐論的挿入を二つおこなっている。一つは「再生産の形態の変化」についてである。即ち、まず「生産過程を再生産過程に転化するということ——生産過程の真の把握は再生産過程（—これは次の篇に属する—）としてのその把握なのだから——は、生産物が生産諸要素に再転化されるということである」（ibid., S.2245）、とする。そしてこの「再転化」が「現物形態で」行われる場合と「生産物が貨幣としてのその姿態から任意の他の生産諸要素に転化」する場合とがあるとし、この後者もまた「価値…が考察される限り再生産」であり、この場合には「再生産の形態が変化する」（ibid., S.2246）のである、とする。
このように「価値＝素材補填」としてではなく、価値補填と素材補填との二つの「再生産の形態」を区別したマルクスは、いま一つの括弧〔 〕に入れられた岐論的部分で、この「再生産の形態」の「変化」との関連で「平均利潤率」の形成の問題に言及する（cf. ibid., 2246）。なお次節の注4）を参照されたい。

8) 因みにこの点については、マルクスは手稿第ⅩⅩ冊の「3. 相対的剰余価値」「h）」項の一項目——「労働能力の価値の労働の価値または価格に転嫁された形態」——で、既に考察している（cf. ibid., S.2098～2107）。ただしそこで彼は「一般的関係の考察にとっては、われわれは労働能力の価値が現象するところのこの逆立ちした形態にはただ例外的に（ausnahmweise）のみ関係しなければならない」（ibid., S.2105）、としている。

9) これら3点のうち、第1）と第2）の点は、上述のように、この小項目「再生産」に移る以前に明らかにされていたのであるから、結局この主題は、第3）の点であったと見ることができる。

10) 「剰余生産物」の規定については、後述する（次節）ように、岐論的部分で行なわれている。

11) なおマルクスは「ここでは外国貿易については全く捨象する」と断っている。

12) 「科学の蓄積」は，このように「たえず自己を拡大していく規模での絶えざる再生産である」から、「ここでは再生産費は決して本源的な生産費には比例しない」（ibid.）とマルクスは付言している。

13) だからこの第1）の「表象は、個別貨幣資本家の表象に基づいている」（ibid.）とマルクスは言う。

14) Cf. MEGA, Ⅱ/2, S.189～199；訳、③, 345～362頁。なお「蓄積という言葉で在庫形成あるいは生産と消費との間の中間領域にある商品の存在が理解されている限りでは、それは流通過程に属する」（MEGA, Ⅱ/3・6, S.2263）、とマルクスは断っている。

15) ここでマルクスは、労働人口がいわば絶対的に過剰化する場合を想定していたので

あろうか。

16) Cf. *MEGA*, II/1·2, S.363~369 ; 訳、②、389~394 頁：③、395~397 頁。*MEGA*, II/3·6, S.2265~2270。この「引用」部分も括弧〔　〕に入れられており、先の「引用」の場合と同様に、新たな加筆や補訂が加えられている。

17) 再生産された生産物を「剰余生産物」と「本源的資本」・「非剰余資本」とに大別して考察するという、この『要綱』の方法が、ここ小項目「再生産」でも、考察の順序こそ逆になっているとはいえ、踏襲されている点に注意する必要がある。

18) なお、マルクスは「この生産関係…は実際、過程の物質的結果よりもなお一層重要な過程の一結果として現れ」、「資本家は労働を外的なものとして再生産し、労働は生産物を外的なものとして生産」し、「資本家は労働者を、労働者は資本家を再生産する」（*MEGA*, II/3·6, S.2268）、とする。

19) 因みにここでマルクスは、「商人、金融業者、投機家等々として資本の（本来的な生産分野以外の）他の分野で貨幣を入手した」場合にもふれ、「資本のこの第二次的機能の、産業資本（Productives Capital）に対する関係は後で説明される」（*ibid.*, S.2270）と断っている。なおこれとの関連で「本来的貨幣蓄蔵は現れない。貨幣蓄蔵家は常に同時に高利貸である」、とする。

20) なおこの第4)の点について、マルクスは、「もしこのことが正しくないとすれば（wäre）、ブルジョア的生産は全く簡単にそして間もなくその破局に到達するであろうに（wäre）」（*ibid.*）、としている。

第4節　「再生産」の岐論的・挿論的部分

さて小項目「再生産」の本題的部分を2分する形で叙述されている岐論的・挿論的部分は、「重農学派の主要功績の一つ」である彼らの「再生産過程への洞察」（*MEGA*, II/3·6, S.2251）の評価をもって始まる。即ちそれは「大変に見事（ボード―を見よ）で、生産の場合に投資（avance）として現れるものが、再生産の場合には回収［再開］（reprise）として現れている。回収は、投資を、生産物の構成諸部分のその現物形態から生産諸要素即ち不変資本の構成諸部分への、直接あるいは（流通過程によって）媒介された、再転化として…表わす。これに対して、それ自身からは独立な、流通からやってくる生産物の、この諸前提は、投資として現れる。区別がたえず明らかになる[1]」（*ibid.*, S.2251）[2]、と。

重農学派の「投資」と「回収」についての「区別」の評価の次に、恐らくはこの「回収」との関連からであろうか、「再生産の形態」、そのあり得る「変化」についての岐論的部分――同じく括弧〔　〕に入れられた――が続く。即ちマル

126 第Ⅰ部 手稿『経済学批判』における再生産表式成立過程の諸考察

クスは「剰余資本と同様、旧資本も変化した現物形態で再生産され得る。このことは二重の形態で可能である」と述べて、2つの場合——「第1に、資本…が、それが本源的にその一部分を形成していた同じ生産物の姿態で再生産されるのではなく、既に以前に生産された他の生産物の姿態で再生産される」(*ibid.*)場合、「第2に。旧または追加資本が新しい生産部門(Zweig)に投下される」(*ibid.*, S.2253)場合——を挙げる。

　この第1の場合[3]を、マルクスは「資本のある生産分野から他の生産分野への移動(その移転)」と呼び、「これもまた資本の姿態変換(Metamorpohse)であり、そして一つの非常に重要なそれである」と云う。なぜなら「種々の諸分野の諸資本の競争が、だから一般的利潤率の形成[4]」が、この「姿態変換」に基づいているからである(*ibid.*, S.2252)、と。

　しかもマルクスは、この「姿態変換」を欄外で「再生産における現実の(real)姿態変換」と呼び、また本文中ではこれを「労働過程で進行し、資本が再転化する原料、機械、労働の変化された形態」であるとする。そしてこれは、「形式上の(formell)姿態変換」つまり「もっぱら商品資本から貨幣資本への、そして貨幣資本から生産資本(produkutives Capital)への転化、事実上労働過程の諸要素を形成する商品としての商品資本の再転化」から成立っている「姿態変換[5]」とは「関係がない」と云う[6]。

　第2の場合には、「そのために新原料かあるいは旧原料の新たに発見された使用価値が必要で」、「変化した現物形態で再生産」されていなければならない。がいずれにせよ「労働が生産的であればあるほど、労働部門はそれだけますます増大し得る。」即ち「生産部門の多様性は資本の蓄積と共に増大し、だから労働の分化が増大する」(*ibid.*, S.2253)、と。

　そしてマルクスは、この最後の点との関連で、括弧〔　〕に入れた3番目の岐論的挿入——「生産および消費の副産物(Excremente)の拡大」——を付け加える(cf. *ibid.*, S.2253~2254)。

　以上3つの岐論的部分——手稿でいえば1377~1378頁の全2頁——に続く手稿1379頁から1382頁までの全部(*MEGA*, ibid., S.2254, Z.14~S.2260, Z.41)が、「これは再生産に属する」(*ibid.*, S.2254)と断られた挿論的部分——ここ「*a*」項まではまさに前提されているところの「次の篇に属す」べき再生産の立ち入った考察と

第4章 「剰余価値の資本への再転化」とマルクスの「経済表」　127

いう意味で「エピソード」たる部分[7]——なのである。

　ところでこの部分をマルクスは、剰余生産物の考察から始める。「剰余価値は常に一つの剰余生産物(surplusprpduce)、即ち資本家にとって自由に処分し得る一生産物で、生産物のうち本源的に投下された資本を補填する部分を超えた超過分(Überschuß)に自己を表わす[8]」(ibid., S.2254)。したがって「剰余生産物の姿態は、総生産物の姿態即ち資本がこの特定の部門(Zweig)で生産する特定の使用価値の姿態」であり、そこで「剰余生産物と共に」、「第Ⅰに(erstens)[9]、それが剰余資本に転化されないで、消費される限り」(ibid., S.2255)の場合と、「Ⅱ) 剰余生産物が剰余資本に転化される限り」(ibid., S.2257)の場合とが「生じる」(cf. ibid., S.2254~2255)、とする。

　そして第Ⅰ) の場合にも、剰余生産物はさらに2つに分かれる。「1) 資本家がそれを…その現物形態で消費し得る」場合と、「2) 彼がそれを他の使用価値の形態で消費する」場合とである。1) の場合には、剰余生産物は「個人的消費に入りうるべき形態で存在しなければならない。」そして「道具として消費過程に入っていく器具・容器など、あるいは例えば裁縫道具…のような半製品もそれに属する。」これに対し2) の場合には、資本家は「それ[剰余生産物]を販売して、その貨幣で消費元本に帰していく種々な対象物を購入する。」そして生産手段である「その生産物の買手は、それを生産的消費のために購入する」(ibid., S.2255)。

　ところがこれに続けてマルクスは「それは買手の側では補填要素として彼の資本に入っていくか、あるいは新不変資本の要素として彼の剰余資本に入っていく」(ibid.)、と云う。

　確かに、「その所有者(Besitzer)によって剰余資本に転化されない剰余生産物のどの価値部分も、彼によって消費され得るということから、この剰余生産物自体が現物で個人的消費に入るということにはならない。」なぜなら「それは資本に入り得る」からである。しかしこの第Ⅰ) の場合に、資本への入り方が「二通り」——「本源的資本を補填するか、あるいは剰余資本を補填する」——「可能である」(ibid.)、と云いうるのであろうか。

　なぜかマルクスはこの点には無頓着なまま、直ちに剰余生産物がとる形態間の「割合」の問題に移ってしまう。「もし仮に、剰余生産物のうちで、個人的

128 第Ⅰ部 手稿『経済学批判』における再生産表式成立過程の諸考察

消費に入っていく部分（たとえそれが可変資本に転化されるべきであろうと、資本家の消費元本に入っていくべきであろうと）に対応して、より大きい部分が、それが不変資本としてのみ役立ち得る現物形態で生産されるとすれば（wäre）、不変資本の過剰生産が生じるであろうに。」また「他方で、もし仮に剰余生産物のうち、余りに大きい部分が、それが不変資本を形成し得ないで、個人的消費——可変資本として労働者の消費であれ、非労働者（Nichtarbeiter）の消費であれ——に定められている形態で［生産された］とすれば（wäre）、流動資本のうち不変資本に入り得ない部分の過剰生産が生じてしまったであろうに（hätte）。」そして「この割合（Verhältnisse）は一つの封鎖国では（in einem abgeschloßnen Land）厳密に規定されたであろうに（wäre）」（*ibid.*）、と。

これは社会的総資本の単純再生産の分析としては、『諸学説』における「間奏曲」や、「エピソード。貨幣の還流運動」におけるそれ[10]からの、明白な後退である。なぜならここでは社会の剰余生産物のみが取り上げられ、その内部での「割合」だけが問題にされているからである。そしてそのことにマルクス自身いま少し後になって気付く[11]のである。

ともあれさしあたりマルクスの関心は、ここでは一国内で規定されてくるこの「割合」と外国貿易との関係に向けられる。「外国貿易によって、剰余生産物のうち、その一国では原料、半製品、助成材および機械の形態で成立っている部分は、ある他の国の消費可能な対象物の形態で存在する剰余生産物の形態に転態されうる。そこで外国貿易はこの［国内的］制限を打破する[12]。…再生産過程は全一国における相互に照応する等価物の製造に依存するのではなく、他国の市場でのこの等価物の製造に、即ち世界市場の吸引力と拡張に依存する。それを通して非照応（Nichtentsprechen）の拡大された可能性が、だから恐慌の可能性が与えられる。」「しかしこの外国の形態にもかかわらず、剰余生産物は依然として剰余価値、即ち国内の労働者の剰余労働以外の何物も表現していないのである[13]」（*ibid.*, S2255～2256）、と。

このように外国貿易を考慮しても、剰余生産物の本質的規定には変化がないことを確認した上で、マルクスは、「剰余生産物が剰余資本に転化されないで、その所有者によって消費される限り、われわれは国内的であれ外国とであれ商業による媒介を度外視し得る」とし、「生産物のうち、個人的消費にとって適

第4章 「剰余価値の資本への再転化」とマルクスの「経済表」 129

切な形態で表現される部分のみが消費元本に入り得る」ことなどを確認して（*ibid.*, S.2256~2257）、第Ⅱ）の場合——「剰余生産物の剰余資本への転化」——に進む。

　しかしマルクスは、この「転化」が「可変資本と不変資本において生じる」ことを指摘しただけで、直ちに剰余生産物の大きさと追加可変資本の増減という問題に入っていく。即ち「可変資本（生産の拡大に比例して必要な可変資本であるが、この割合は、生産が拡大される割合によっては規定されないのだが）は、剰余生産物が増減することなしに、また剰余生産物のうち必要な形態で、即ち労働者の消費に入っていく消費資料で存在する部分のみが変化することなしに、増減されうる。」なぜなら「剰余生産物のうち可変資本に転化し得る部分は、不生産的消費の制限または拡大に応じて増減されうるからである。」またこの部分は、「剰余生産物の一大部分が直接には再生産過程に入っていかないで拡大再生産のための基盤だけを形成する…ような種類の不変資本（固定資本）に固定されるならば、減少されうる。」（*ibid.*, S.2257）、と。

　第Ⅰ）の場合と異なって、今度は資本が蓄積される場合なのだから、剰余生産物の間での可変資本と不変資本の割合を問題にすること自体としては妥当である。がしかし固定資本投資との関連での可変資本の減少の説明は理解し難いものである。例えばとして、マルクスは「鉄道、運河、建造物、橋梁、湿地の干拓、ドック、工場の不動部分（unbewegliche Theile）、鉄鋼所、炭鉱など」を挙げ、「これらすべてのものは移動し得ない（nicht transportirbar）[14]」し、「なおまたそれらはたとえ再生産の拡大のための全手段であるとしても、直接には再生産を増大し得ない」ので、これらの「不比例的な（unverhältnißmässig）施設（資本投下）によって、翌年の剰余生産物に不足が生じ得、特に剰余生産物のうち可変資本として、そして一般的には流動資本として表わされる部分の減少もまた生じ得る」（*ibid.*）、と云うのである。

　確かに「不変資本（固定資本）」の価値はその一部分だけが「価値増殖過程に入り」、年総生産物の価値の一部分を構成するに過ぎない。したがって「不比例的」に大量に投下された固定資本の全価値だけ、翌年「直接には再生産を増大し得ない。」が、そのことが「翌年の剰余生産物」の「不足」をもたらしうるのであろうか。そしてそれを「再び固定資本の剰余生産からの恐慌の可能性[15]」

130 第Ⅰ部 手稿『経済学批判』における再生産表式成立過程の諸考察

(*ibid.*)と云いうるのであろうか。

いずれにせよマルクスは、ここまで来たところでこの第Ⅱ)の場合についての叙述 16) を打ち切って、「われわれが以前に示した」(*ibid.*)のは次のことであると述べて、第Ⅰ)の場合、つまり単純再生産の考察に立ち返るのである。

ところが「以前」の分析からすると、「生産の規模が同一であれば…、不変資本を生産する生産者の生産物——それが可変資本(賃金)および剰余生産物から成立している限り、したがってこの部門(Klasse)の所得を表している限り——は、消費手段を生産する部門が年々必要とする不変資本に正確に等しくなければならない」(*ibid.*, S.2257~2258)のである。だから先に第Ⅰ)の場合を検討した時のように、剰余生産物が全額個人的に消費される場合を、総剰余生産物の消費手段と生産手段との転態、という形で考察することはできなかったのである。と云うよりもむしろ、そう云う考察の仕方は誤っていたのである。

だから転態についての国内的「制限」や「外国貿易」との関係についても次のように改めなければならないのである。即ち「もし仮にそれ[生産手段生産部門のv+m部分]がより大きいとすれば(wäre)、それは等価物を、——それに照応する使用価値をもたないであろう(hätte)し、またそれだけ一層減価されるであろうに(wäre)。」そしてこの「制限」が「外国貿易」によって打破され、「生産者達は彼らの生産物の一部分を、可変資本および所得の消費対象物に、外国市場で転態する」(*ibid.*, S.2258)のである、と。

従ってまた「外国貿易を考慮の外に」置くと、「同一不変の再生産の場合には、(不変資本を生産する)第Ⅰ部門の可変資本と剰余生産物、特に剰余生産物は、剰余生産物としては考察され得ない。それは、この第Ⅰ部門に従事している資本家にとってのみ剰余生産物であるが、総資本にとってはそうではない。と云うのは、それは第Ⅱ部門の不変資本の一部分であるからである 17)」(*ibid.*)ということとなる。

ここからマルクスは一つの結論を引き出す。「だから事態を次のように考察し得る。即ち第Ⅱ[Ⅰ]部門の全生産物は社会の不変資本のみを補塡し、そして第Ⅰ[Ⅱ]部門の全生産物は社会の所得を形成し、したがって可変資本、即ち賃金として消費される部分を控除すれば、年々種々な形態で消費——交換…によって媒介される消費であり、それ故にそれは剰余生産物の種々な所有者の下に欲望

第4章　「剰余価値の資本への再転化」とマルクスの「経済表」　　131

に従って分配されるのだが——される剰余生産物を表す[18]」(*ibid.*)、と。

　これに続けて「しかし剰余生産物が剰余資本に転化されるや否や事態は変化する」(*ibid.*)、とマルクスは言う。

　では第Ⅱ）の場合にはどのように「変化」するのか。「事態を最初は貨幣を考察することなしに、それから貨幣を考慮して、叙述すべきである」として、マルクスは括弧〔　〕に入れて、まず「貨幣なしで」(*ibid.*)の拡大再生産の検討に入っていく。

　この場合まず第一に解決しなければならないのは、単純再生産からの「一つの結論」からすると、追加可変資本や追加不変資本に転化すべき剰余生産物は存在しないことになってしまう、という問題である。そこでマルクスは追加可変資本として役立つべき剰余生産物の検討から始める。「剰余生産物が剰余資本に転化されうるためにはまず第一に、その一部分は、それが追加可変資本として役立ちうる形態で再生産されなければならない。このことは特に可変資本のうち、ある年の生産が次の年の消費に役立たねばならない諸部分…について妥当する。」例えば穀物とか、「植物界のあらゆる原料」——棉花、亜麻、羊毛、等——がそれであるが、「これに対し、この剰余生産の諸条件が、たとえ機械と労働であれ、機械・労働および原料であれ、いずれにせよ現存するならば、その生産と並行してその生産がその年自体のうちで増大されうるような生活資料については、このことは妥当しない」(*ibid.*)、と。

　つまり剰余生産物のうちの一部分が追加可変資本に転化されるのではあるが、しかしある年のうちに剰余生産物として翌年の追加必要生活資料が生産されていなければならないのは、さらにその一部分、即ちその生産が一年にわたるような穀物とか食物性原料だけであって、その他については翌年剰余生産物の剰余資本への転化が開始してから、それと「並行して」そのための剰余生産が行われる、というのである。

　追加不変資本についても同様である。「石炭、鉄、一般的に金属、木材などは、就業労働者が増加されれば、剰余生産のためにはより多くの労働、より多くの石炭、より多くの機械とより多くの労働器具とを必要とする。これに対し、もし仮に労働日だけが延長されるとすれば(wäre)、そうすればある場合にはより多くの原材料、他の場合にはより多くの助成材と消耗された機械または器

132　第Ⅰ部　手稿『経済学批判』における再生産表式成立過程の諸考察

具の、より急速な後生産(Nachproduktion)以外に、必要はないであろう」(*ibid.*, S. 2258~2259)、と。

　だから、剰余生産物のうちの他の一部分は追加不変資本に転化されるのではあるが、その場合にも「剰余資本があらゆる部門で同時的にあるいは一様に投下される必要はない」というのである。「例えば仮に新たな綿工場が建設され…、そして機械も装備されるものとすれば(würde)、そうすれば棉花の形での剰余生産物は同時に必要ではなく、新工場が恐らくある年のうちに稼働するであろうその時初めて必要となるのである。」むろん「やがて追加棉花がつくり出されねばならない。その時までに必要なものは、剰余生産物の、一部分の賃金(可変資本)への、一部分はより多くの鉄、木材、土石、皮革、およびその剰余生産に必要な助成材・機械・器具の追加量への、追加転化だけなのである」(*ibid.*, S.2259)、と。

　しかしこの問題の立て方は、「5.　諸学説」「h)　リカード。蓄積論」でのそれに較べて、またしても明らかな後退である。「以前には」マルクスは次のように問題を立てていたのである。「資本の蓄積のための諸条件は、資本の本源的生産あるいは再生産一般のための諸条件と全く同じである。」(*MEGA*, Ⅱ/3·3, S.1106；訳、⑥、682頁)。「ある分野における現存資本の生産と再生産が、他の諸分野における並行的生産と再生産とを前提するのと同様に、一産業部門における蓄積または追加資本の形成は、他の諸分野における追加的生産の同時的[19]または並行的形成を前提する。したがって不変資本を供給するあらゆる分野の規模が同時的に増大しなければならない[20]」(*ibid.*, S.1107；訳、⑥、684頁)、と。

　ところが、単純再生産の場合とは異なって、今度はマルクスは「以前に示した」点に立ち返ることはしないまま追加資本に転化される剰余生産物の形成を前提して[21]、その転化が「直接的」であるかどうかの問題に入っていく。

　「剰余生産物の一部分は現物で直接に不変資本に転化され得る。」「同様に剰余生産物の一部分は直接に可変資本に転化され得るし、さらにしばしば必要消費資料の異なった配分、その不生産的労働者との交換に代わる生産的労働者との交換のみでも」、可変資本に転化され得る。また交換を通じて間接的にも追加資本に転化され得る。即ち「剰余生産物の一部分は、一方にとっては可変資本に、他方にとっては不変資本に転化し得る」(*MEGA*, Ⅱ/3·6, S.2259)、と。

第4章 「剰余価値の資本への再転化」とマルクスの「経済表」 133

　そしてマルクスは次のように総括する。──「(消費資料を生産する)第Ⅰ部門が充用する不変資本が拡大されるのだから、第Ⅱ部門が生産し、そして[第Ⅰ部門の]可変資本と剰余生産物とに分解するところの生産物部分が拡大され得る。しかし[第Ⅱ部門の]不変資本は、一部分は現物で、一部分は交換に媒介された剰余生産物の配分によって、第Ⅰ部門──その生産には直接の制限はないのだが──との交換なしに、直接に拡大され得る。同様にここでは不変資本の、直接に第Ⅰ部門の剰余生産物に対する交換(その不変資本に対する交換ではない)が生じる。それ[剰余生産物]は第Ⅱ部門にとっては追加可変資本に転化し、第Ⅰ部門にとっては追加不変資本に転化する。必要な比例性(Proportionen)は、しかし、それ[転化]を通じて止揚され、偶然的となり、恐慌の新たな可能性[が生じる]」(*ibid.*, S.2259~2260)、と。

　しかしこの総括[22)]では、拡大再生産の場合には第Ⅰ部門の不変資本を補填すべき第Ⅱ部門の剰余生産物は、その一部分であることが明確化されていない。そしてそのことはまた、「第Ⅰ部門との交換なしに」、つまり第Ⅱ部門内取引で──「現物で」直接にかまたは「交換に媒介されて[23)]」──追加「不変資本」に転化されるところの第Ⅱ部門の剰余生産物と、第Ⅰ部門の「不変資本に対する交換ではなく」、第Ⅰ部門の剰余生産物と交換されるところの第Ⅱ部門の剰余生産物とは、共に第Ⅱ部門の剰余生産物のいま一つの部分であることが、明確化されていないことを意味する。したがって、第Ⅰ部門の不変資本の補填(=転態)[いわゆる「蓄積におけるⅡcの転態」]と剰余資本の形成との関連の問題そのものが、だからまた単純再生産の場合からの「変化」が、結局ここでは明らかとなっていないのである[24)]。「以前には」マルクスは、生産手段生産部門の生産者たちが「いかにして…与えられた・従来の資本をもって、彼らの不変資本を再生産=補填し、さらに消費手段生産部門の不変資本を再生産=補填して、なお余りある『余剰』の生産手段を生産し得るか[25)]」を問題にしていたのである。しかしここでは以前とは異なって、剰余資本の「同時的・並行的」形成という「前提」をむしろ限定し、「後生産」での蓄積という「前提」が認められるものとするのである。しかもここでは、まず「その生産には直接の制限がない」第Ⅰ部門で、とにもかくにも生産の規模が拡大しているものと想定し、したがってまた第Ⅰ部門ではそれを補填すべき不変資本(生産手段)も拡大して

134 第Ⅰ部 手稿『経済学批判』における再生産表式成立過程の諸考察

いるものとし、その上で、そのためには第Ⅱ部門の剰余資本(追加不変資本と追加可変資本)はどのように形成されるか、という形で議論が進められているのである。

ところでこれに続く叙述はやや断片的・雑録的となる。剰余生産物の部門間転態のうちに「恐慌の新たな可能性」が生じるとしたのを受けて、マルクスは「しかし第Ⅰ部門にとっては以下の区別がある」とし、必需品生産と奢侈品生産とを別ける。即ち「第Ⅱ部門の生産物のより大きな部分が可変資本として消費され、生産物のより小さな量が剰余生産物の形態で非生産的労働者(Nichtproduktiver Arbeiter)や資本家自身によって消費される時には、それに伴って第Ⅰ部門のうち、剰余生産物を非労働者(Nichtarbeiter)のための消費手段の形態で生産する部門にとっての需要が低下する。それに伴って彼らはその再生産が阻害され、そしてこの部門に投下された資本の一部分の価値減少が生じる」(*ibid.*, S.2260)、と。

もっとも「恐慌の新たな可能性」についての叙述はさしあたりこれだけで、「現実には(in der Wirklichkeit)」として、蓄積の進展と「必要な比例性」を規定してくる要因とのいわば歴史的発展傾向の問題に移っていく。即ち「資本制的に生産する国民の経歴の初期」には、剰余生産物のうちで奢侈品や不生産的(unproductiv)労働者への支出にあてられる部分は「相対的に小さい」が、「資本の蓄積と共に剰余生産物は量的にも価値的にも増大」し、次第にそれらへの支出が増大し、「それから(danach)たえず増大する部分が剰余資本に転化される」に至る。そして蓄積の一層の発展によって「不変資本に転化される資本部分はなお一層増大するが、他方可変資本に転化される資本部分はたえず相対的に減少」するので、「不生産的消費の量は、資本の増大にもかかわらず…たえず増大する[26]」(*ibid.*)、と。

そして再び「恐慌の新たな可能性」の問題に戻ってくるのではあるが、今度はそれは必ずしも剰余生産物だけの部門間転態の「比例性」との関係においてではない。「総資本が 二つの部門間に配分されるところの特定の割合、あるいは生産物の種々な構成部分が再生産過程においての特定の位置で現れるところの特定の割合が、部分的には外国貿易によって、部分的には剰余生産物の剰余資本への相互的転態によって、分解する。」「そこでここに不適合の(in adequacy)、

第4章 「剰余価値の資本への再転化」とマルクスの「経済表」　135

だから恐慌の新たな可能性[が生じる]」のである、と。そして「この不比例
(Disproportionen)は、単に固定資本と流動資本…との間で、可変資本と不変資
本との間で、不変資本の種々な構成部分の間で現れるのみでなく、資本と所得
との間でもまた現れる」(*ibid.*)、と。

　ここで最後にマルクスが資本と資本との間のみでなく、資本と所得との間で
も「不比例」が現れると付言してくるのは、恐らく「労働者階級の分け前」と
奢侈的・不生産的消費との問題を念頭に置いてのことなのであろう。

　しかしいずれにせよ、「貨幣なしで」の蓄積＝拡大再生産過程の考察におい
ても、基礎的な点でなお一層の詰めが必要で、これに続いてマルクスは直ちに
「貨幣を考慮」した叙述に進み得なかったのである。実際彼は「貨幣を伴う場
合は後で考察すべきである」と述べて。この挿論的部分全体をここで閉じてし
まう。

1)　だから例えば、「もし一つの資本が一定の生産過程に投下されると、その投資はた
えず再生産され、生産物の諸構成部分の再転化された形態として現れる。もし新資本
が生産的に投下されると、貨幣は不変資本と可変資本に転化される」こととなる。
「それらは決して回収ではない。個々の資本家にとっては、──この新資本は剰余資
本なのだから──たとえそれが、総再生産を考察すればやはりまた回収であるとして
も、それは単なる投資なのである」(*ibid.*, S.2251)、と。

2)　ケネー「経済表」に対するこの評価、即ち「投資」と「回収」[収穫・再開]との
「区別」の評価は、当時なお「資本の循環範式が…未確立」であった*とはいえ、マ
ルクスは既に資本の三循環を区別していたことを意味する。実際彼は手稿第ⅩⅤ冊
で、「生産過程の継続性。再生産」という視角から、貨幣資本の循環、商品資本の循
環、生産資本の循環という順序においてではあるが、事実上、三循環「範式(Figur)」
を提示しているのである(cf. *MEGA,* Ⅱ/3・4, S.1479~1481 ; 訳、⑦, 449~452 頁)。

　因みに付言するならば、この部分(*ibid.*, S.1477~1481)は、それに先立つ「資本の
種々な諸形態」と共に、「エピソード。所得とその諸源泉」の中で岐論的に展開され
ているのではあるが、従来、『諸学説』ではこの「エピソード」は「割愛」されてき
たのである**。

　*次章第3節の注9)を参照されたい。

　**例えばM.ミュラーは「資本の種々な諸形態」部分を指示して、「資本の流通過程
についての、後の第Ⅱ巻のための叙述の仕方が事実上見出される」(M. Müller,
Die Bedeutung des Mnuskripts »Zur Kritik der politischen Ökonomie« 1861-
1863, in „ *Der zweite Entwurf des »Kapitals«*", 1983, S.16)と位置付けている。

3)　この第1の場合の欄外に、マルクスは「再生産における労働と生産物の変化」と書

きこんでいる。

4) 先にマルクスは、前節の注7）で指摘しておいたように、この小項目の本題的部分の前段における括弧〔 〕に入れた小さな岐論的挿入で、「価値」としての再生産と「現物形態」での再生産とを区別して、「再生産の諸形態」の「変化」と「平均利潤率」の形成に言及していたのであるが、ここでは「現物形態」での再生産を「同じ生産物」、「以前に生産された他の生産物」および「新しい…部門」の生産物の、各形態で捉え、さらにそれらを「資本の姿態変換」で説明しようとするのである。

5) マルクスはこれを「第2の姿態変換」と呼び、それは「貨幣がその資本への再転化にあたって、そこで再転化されるところの変化された現物形態［使用価値の形態］とのみ関係する」（*MEGA*, II /3・6, S.2253）、と述べている。

6) なお念のために言えば、ここでの「資本の姿態変換」規定は、前注2）で指摘した「資本の種々な諸形態」規定や資本の三循環「範式」把握と連携を有するものと考えられる。

7) なお、この挿論的部分の終りの個所（*ibid.*, S.2258, Z.26～S.2260, Z.41）は括弧〔 〕に入れられている。

8) ここでマルクスは、トレンズ（Torrens）などが取り違えているとして、「あらゆる剰余生産物（Surplusproduct）が剰余価値を表す」のではないということに注意を促している。即ち「剰余生産」を、「単に再生産で本源的な資本と比較して生産物量が増大するということ」と「表象してはならない。」「剰余価値が剰余生産に現れる」とき、「これだけを…剰余生産物と名付ける」（*ibid.*, S.2254）のである、と。

9) マルクスはこの行の欄外に「I)」と大書して、「第1に（erstens）」が「II)」と対応していることを示している。

10) この点については、さしあたり、本書第2章第3節を参照されたい。

11) したがってこの個所を、大友氏のように、「マルクスにとって社会的総生産物の二部門分割は既に既知であるところから、直ちに不変資本と可変資本の生産の量的割合について述べる」（大友、前掲、35頁）と解することはできない。

12) ここでマルクスは、資本制生産は「ある一定の与えられた欲望の充足を考慮することなしに、生産手段の尺度に従って活動する」のであるから、資本制生産にとっては外国貿易が「必要」であること、したがって「もし仮に一国が封鎖されているとすれば（wäre）、そうすれば、この国の剰余生産物はこの剰余生産物の与えられた形態でのみ消費されるであろう（könnte）」こと、したがってまたその場合には「剰余生産物の交換可能な諸分野は、この同一国における種々な生産諸部門間の多様性によって制限されるであろう」こと、さらに資本の蓄積と共に「必要生活資料」の生産が「より大規模かつより生産的になればなるほど、それだけますます労働のより大きな部分が、剰余生産物が消費され得る多様な形態の生産に転化され」、「消費元本は量として増大し、多様性として拡大される」ことを指摘している（*ibid.*, S.2256）。

13) ここまでの叙述の欄外に、マルクスは「再生産 不変資本と可変資本 交換 過剰生産」と記している。「世界市場恐慌」という概念が想起されよう。

14) ここには、このようなスミス的な固定資本規定がなお残っている。

第4章 「剰余価値の資本への再転化」とマルクスの「経済表」 137

15) マルクスも、ここでは1847年恐慌を固定資本と流動資本の不比例に起因するとする、流布されていた過剰生産恐慌説の影響を受けていたのであろうか?

16) マルクスは、ここまでの欄外に「流通 蓄積」と記している。

17) 念のために付言するならば、この個所でだけマルクスは、生産手段生産部門を「第Ⅰ部門」、消費手段生産部門を「第Ⅱ部門」と呼んでいる。

18) これまさに、マルクスが「経済表」の「第Ⅲ部門」について付した説明と軌を一にしている(cf. *ibid.*, S.2279)。なお次章の第3節も参照されたい。

19) 「ここで…同時にと云う時、それは同じ年の間に生産されるということである」(*MEGA*, Ⅱ/3·3, S.1096 ; 訳、⑥、668頁)。

20) もっとも、「以前」にもマルクスは、「この前提がいかにして成立つか」については「未解決」であった。なお前章の第3·4節なども参照されたい。

21) 「前提して」というその限りでは、「以前」の場合も同様であった。念のために。

22),23),24) この難解なマルクスの叙述から、「マルクスが消費財用の生産手段の生産と生産手段用の生産手段の生産とは区別されなければならず、また生産手段のための市場の拡張可能性は消費手段市場に対して相対的な独立性をもっている*」、という考えを明白に定式化している」と結論付けるにはかなり無理な読みこみをしなければなるまい。大友氏もまた、MEGA編集者やミュラーにならった訳出・解釈を示されている(大友、前掲、37頁)が、筆者との読み方の相違は、注23),24)の個所に端的にみられる。

　*W.Müller, Zum Stand der Ausarbeitung der Marxschen Theorie über die Reproduktion und Zirkuation des gesellschaftlichen Gesamtkapitals im ökonomischen Manuscript von 1861-1863. in *Arbeitsblätter zur Marx-Engels-Forschung*, Nr.11, 1980, S.64 ; Do, Zur Reproduktions-, Akkumulations- und Krisentheorie von Karl Marx, in *Der zweite Entwurf*…", op. cit., S.186~187 ; *MEGA*, Ⅱ/3·5, Einleitung, 1980, S.30[++] ; 訳、⑧、44*頁。

25) 前章第2節を参照されたい。因みにマルクスが「蓄積の場合の二大部門間転態…に…初めて言及するのは、前章第3節で指摘しておいたように、手稿第ⅩⅣ冊(*MEGA*, Ⅱ/3·4, S.1379 ; 訳、⑦、299頁)においてである。

26) なおここでマルクスは「労働者階級の分け前」は「減少」するが、「不生産的消費の量は…増大」するから、「剰余生産物のうちで生活資料の形態で存在する部分」は、「不変資本の生産に転化される剰余生産物の量」と「同じ大きさで増大する」(*MEGA*, Ⅱ/3·6, S.2260)、としている。

第5節 むすびに

　これまで煩瑣をいとわず検討してきたように、「a)剰余価値の資本への再転化」の項の前半部分で、マルクスはまず考察を蓄積の「純粋に形式的なこと」

に限定して蓄積に関する本質的な規定を与え、後半部分における小項目「再生産」では剰余価値の資本への転化を再生産＝拡大された規模での再生産として考察し、その本題的部分で資本の再生産に関する本質的規定を与えていく。

　その場合、一貫してとられている考察方法は、ここ「生産過程の篇」に属する「剰余価値の資本への再転化」では、「貨幣の資本への転化」の場合と同様に、資本は市場で生産および再生産の諸条件を見出しうるものと前提し、再生産過程の立ち入った検討を「次の篇」即ち「流通過程の篇」に委ねるというものであった。したがってここでの蓄積論の考察対象は、蓄積の「形式的側面」（*MEGA*, II/3·2, S.573：訳、⑤, 391頁）ではなく、再生産＝拡大再生産の諸条件を「間奏曲」として積極的に考察していくという「5. 諸学説」の「c）A. スミス」や「h）リカード」での場合とは、全く異なるのである。

　しかしここで「考察の外に」置かれたこの再生産の諸条件の検討は、単純再生産に関しては、社会的規模での固定資本の再生産＝補填の問題を除けば、貨幣流通＝還流を含めて既に事実上「一つの到達点に達して[1]」いたのであるが、蓄積＝拡大再生産に関しては、マルクスはその考察にとっての「基本的2論点[2]」をなお未解決のまま残していたのである。だからこそ彼は、「次の篇」にその考察を委ねるとしながらも、小項目「再生産」で再生産＝拡大再生産の諸条件を挿論的にではあるが検討することとなったのである。

　ところが他方、ここでの本題的部分の展開は、「以前の叙述」つまり『要綱』での叙述と一定の連携の下におかれ、また部分的には『要綱』の言葉で補われてさえいるように、蓄積の「形式的側面」に関する「以前の叙述」から必ずしも脱化しきれない面を残していたのである。

　そこで小項目「再生産」において、「蓄積の一部分をなし…蓄積の現実的一要因である」（*MEW*, Bd.24, S.394；訳、⑦、515頁）単純再生産を考察する場合に、マルクスは『要綱』における考察方法を事実上踏襲し、再生産された総生産物から剰余生産物を捨象し、まず「本源的資本」＝「非剰余資本」部分だけを考察するという仕方で単純再生産の検討に入っていく。そしてこの考察方法が挿論的部分である再生産＝拡大再生産の諸条件の検討にも持ち越され、年総生産物の再生産＝補填の諸条件から切り離された年剰余生産物だけの転態の諸条件の考察へと矮小化されていくこととなった。

第4章　「剰余価値の資本への再転化」とマルクスの「経済表」　139

　そこでマルクスはその誤りに気付いて、「以前に示した」こと、つまり単純再生産に関する『諸学説』での「間奏曲」に立ち帰り、考察を立て直す。そして「社会の不変資本」と「社会の剰余生産物」についての「一つの結論」を導き出し、また蓄積＝拡大再生産の諸条件を検討するための軌道を正しく敷き直していく。しかしその場合にもマルクスは、「以前に」リカードの蓄積論を検討した時とは異なって、剰余資本が「同時的に」「一様に」形成される必要はないとして、「後生産」を容認し、結局「貨幣なしで」の蓄積＝拡大再生産の諸条件も明確には析出し得ず、したがってまた「エピソード。貨幣の還流運動」以来残されてきた課題である「貨幣を伴う」蓄積＝拡大再生産の考察には、全く立ち入ることができないまま、挿論的部分を打ち切ってしまったのである。

　さてこのように見てくるならば、小項目「再生産」末尾の岐論的部分——「経済表[3]」——の、ここ「α）」項での位置も自ずと明らかになる。それは、まさに再生産＝拡大再生産の諸条件を検討しようとした挿論的部分を受けた岐論的展開であり、「貨幣を伴う」拡大再生産の考察を「後に」残したマルクスが、その問題に進む前に、単純再生産の「貨幣を伴う」場合について、ここで導き出した「一つの結論」を「第Ⅲ部門」として掲出しつつ、「エピソード。貨幣の還流運動」での「到達点」を「数量化[4]」し、ケネーに準えて、「経済表」の形で予め取りまとめておこうとしたものなのである[5]、と。

　そしてその意味では、マルクスの「経済表」は、彼の蓄積論＝拡大再生産論成立過程の一産物ということができるであろう。

　1)　本書第Ⅰ部第2章の第5節を参照されたい。
　2)　本書前章第4節末尾の部分を参照されたい。
　3)　この岐論的部分に記されているマルクスの「経済表」それ自体の検討は、次章でなされている。
　4)　本書第Ⅰ部第2章の第5節を参照されたい。
　5)　W.ミュラーは、挿論的部分でマルクスは「社会的総資本の実現諸条件についての本質的な陳述を言葉で行った後」、この末尾の岐論的部分で「この叙述を再生産表式［「経済表」］をもって確定した」（Müller, *Zum Stand*…, op. cit., S.65 ; do., Zur Reproduktions…, *op. cit.,* S.187）との位置づけをおこなっている。しかしミュラーや*MEGA*編集者が、ここでの本題的部分と岐論的部分との区別をしていないこと、また

140 第Ⅰ部 手稿『経済学批判』における再生産表式成立過程の諸考察

再生産＝拡大再生産の諸条件検討のジグザグした展開を見落としていること、さらに「経済表」と「再生産表式」とを同一視することなどを措くとしても、この末尾の岐論的部分は、決して単に「実現諸条件*」を示そうとしたものではなく、「マルクスは貨幣流通の出発点を賃金と利子・地代に特定し、しかもこの特定された貨幣量で…年総生産物がどのように再生産され、そして新たに賃金・利子・地代を支払い得るようにどのようにして貨幣が還流するかを示す」（次章の第4節を参照）ことが、主要な課題の一つであったのである。

*ミュラーや *MEGA* 編集者たちには、「再生産表式」＝「実現論」（レーニン）という短絡的な理解が大前提となっている如くである。

第5章　マルクスの「経済表」について

第1節　はじめに

　マルクスの「経済表」が知られるに至ったのは、1913 年に『エンゲルス－マルクス往復書簡集』において、1863 年 7 月 6 日付のエンゲルス宛のマルクスの手紙が公表され、マルクスが同封した「私がケネーの表にとって代えた『経済表』」がフォトコピーで公刊されたことによる [1]。

　ところが 1933 年に刊行されたアドラツキー版『資本論』第Ⅱ部に「付録」として収録されたこの手紙では、『書簡集』に収録されたフォトコピーの「表」ではなく、「マルクスが遺した 1862/1863 年の手稿『経済学批判』［いわゆる「23 冊ノート」］の第ⅩⅩⅡ冊に含まれていた 2 表」が原稿化されて、そこに挿入されている [2]。

　そこで、マルクスの「経済表」は 3 表作成され、この「付録」に収められた 2 表が手紙に先んじて 1863 年 5 月にまず執筆され、その第 2 表を若干簡略化して手紙に同封したのであろうと考えられてきた [3]。

　しかし 1980 年に刊行されたロシア語版『マルクス－エンゲルス全集』第 48 巻には、この手稿の当該部分が収録され [4]、続いて 1982 年に MEGA 版として手稿ⅩⅩⅢ冊全体の刊行が完結する [5] に及び、マルクスは 1863 年 5 月執筆の手稿第ⅩⅩⅡ冊に 2 表ではなく、4 表を作成していたことが判明することとなる。しかもこの 4 表は、1861 年 8 月~1863 年 7 月執筆の手稿『経済学批判』の、「4．剰余価値の資本への再転化」の「a）剰余価値の資本への再転化」の後半に見出される小項目「再生産」の末尾に、括弧〔　〕に入れられた岐論的部分 [6] として書かれたものであったのである [7]。

　ところで、アドラツキー版（『資本論』第Ⅱ部「付録」）、ロシア語全集版、MEGA 版には、手稿第第ⅩⅩⅡ冊の 2 表ないし 4 表が原稿化されているが、

142 第Ⅰ部 手稿『経済学批判』における再生産表式成立過程の諸考察

それらが各版でいずれも若干異なっているのみでなく、MEGA, Ⅱ/3·6 に収められているフォトコピーと比較すると、それらは必ずしも正確な原稿化とは言い難く、しかもそこには諸表に対する一定の解釈が横たわっているように見える。

そこで本章では、一つの基礎的作業として、マルクスによって清書された第Ⅳ表と手紙に同封の表——以下これを第Ⅴ表と呼ぶこととする——を手掛かりに、上記各版の「表」——本章末尾に〔付表〕として一括掲出——を比較検討し、フォトコピーされた手稿の諸表の再現に努め、併せてこれら4表全部を「マルクスの経済表」として一括し得るのか否かを、手稿における「表」の説明および「注意」に即して、検討することとする。

1) *Der Briefwechsel zwischen Friedrich Engels und Karl Marx 1844 bis 1883*, Bd.3, hrsg.v. A. Bebel u. E. Bernstein, 1913, S.139a. 因みに、戦前わが国で編集刊行された改造社版『マルクス・エンゲルス全集』では、この手紙は収録されているが、「経済表」は訳出されていない(同、第 19 巻、1930 年、100~104 頁参照)。恐らく山田盛太郎氏によるマルクス「経済表」の紹介が、わが国での最初のものであろう(『経済学全集』〔改造社〕第 11 巻、『資本論体系 中』、1931 年、269 頁〔『山田盛太郎著作集』第 1 巻所収、67~69 頁〕参照)。

2) K. Marx, Das Kapital, Volksausgabe, Bd. Ⅱ, besorgt v. M-E-L-Institut, 1933, S.533.

3) 例えば、山田盛太郎、「再生産表式」(『経済学大辞典』、Ⅰ、〔東洋経済新報社〕、1955 年、97~98 頁:同、『経済学原理(講義案)』第二編の部、1956 年〔『山田盛太郎著作集』第 5 巻所収、137~138 頁、同、137~138 頁〕:小林賢齊、「再生産表式と資本の循環・回転」(『経済学論集』〔東京大学〕)、第 25 巻第 3·4 合併号、1958 年 5 月〔同、『再生産論の基本問題』〔1975 年〕、所収、30~32 ページ〕などを参照されたい。

4) Cf. К.Маркс и Ф. Энгельс, *Сочинения*, том 48, 1980, стр.160~166. 以下 МЭС と略記する。

5) *MEGA*, Ⅱ/3·6, S.2273~2283.

6) この手稿には、「大がかりな『岐論』や『エピソード』と……並んで、多くの場合には直接にかかるものとして特徴づけられているか、あるいは括弧〔 〕に入れられた、数多くの小さな岐論やエピソードが見出される」(W.Focke, Zur Geschichte des Textes, seiner Anordnung und Datierung. in „*Der zweite Entwurf des*" Kapitals"", 1983, S.289)。

7) さしあたり、水谷謙治、「マルクス経済表の研究」(『立教経済学研究』、第 35 巻第 4 号、1982 年 3 月)、原伸子、「『1861~63 年草稿』における資本蓄積論」(『経済志林』、第 50 巻第 3·4 号、1983 年 3 月)などを参照されたい。

第5章　マルクスの「経済表」について　143

第2節　各版の比較検討と諸表の確定

　手稿第ⅩⅩⅡ冊 S.1380（*MEGA*, Ⅱ/3·6, S.2271）[1] の左上端には括弧 ［　が付されており、ここから岐論的部分が始まることを示している。そして中央上部には、2行に折り返して「再生産過程の表(貨幣流通なしで表示され且つ同等不変な規模での再生産)」と標題が記され、さらにその右横に「ここでは二重に（doppelt zu hier）」── この3文字は MEGA 版でも原稿化されていない(cf. *ibid.*, S.2274) ──と書きこまれている。第Ⅰ表はこの標題の下に画かれている。

第Ⅰ表＜次ページに掲出＞について

　そこでは部門「Ⅰ」は「消費資料の生産」と名付けられ、生産物の価値構成が、不変資本・可変資本・剰余価値として示されると共に、「不変資本」価値が「価値増殖過程に入り込まない」部分と「生産物に入りこむ」部分とに「二重に」表示される。また剰余価値については、その分肢形態である諸所得範疇──産業利潤・利子・地代──を別途に表示し、さらにそれらを「利潤」として括っている。しかし可変資本に照応する所得範疇(賃金)についても、また生産物総額についても表示されていない。

　また部門Ⅱについては、生産物の価値構成として事実上示されてはいるが、部門「Ⅱ」としては明示されておらず、またその「不変資本」は「生産物に入りこむ」部分のみが計上されているに止まり、生産物総額も表示されていない。

　ところで мэс 版では、標題が本文として原稿化され、この表は「[第Ⅰ略表（Первый набросок таблицы)]」と名付けられ、「[Ⅱ] 不変資本の生産]」が加筆され、さらに剰余価値の分肢諸形態が両部門とも剰余価値の下側に移されている（＜付表3＞を参照されたい）[2]。また第Ⅰ部門の不変資本 400 と、第Ⅱ部門の可変資本　剰余価値[400]とが点線で結ばれているが、手稿では、部門Ⅰの不変資本 400 と部門Ⅱの剰余価値 266²⁄₃ とを点線で結び付けた後、それを訂正しているのである。

　これに対し MEGA 版では、部門Ⅰの不変資本 400 を、[部門Ⅱ]の剰余価値の分肢諸形態である産業利潤・利子・地代に、3本の点線で結びつけている。

144　第Ⅰ部　手稿『経済学批判』における再生産表式成立過程の諸考察

〈第Ⅰ表〉

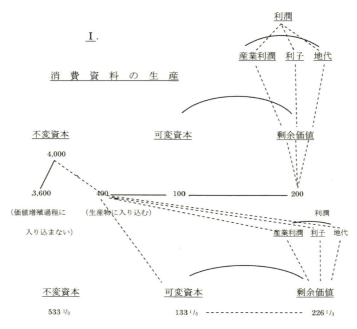

　この3本の線が点線であるのか実線であるのかの判読はフォトコピーでは難しい。そこでここではMEGA版に従い点線で結び付けることとする。
　なおMEGA版では、手稿でアンダーラインが引かれている箇所を、すべてイタリックス活字で表記し、またアンダーラインの欠けている箇所をも補っている（＜付表7＞を参照されたい）。

第Ⅱ表＜次ページに掲出＞について
　第Ⅱ表は、手稿のこの同じページの第Ⅰ表の下に、1本の横線で区別し、書き込まれている。
　部門Ⅰは、「Ⅰ）消費資料」とだけ記され、また「不変資本」価値は3600と

〈第Ⅱ表〉

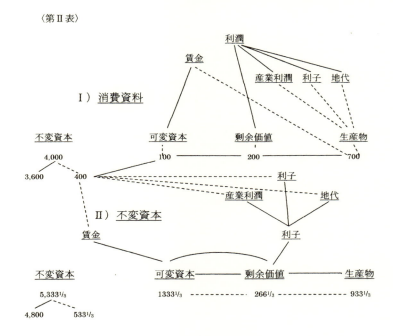

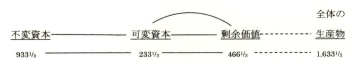

400とに「二重に」表示されているが、その説明句は省略されている。可変資本と剰余価値は、共にその所得範疇——賃金と利潤——が表示され、この利潤からさらにその分肢諸形態が分かれるように改善され、生産物総額も表示される。

そして部門Ⅱの下に全体の「総括」が併記される。

さてアドラッキー版「付録」で「第1表」と呼ばれているもの（＜付表1＞）は、基本的にはこの第Ⅱ表であるが、そこでは編集者が脚注を付している[3]ように、生産部門の番号が入れ替えられ、両部門の「不変資本」の価値の内訳に、第Ⅰ表の部門Ⅰに付されていた説明句が加筆されている。さらにこの第Ⅱ表に、第Ⅰ表の標題（副題を含む）がそのまま使用されている。

146　第Ⅰ部　手稿『経済学批判』における再生産表式成立過程の諸考察

　МЭС ではこの表を「[第2略表]」と呼び、また第Ⅰ表同様に、両部門の賃金と利潤、並びに剰余価値の諸分肢形態が、手稿とは異なって可変資本および剰余価値の下側に移されている。そのためか実線が何本も省かれている（＜付表4＞を参照されたい）。

　MEGA 版では、部門Ⅱの分肢諸形態の表示を除けば手稿にほぼ近い再現となっている（＜付表8＞）。

　なお手稿では、部門Ⅰの不変資本 400 を、部門Ⅱの可変資本と点線で直接結び付けた後、それを訂正し、部門Ⅱの賃銀を経て可変資本に点線と実線で結びつけ直している。また部門Ⅱおよび「総括」の剰余価値が、誤ってそれぞれ $266\frac{1}{3}$, $466\frac{1}{3}$ となっている。そして手稿 S.1390 には、このように2つの表が記されているだけである。続く手稿 S.1391（*MEGA*, S.2277）では、最初に、「生産物に入りこまない、即ち価値増殖過程に入りこまない不変資本部分（したがってここでは固定資本）を全く省略する」との断りを書いた後、直ちに第Ⅲ表を画き、さらにその下に説明の文章が記されていく。

第Ⅲ表＜次ページに掲出＞について

　ここでは部門Ⅱが「機械と原料」と呼び改められ、また新しく部門Ⅲが「総生産」として表示される。そして各部門の不変資本には「生産物に入りこむ」部分のみが計上される。さらに各構成要素を結びつける点線と実線が、第Ⅰ表・第Ⅱ表とは異なってくることに注目する必要がある（後出）。

　実際手稿では、実線で結びつけた上を点線に訂正したもの、逆に点線で結びつけた上を実線に訂正したもの、あるいは実線で括っておきながらそれを消去したものなど、多くの点線と実線が入り交じっている。例えば、部門Ⅰの不変資本からその生産物までを、また部門Ⅲの不変資本からその生産物までを、それぞれ実線で横に括った後にそれを消去したり、部門Ⅰの不変資本 400 と部門Ⅱの可変資本　剰余価値とを実線で結び付けた後それを消去したりしている。

　МЭС 版ではこの表も「[第3略表]」と呼んでいる。ここでは前2表とは異なって、賃金および利潤（分肢諸形態を含む）を手稿どおりに可変資本および剰余価値の上側に表示しているが、部門Ⅲについては若干の省略を行っている（＜付表5＞参照されたい）。

第5章 マルクスの「経済表」について　147

〈第Ⅲ表〉

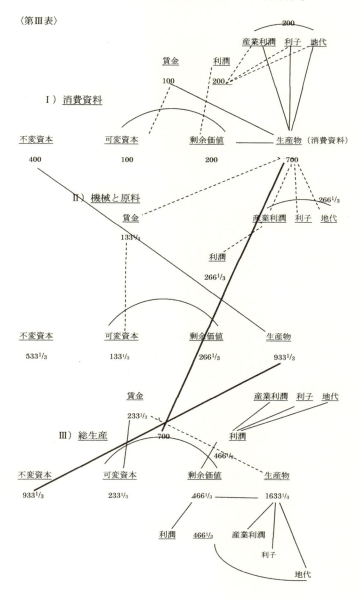

148 第Ⅰ部 手稿『経済学批判』における再生産表式成立過程の諸考察

　MEGA 版でも部門Ⅲの原稿化は必ずしも充全とは言えないが、特に部門Ⅰ
とⅡの両部門の利潤から分肢諸形態への上向点線の一部が下向点線となり、ま
た部門Ⅰの分肢諸形態から生産物総額への下向実線が脱落している（＜付表９＞
を参照されたい）。

　なお手稿では部門ⅡとⅢの剰余価値と利潤に、誤ってそれぞれ $266\frac{1}{3}$, $466\frac{1}{3}$
が計上されている。また〈第Ⅲ表〉の部門Ⅰの生産物 700 と部門Ⅲの可変資本
＋剰余価値 700 とを結ぶ線、および、部門Ⅱの生産物 $933\frac{1}{3}$ と部門Ⅲの不変本
$933\frac{1}{3}$ とを結ぶ線は、手稿では共に太い実線で描かれている。

　さてこの第Ⅲ表に続く「表」の説明（後出）は次の S.1392 の最後で終わる。そ
してこのページの右下端には、S.1390 左上端にあった［　括弧に対応する閉じ
を示す括弧　］が記されている（*MEGA*, S.2279）。続く手稿 S.1393 には、左上端
に再び括弧［　が付され（cf. *ibid.*, S.2276）、「前記の諸経済表では以下の点を注
意すべきである」とし、1 ）～ 5 ）の「注意」が与えられる。その直後、つまり
「注意」5 ）の次の行に、マルクスは「完全な表（die ganze Tabelle）は次のペー
ジに」と書き記して（cf. *ibid.*, S.2280）、このページの下およそ $\frac{1}{3}$ を空白のままに
して 4)、次の S.1394 に移っていく。

　その手稿 S.1394（*ibid.*, S.2281）は、中央上部に「総再生産過程の経済表」と標
題が記され ――これは第Ⅰ表の場合と同様の書き方である――、その下に第Ⅳ表
がこのページいっぱいに画かれている。それは第Ⅲ表の清書であり、点線や実
線を恐らくは定規を用いて引いている。

第Ⅳ表＜次ページに掲出＞について

　この表は、第Ⅲ表の部門Ⅲを整序し書き改めている他は、第Ⅲ表と同じであ
る。なお手稿では、部門Ⅰの賃金と生産物とを下降する点線で結んだ後、実線
に改めている。また部門Ⅱの剰余価値、利潤および生産物、部門Ⅲの剰余価値
および生産物の数値が改められているが、部門Ⅲの利潤の数値は $466\frac{1}{3}$ のまま
となっている。

　さらに部門Ⅰの剰余価値の分肢諸形態が括弧 ―― で括られ、その合計額
200 が記入されたその右肩に、括弧 ―― で括られた判読不明の文字があるが、
これは手稿ページのノンブルであろうか、MEGA 版でも原稿化されていない。

第5章 マルクスの「経済表」について　149

〈第Ⅳ表〉　総再生産過程の経済表

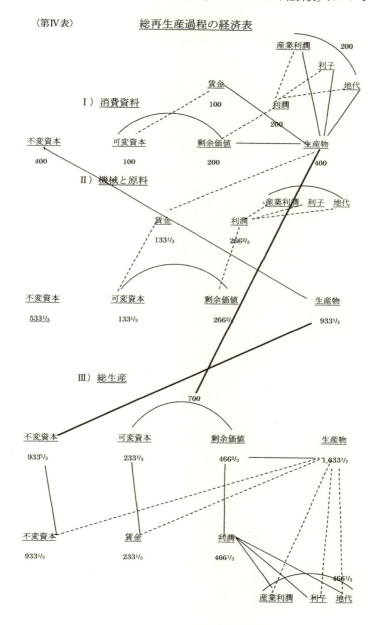

ところでアドラッキー版「付録」で「第2表」（＜付表2＞）と呼ばれている
ものは、この第Ⅳ表であるが、ここでも生産部門の番号が入れ替えられ、また部
門Ⅲを「総再生産[5]」と変えている他は、各版のうちで手稿に最も忠実な原稿化
である。ただしこの表の標題に、「（貨幣流通なしで表示され且つ固定資本構成部
分なしでの同等不変での再生産）」という副題が添えられているのが特徴的で
ある。

МЭС版でもこの第Ⅳ表は、他の3表に較べてより正確な再現となっている
が（＜付表6＞を参照されたい）、第Ⅰ表の場合と同様、この表の標題が本文とし
て原稿化され（cf. *МЭС*, т.48, стр.166）、標題を一切付されずに掲出されている。

そして手稿 S.1394 の右下端には、S.1393 左上端の括弧 ［ に対応する閉じを
示す括弧 ］ が付されている[6]。

なお参考までに、エンゲルス宛の手紙に同封されていた「経済表」を第Ⅴ表
としてここに掲げておこう。

第Ⅴ表＜次頁に掲出＞について

「同封」のケネーの「経済表」とは異なって、この第Ⅴ表は第Ⅳ表よりもさ
らに綺麗に描かれている。ここでは部門Ⅲが「総生産物」と呼ばれ、この部門
内部での貨幣流通の表示は省かれている[7]。

1) 以下では、*MEGA*, Ⅱ/3・6 からの引用ページを単に（S.xxx）とのみ表記することがあ
る。また特に断らない限り、アンダーラインと傍点ⅰⅰⅰ はマルクスによる強調であ
る。
2) *МЭС*, т.48, стр.160.
3) Cf. *Das Kapital,* op. cit. Bd. Ⅱ, S.533.
4) Cf. *МЭС*, op. cit., стр. 560, примечания 116.
5) 第Ⅴ表の説明では部門Ⅲが「総再生産」と呼ばれている。編集者がそれをここに採
り入れたものと考えられるが、それについての断りは見出せない。
6) MEGA 版では、以上2組の括弧 ［ ］ の再現が必ずしも充全とは言えないが、
MEGA 版収録のフォトコピーと МЭС 版とによって、それらを確認することができる。
7) *MEW*, Bd.30 では第Ⅴ表のフォトコピーを収録すると共に、原稿化された表が掲出
されている。しかし部門Ⅱの剰余価値から利潤を経て産業利潤への点線が正しく再現
されていない（cf. *ibid*., S.366）。ただし『全集』〈大月版〉第30巻ではそれが訂正され
ている（同、291 頁参照）。

第5章 マルクスの「経済表」について 151

〈第Ⅴ表〉

〈手紙に「同封の経済表」〉

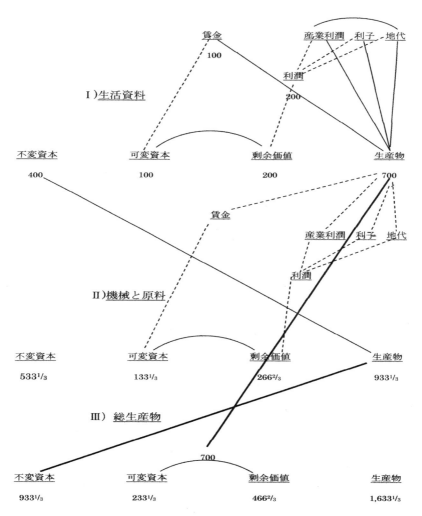

第3節 「再生産過程の表」と「総再生産過程の経済表」

　以上のように、マルクスは第Ⅰ表に「再生産過程の表(貨幣流通なしで表示され且つ同等不変な規模での再生産)」という標題を付し、また第Ⅳ表を「完全な表」と呼び、これに「総再生産過程の経済表」という標題を付している。

　ところが上述のように、アドラツキー版「付表」では、手稿第ⅩⅩⅡ冊中の4表を2つ——「再生産過程の表(貨幣流通なしで表示され且つ同等不変な規模での再生産)」と「総再生産過程の経済表(貨幣流通なしで表示され且つ固定的資本構成部分なしでの同等不変な規模での再生産)」——に整理し、第Ⅱ表に第Ⅰ表の標題を付し、第Ⅰ表の説明句の一部を第Ⅱ表に移し、第Ⅰ表と第Ⅲ表を割愛し、第Ⅳ表に副題を加筆し、「第1表」と「第2表」として収録している。

　これに対しМЭС版では、第Ⅰ〜Ⅲを「略表」と名付け、事実上それらを第Ⅳ表に至る一連の前段階的準備的な素描表として位置づけている。そしてそれについての注解は付されていないが、恐らくはマルクスが第Ⅳ表を「完全な表」と言い、また後述の如く最初の3表についてはマルクスがそれぞれ第Ⅰ、第Ⅱ、第Ⅲの表と呼んでいるからであろう。いずれにしても「再生産過程の表」と「総再生産過程の経済表」とを区別せず、したがってまた第Ⅰ表と第Ⅳ表とに付されている標題も、標題としては認めずにそれを本文として原稿化[1]したのであろう。

　ではアドラツキー版では、いかなる理由で4表を2区分し、第Ⅱ表と第Ⅳ表でそれらを代表させたのであろうか。それについて「付録」の脚注は次のように簡潔な説明を与えている。「第1表[——第Ⅰ表・第Ⅱ表——]は両部門間の転態を示すが、他方第2表[——第Ⅲ表・第Ⅳ表——]は総再生産過程を表している。この表では[部門]Ⅲ. 総生産物がどのように分配されるかが示されている」(„Das Kapital", Volksausgabe, op. cit., S.533)、と。むろん「表」の副題に明示されているように、この他に、「第2表」は「固定的資本構成部分なし」という点でも「第1表」と異なるが、しかし「貨幣流通なしで表示され」ている点では共通である、というのであろう[2]。

　アドラツキー版に示されたこのような諸表の理解も、恐らく、従来未公表で

第5章 マルクスの「経済表」について　153

あった手稿中の「注意」や説明によってのことであろう。それ故以下、この点
を立ち入って検討することが必要となる。

　そこで先ず諸表への「注意」から見ていこう。

　「注意」1）の第1項は次の通りである。「不変資本は固定資本と流動資本と
から成立っている。固定資本のうち価値増殖過程に入りこまない部分は省略す
る。あるいは同じことだが、ここでは固定資本の一部分のみが不変資本の項目
の中に含まれており、それが年再生産に、だから年総生産物に入り込む」
（*MEGA*, Ⅱ/3·6, S.2279~2280）、と。

　この「注意」は、「経済表」についてのこの岐論的部分がそこに含まれてい
る小項目「再生産」の冒頭部分にある限定——「総生産物のうちには、1）不変
資本、2）可変資本が再生産され、最後に 3）剰余価値を表わす剰余生産物が新たに
含まれる。不変資本のうち価値増殖過程に入りこまない部分は、ここでの考察の外
におかれ得る。これについてのより立ち入った考察は次の篇に属する」（*ibid.*,
S.2243）——に照応している。実際「注意」の中でも「不変資本は固定資本と
流動資本とから成立っている」と述べているように、生産資本の回転様式上の
概念は、なお必ずしも熟してはいなかったのであり、したがってそれについて
のより立ち入った考察を「次の篇」に譲っているのである。しかしそうである
としたとしても、「固定資本の一部のみが…年再生産に、だから年総生産物に
入りこむ」という関係を明らかにしておけば、ケネーの「経済表」（範式）の場
合のように、年総生産物の再生産＝流通について、岐論的な考察をすることが
できるというのである[3]。

　それを具体的に数量化して示そうとしたのがこの岐論的部分なのであり、だ
から第Ⅰ表の標題の右横には、「ここでは二重に」と記し[4]、また第Ⅲ表の冒
頭では「価値増殖過程に入りこまない不変資本部分…を全く省略する」と断っ
ているのである。そしてその意味では第Ⅰ・第Ⅱ表は第Ⅲ表・第Ⅳ表への前段階
的準備的な表と見ることができよう。

　しかしマルクスは「注意」4）では、掲出諸表を順次第Ⅰ~第Ⅲ表と呼ぶのみ
でなく、むしろ第Ⅰ・第Ⅱ表と第Ⅲ表とを次のように区別している。「第Ⅰ表と
第Ⅱ表とは、部門Ⅱの総生産物がどのようにして社会の不変資本として現れる
か、これに対して部門Ⅰの総生産物がどのようにして両部門の可変資本および

剰余価値として現れるか、を示している。第Ⅲ表ではこの過程は前提され、したがってここでは部門Ⅱの生産物が直接に不変資本として、部門Ⅰの生産物が直接に可変資本および剰余価値として現れる」(*ibid.,* S.2280)、と。

したがって第Ⅰ表・第Ⅱ表の課題は、転態の「過程」を、「表」の構成要素のどれがどれと転態されるのかを表出することにあったのであり、第Ⅲ表の場合にはこの「過程」の結果を「直接に」表出することにあった——少なくともそこに一つの区別があった——のである。

ではその区別は諸表のうちにどのように示されているのだろうか。

第Ⅰ表では、部門Ⅰの不変資本400から、1本の点線は部門Ⅱの可変資本$133^{1}/_{3}$に結ばれ、また3本の点線は産業利潤・利子・地代を経て部門Ⅱの剰余価値に結ばれることによって、第Ⅱ表では、同じく部門Ⅰの不変資本400から、1本の点線は部門Ⅱの賃金を経て実線で可変資本に、また3本の点線は産業利潤・利子・地代に至り、それから利潤を経て剰余価値に実線で結ばれることによって、両部門間の転態の「過程」が示されている。そしてさらに第Ⅱ表では、部門Ⅰの可変資本および剰余価値が、それぞれ所得範疇たる賃金および利潤(さらにその分肢諸形態)と実線で結ばれた上、それらが部門Ⅰの生産物と点線で結ばれることによって、部門Ⅰ内部の転態の「過程」もまた示されている。

これに対し第Ⅲ表では「総生産」が部門Ⅲとして表出されるのみでなく、転態「過程」の結果を表すように、部門Ⅰ・部門Ⅱと部門Ⅲとが実線で有機的に結び付けられ、後者が表の構成部分として位置づけられている。即ち第Ⅲ表では、部門Ⅱの可変資本および剰余価値から、それぞれ上向する点線が賃金あるいは利潤(さらにその分肢形態)を経て部門Ⅰの生産物に至り、そこで部門Ⅰの可変資本および剰余価値から賃金あるいは利潤を経てきた実線と合流し、それが次に部門Ⅲの可変資本——剰余価値と直接に結び付けられている。また部門Ⅰの不変資本が、第Ⅰ表・第Ⅱ表のように部門Ⅱの可変資本——剰余価値に点線で結びつけられるのではなく、部門Ⅱの生産物に実線で結びつけられ、そこからさらに部門Ⅲの不変資本と直接に結び付けられている。

そしてこの部門Ⅲについてマルクスは次のように説明する。「部門Ⅲにおいては、部門Ⅱの総生産物が社会の不変資本として現れ、また部門Ⅰの総生産物

第5章　マルクスの「経済表」について　　155

の一部分がⅠおよびⅡの可変資本の総額を、一部分は種々の範疇の下で両部門によって消費される所得の総額を表示している」(*ibid.*, S.2279)。あるいは「部門Ⅲは総再生産を表す。部門Ⅱの総生産物は、ここでは社会全体の不変資本として現れ、そして部門Ⅰの総生産物は可変資本(賃金元本)と、剰余価値を分け合う諸階級の諸所得とを補填する生産物として現れる」(*MEW*, Bd.30, S.364, 367；『全集』、30巻292頁)、と。

　さて「注意」5) は「表」における点線と実線の読み方についてのものである。「点線は常に上向する支出の起点を、流通の出発点を示す。実線は下向する支出の起点を示す」(*MEGA*, op. cit., S.2280)。即ち点線と実線によって貨幣流通の方向が、その出発点と復帰点が示されている、というのである。

　ところが第Ⅰ表でも第Ⅱ表でも、点線と実線は上向線と下向線とに区別して用いられているわけではない。それというのもこの2表は「貨幣流通なしで表示されて」いるからである。したがってアドラツキー版「付録」において、第Ⅰ表の標題(副題を含めて)が第Ⅱ表にそのまま付されているとしても、それは許され得るのである。

　これに対し第Ⅲ表では、部門Ⅲの内部構成の表出がなお未整理であり、また上向線と下向線の示し方にも混乱があるとはいえ、部門Ⅰ・Ⅱの両部門については、この「注意」通りに点線と実線が画かれている。そして第Ⅳ表では部門Ⅲの構成と共に、上向線と下向線の示し方も整序され、「完全な表」に仕上げられている。例えば第Ⅱ表で、部門Ⅰの不変資本 400 が、一方では部門Ⅱの賃銀を経て点線と実線で可変資本に結ばれ、他方では部門Ⅱの産業利潤・利子・地代が点線で結ばれた後、それから実線で利潤を経て剰余価値と結ばれているが、その場合、点線と実線のいずれかが流通の出発点としての上向線なり下向線を示している、というのではない。そこでは部門Ⅰの不変資本と部門Ⅱの可変資本および剰余価値とが、部門Ⅱの諸所得を介して転態されるということを表わしているにとどまるものである。しかし第Ⅲ表・第Ⅳ表の場合には異なる。例えば部門Ⅱの可変資本および剰余価値から上向する点線は、そこを出発点として貨幣がどこへ流れていくかを示している。部門Ⅰの生産物(消費資料)に支出された貨幣は、部門Ⅰの不変資本から部門Ⅱの生産物(機械と原料)に向けて流れ、部門Ⅱに還流することが示されているのである[5)]。

156 第Ⅰ部 手稿『経済学批判』における再生産表式成立過程の諸考察

したがってアドラツキー版「付録」のように、この第Ⅳ表に「貨幣流通なしで表示された」との副題を付することは全く誤っている。また、第Ⅰ表・第Ⅱ表がたとえ第Ⅲ表を準備する側面をもっていたとしても、МЭС版のように第Ⅰ～第Ⅲ表を単に一連の「略表」・第Ⅳ表に至る一連の素描表として位置づけることもまた誤りとしなければならない。そしてまた MEGA 版のように、第Ⅲ表・第Ⅳ表における一部の点線を下向きとする線として原稿化したり、実線であるべき下向線を点線として表記したり、さらには下向する実線が欠落したりしていては、貨幣流通＝還流運動を示していることにはならないのである[6]。

ではマルクスは、「表」の運動を、貨幣流通＝還流を、どのように説明しようとしたのであろうか。

上述のようにマルクスは手稿 S.1391 で第Ⅲ表を画いた後、それに続けて「表」の説明に入っていく。その書き出しはこうである。「われわれはⅠ）では、不変資本を 400 とし、それは全額生産物に自己を再現する。この全生産物は消費元本に入っていく生活資料から成立っている。たとえ部門Ⅰ（Klasse Ⅰ）の消費元本にはただ一部分のみが入っていくとしても。可変資本＝100 はそれ自身の再生産の他に、生産物中に 200 の剰余価値を加える」（*MEGA*, Ⅱ/3・6, S.2273）、と。

この書き出しから明らかなように、「表」に付された説明は、第Ⅰ表・第Ⅱ表に関するものではなく、第Ⅲ表についてのものなのであり、このことは、この岐論的部分の主要課題が何処にあるかを示唆していると言える。即ち、それは社会的総資本の年生産物の再生産＝流通を一般的に総括する「完全な表」を作成し、「エピソード。貨幣の還流運動」の「第4例」での到達点を具体的な数字例によって確証することにあったのである、と。そして事実「表」の説明の中心は、具体的な数字例による貨幣流通＝還流運動の解明におかれているのである。

この「可変資本 100 は貨幣で賃金として支払われ、この賃金は 700 の総生産物から 100 だけの生産物を引き出す。そこで貨幣は部門Ⅰの資本家の手に還流する」（*ibid.*）。次いで剰余価値 200 は、「そっくり利潤として現れるが、しかし産業利潤・利子・地代に分解し、それらのうち少なくとも後の 2 者は全部貨幣で支払われ、これらの所得の所有者によって生産物群（Productenmasse）から

第5章　マルクスの「経済表」について　157

200 だけが引き出される」(*ibid.*)、と。

　とすると部門Ⅰの剰余価値＝利潤のうち産業利潤に分解する部分は「現物で」この部門の資本家の消費元本に移されるかもしれない。がしかし、ともかく部門Ⅰの「資本家が新たに賃金、利子および地代を貨幣で支払い得るように、貨幣は資本家に還流」(*ibid.*)し、「不変資本を補填するのに必要な生産物の価値部分」(*ibid.*, S.2274)を表す 400 の生産物が部門Ⅰに残る。

　一見したところ、ここまでの説明は、「エピソード」の「第4例」に、ただ具体的数量を入れてみただけの如くである。ところが両部門間の転態を媒介する貨幣流通＝還流の説明に移ると、マルクスは次第に混乱し始める。

　部門Ⅱでも「可変資本は $133\frac{1}{3}$ は賃金に(貨幣で)支払われ、その貨幣で部門Ⅰの生産物から $133\frac{1}{3}$ だけが引き出され」、したがって「部門Ⅱから部門Ⅰへ」貨幣が流れていく。また「$266\frac{2}{3}$ の剰余価値から貨幣で利子と地代に支払われ、その貨幣で部門Ⅰの生産物群から購入される」(*ibid.*, S.2275)、と。

　しかしこれで貨幣 400 が部門Ⅰに流れたのではない。なぜなら剰余価値 $266\frac{2}{3}$ のうち、貨幣で支払われたのは利子と地代のみである。したがって部門Ⅰはその不変資本の 400 全額を再生産＝補填することはできないし、また部門Ⅱの資本家はその生産物を「現物で」消費元本に移すこともできない。

　そこでマルクスは腐心する。「それ自身の部門[部門Ⅰ]の賃金・利子・地代の還流された貨幣と部門Ⅱの賃金と一緒にされたこの貨幣額は、部門Ⅰが貨幣で提供すべき 400 ——部門Ⅰがその 400 の不変資本を補填し、そしてそれでもって部門Ⅱからの産業利潤だけの生活資料を生産物群Ⅰから引き出すのだが——に充分である」(*ibid.*, S.2275, 2279)、と。

　なるほど部門Ⅰの資本家の手に還流してきていて、新たに賃金・利子・地代の支払いに充てうる貨幣額は 100 ＋(200 － 産業利潤)であり、さらに部門Ⅱの労働者から部門Ⅰに流れてきた貨幣が $133\frac{1}{3}$ であるから、あるいは合計で 400 の貨幣をまかないうるかも知れない。しかしそれで「400…に充分」であったとしても、部門Ⅰがその貨幣で不変資本 400 を補填することにより部門Ⅱへ流れた貨幣のうち、部門Ⅰに還流してくるのは部門Ⅱの産業利潤部分だけである。なぜなら「それでもって部門Ⅱがその産業利潤だけの生活資料を生産物群Ⅰから引き出す」というのであるから。

158 第Ⅰ部 手稿『経済学批判』における再生産表式成立過程の諸考察

　確かに「全生産物Ⅰは消費元本に移り、また部門Ⅱの生産物群のうち400は
不変資本Ⅰの補填のためにその部門に移り、これに対し533⅓は部門Ⅱ自身の
不変資本の補填のために必要」（ibid., S.2279）で、年総生産物の再生産＝補填は
完了し得る。しかし貨幣の還流は阻止されている。部門Ⅰの資本家の手には、
賃金・利子・地代として支払われた貨幣のうち、部門Ⅰの産業利潤に相当する
額が二度目の還流をし、部門Ⅱの利子と地代の額の貨幣が滞留する。また部門
Ⅱの資本家の手には、賃金に支払われた貨幣が還流し、部門Ⅰの賃金・利子・
地代の合計額から部門Ⅰの産業利潤を控除した額の貨幣が滞留する。

　そこでマルクスは「自体は本来こうなのだ」として、いま一度貨幣流通＝還
流運動の説明をやり直していく。

　そして今度も部門Ⅰの賃金の支払から始めるが、その点は最初の説明と同じ
である[7]。次に「200の剰余価値のうち、部門Ⅰは一定部分をその前年に利子
および地代に支払っていて（hat gezahlt）、この貨幣で利子および地代はそれに
照応する部分を生産物群Ⅰから購入する（kaufen）。したがって貨幣は資本家に
還流し、彼はそれでもって新たに利子および地代を支払うか、あるいは新たに
翌年の生産物に対するこれらの指図証を与える」（ibid.）、と。

　したがって貨幣流通の起点は、部門Ⅰの今年支払われる賃金と、前年に支払
われていた利子と地代ということになる。そして「産業利潤に関して言えば、
彼ら［資本家Ⅰ］はそれを一部分は現物で、一部分は貨幣支払を通して、彼ら自
身での交換を媒介する」（ibid.）。

　ではこの「貨幣支払」に必要な貨幣は何処から来るのか。それについては部
門Ⅱのところで説明が与えられる。そしてその部門Ⅱでも、まず賃金133⅓が
貨幣で支払われ、「この貨幣だけ労働者階級ⅡはⅠから生産物を買い」、部門Ⅰ
は、今度は、「それによって……この金額まで生産物を買う」（ibid.）。したが
って部門Ⅱで賃金支払いに充てられた貨幣は、その額だけまず部門Ⅱに還流す
ることとなる。

　「同時に、部門Ⅱの利子および地代の貨幣が部門Ⅰに流れ、……この貨幣で
部門Ⅰは部門Ⅱから生産物を買い、したがって貨幣は再び部門Ⅱに還流され
る」（ibid.）。即ち、部門Ⅰは、部門Ⅱから貨幣が流れてくるたびに、それだけ
不変資本を補填していくのである。そして「部門Ⅱはこの貨幣の一部分――そ

の産業利潤に等しい部分——を、Ⅰから生産物を買うために支出する。部門Ⅰは
この貨幣が部門Ⅰによって必要とされる生産物群Ⅱの残りを買う」(*ibid.*)。

つまり両部門の産業利潤部分の運動を媒介する貨幣は、前年に支払われてい
る利子と地代の貨幣が、今年一度は産業資本家の手に還流し、その貨幣の一部
分が資本家の個人的消費支出のために再度用いられて再び還流し、新たな利子
と地代の支払いに用いられるというのである。しかも「部門Ⅱには、それが賃
金、利子および地代の支払いに用い、またこの部門の内部の資本家のための貨
幣取引に用いた貨幣が、すべて還流されている」(*ibid.*)と説明しているところ
からすると、部門Ⅱの不変資本 $533\frac{1}{3}$ の再生産＝補塡を媒介する貨幣も、部門
Ⅱの利子と地代に支払われた貨幣でまかなわれるものと想定しているのであろ
う。

このようにマルクスは貨幣流通の出発点を賃金と利子・地代に特定し、しか
もこの特定された貨幣量で $1633\frac{1}{3}$ の年総生産物がどのように再生産され、そ
して新たに賃金・利子・地代を支払い得るように、どのようにして貨幣が還流
するか[8]を、示そうとしたのである。

先の「注意」1)の第2・第3項では、そのことが次のように述べられてい
る。

「さらに資本の一部は貨幣から成立っている。ここでは可変資本のみが貨幣
資本として提示されている。これに対し利子と地代はその所有者の手にある貨
幣として[提示されている][9]」

「流通にある貨幣量は、実際には、部分的には可変資本の表現として、部分
的には利子および地代の貨幣表現として、ここでそれが現れるよりも、はるか
に小さいのである[10]」(*ibid.*)、と。

1)　МЭС版には、本文として原稿化された第Ⅰ表の標題の末尾に注解が付され、そこ
では次のように述べられている。「再生産過程の表とそれについての解説は、1863年
7月6日付のマルクスのエンゲルス宛の手紙のうちにもまた含まれている」(*МЭС*,
т.48, стр.560, примечапия115)、と。ここには第Ⅰ表と第Ⅳ表ないし第Ⅴ表とは同一の
理論的課題を担うものとしての理解が示されている。
　　なおMEGA版の編集者もまた同様の理解を示している。「第ⅩⅩⅡ冊からの再生
産過程の表の一つ——『再生産過程の表(貨幣流通なしで表示され且つ同等不変な規
模での再生産)』——を、その完成後、マルクスは直接にエンゲルス宛の手紙に同封

160　第Ⅰ部　手稿『経済学批判』における再生産表式成立過程の諸考察

し……」(*MEGA*, Ⅱ/3・5, Einleitung, S.27**)、と。

2)　МЭС 版では、2つの標題を本文として原稿化しているのであるから、最初の標題に付されている副題中の「貨幣流通なしで表示され」という規定が、アドラツキー版同様、事実上第Ⅲ・第Ⅳ表にもかかってくることになるであろう。

3)　マルクスは手稿第ⅩⅧ冊で「エピソード。資本主義的再生産における貨幣の還流運動」を検討した際、既にほぼ同様の考察の仕方をとっている (cf. *MEGA*, Ⅱ/3・5, S.1734~1735)。

　　しかもその「第4例」——そこでは具体的数量化は試みていないのだが——では、本書第Ⅰ部第2章第5節で指摘しておいたように、「社会的総資本の単純再生産に関する価値＝素材補填並びに貨幣流通＝還流の検討は一つの到達点に達していた」のである。

4)　「エピソード」の「第3例」における具体的数字例と第Ⅰ表の部門Ⅰの数字例とを比較されたい(本書第Ⅰ部第2章の第4節の注3)および第5節の注1) 参照)。

5)　したがって、同じ実線であっても、部門Ⅰの生産物 700 と部門Ⅲの可変資本剰余価値 700 とを結ぶ線と、部門Ⅱの生産物 933⅓ と部門Ⅲ不変資本 933⅓ とを結ぶ線とは、その他の実線(＝下向線)とは、意味が異なるものとしなければならない。アドラツキー版「付録」の「第2表」で部門Ⅰの不変資本と部門Ⅱの生産物とを結ぶ実線をも太く表記しているのは、その意味から誤りとしなければなるまい。

6)　因みに MEGA の編集者は、『資本論』の第Ⅱ部第Ⅲ篇の再生産表式との「相違」として、「経済表」では部門Ⅰと部門Ⅱとの順序が逆であることの他に、次の2点を挙げている。

　　即ち、「表は総生産物がどのように実現されるか、それを通して生産的および個人的消費がどのように行われるかを明瞭にせんがために、線を備えている。」また「線は、両部門がそれらの生産自体のうち何を手許に留めておき、そして両部門は相互に何を交換しなければならないか——それによって総生産物の円滑な実現と生産の継続が全分野で保障されるのだが——を、視覚的に説明している」(*MEGA*, Ⅱ/3・5, Einleitung, S.31**)、と。

　　このように、そこでは総生産物の「実現条件」だけが強調され、「表」における点線と実線との区別も、またそれらが第Ⅲ・第Ⅳ・第Ⅴ表では「貨幣流通の起点＝出発点」を表していることも、総じて貨幣流通＝還流については、全く言及されていない。なお本節の注1) も併せ参照されたい。

7)　因みに第Ⅴ表の説明では、「100(可変資本)は点線で示唆されているように、貨幣で賃金として支払われる。労働者はこの 100 で (下向線で示されているように)この部門の生産物……100 だけを買う。そこで貨幣は部門Ⅰの資本家階級に還流する」(*MEW*, Bd.30, S.363)と言われているように、上向する点線と下向する実線が、貨幣流通＝還流を示唆していることを示している。

8)　第Ⅴ表の説明でもこの点が強調されている。「一部分は部門Ⅰ内部で行われ、一部分は部門Ⅰと部門Ⅱとの間で行われる運動は、同時に、どのようにして両部門のそれらの産業資本家に、彼らが新たに賃金、利子、地代を支払う貨幣が還流するか、を示

第5章　マルクスの「経済表」について　　161

　している」(*MEW*, op. cit., S.364)、と。

9)　ここで「さらに」というのは、「不変資本は固定資本と流動資本とから成立っている」他に、というほどの意味である。上述の「再生産」という小項目の最初のところで、マルクスは「単なる生産過程の場合には特定の生産物が初めて生まれるに至るのであるが、生産物から出発する再生産の場合には…生産の諸前提は…生産の過ぎ去った結果として、そして生産の結果がその前提として現れる」(*MEGA*, II /3·6, S.2243)と指摘して、年再生産は年総生産物から出発して考察される必要を述べている。またこの小項目中の岐論的部分でも次のように重農学派を評価している。「重農学派の主要功績の一つは再生産過程への洞察である。それは非常に見事であって(ボードーを見よ)、生産の場合に投資 (avance) として現れるものが、再生産の場合には回収(収穫 repris)として現れているほどである」(*ibid.*, S.2251)、と。にもかかわらず、この再生産過程を媒介する貨幣については、なおその還流と必要貨幣量の解明に止まっている。しかもその点についても、例えば賃金から出発するのか、貨幣形態にある可変資本から出発するのかは必ずしも明らかではない。資本の循環範式——かかるものとしての——がなお未確立なのである (cf. *ibid.*, S.2253)。

10)　因みに「注意」の 2) と 3) は、「表」を紛糾させないように「商業資本と貨幣取扱資本」、そして「蓄積過程」の表示は行わない、という断わりである。

第4節　むすびにかえて

　これまで煩瑣をいとわず検討してきたように、マルクスの「経済表」とは、手稿XXII冊中の4表全体ではなく、第I・第II表は「諸前提」を「貨幣流通なしで」数量的に示す表であり、第III・第IV表とりわけ第IV表こそが、そう呼ばれ得るものなのである。それは、両部門の賃金と利子・地代を出発点とする一定量の貨幣に媒介されて年総生産物がどのように転態し、貨幣はどのように還流して新たな支払を準備するか、またその転態の結果は「総再生産」としてどのように現れるかを、ケネーの「経済表」(範式)に準えて作成された「表」なのである。

　手稿第X冊(1862年4月~6月初めに執筆)における「岐論。ケネーによる経済表」での、マルクスのケネー「経済表」に対する「まず第一」の評価は、そこでの「貨幣流通が、商品流通と商品の再生産によってのみ、事実上資本の流通過程によってのみ、規定されるものとして表わされている、その仕方」(*MEGA*, II /3·2, S.624 ;『諸学説』[大月文庫]③, 19 頁。Cf. *ibid.*, S.655~656 ; 同上、③、80~81頁)にあった。

162　第Ⅰ部　手稿『経済学批判』における再生産表式成立過程の諸考察

　そこで手稿第ⅩⅩⅡ冊で自らの「経済表」を画き上げ、貨幣流通＝還流を検討し終えたマルクスは、手稿ⅩⅩⅢ冊（1863 年 6~7 月執筆）で、事実上自分の「経済表」と比較する形で簡単にではあるがケネーの「経済表」に立ち帰り、次の 2 点を指摘している。そこケネーの「表」では、第 1 に、「貨幣流通は消費する階級から、…土地所有者から始まり」、この階級に地代を支払った「生産階級に 20 億の貨幣が還流する。」第 2 に、そこには誤った「諸前提」——（ⅰ）「不生産階級はすべて事実上賃労働者のみである」、（ⅱ）不生産階級においては「原前払（固定資本）」が全く計上されていない[1]、（ⅲ）「表そのものによれば再生産は 70 億である」のに、「50 億に等しい」とされている——が、置かれている（*ibid.*, S.2337; 同上、③、147~148 頁）、と。

　だからこのように理解されたケネーの「経済表」に置き換えた「表」、それこそが「再生産過程の経済表」（第Ⅳ表）なのであって、それを「貨幣流通なしで表示された」ものとすることは到底できないのである。

　　1)　ここでマルクスは「生産階級の場合には、原前払（固定資本）は年前払の額の 5 倍と前提されている」（*ibid.*, S.2337）と指摘しているのではあるが、しかし手稿第Ⅹ冊でケネーを検討した時と同様に、生産階級が不生産階級から購入する「製造業生産物 10 億分」は生産階級の「前払の半分を補填する」（*ibid.* : cf. *MEGA*, Ⅱ/3·2, S.645~646 ; 『諸学説』、③、60~61 頁）ものとしている。これは、農業生産物 50 億のうち年前払 20 億の「部分は、一般的流通には入らない」（*MEW*, Bd.20, S.231）、別言すれば生産階級が購入する「製造業生産物 10 億部分」は原前払の補填に充てられる、という後の理解とは異なるのである。

〔付表〕

　以下の頁に掲出する付表 10 表のうち、〈付表〉1, 2 はアドラツキー版『資本論』「付録」のもの、〈付表〉3~6 はMƎC版のもの、そして〈付表〉7~10 はMEGA 版のものである。

第5章 マルクスの「経済表」について

<付表　1>

第1表　　再生産過程の表
(貨幣流通なしで表示され且つ同等不変な規模での再生産)

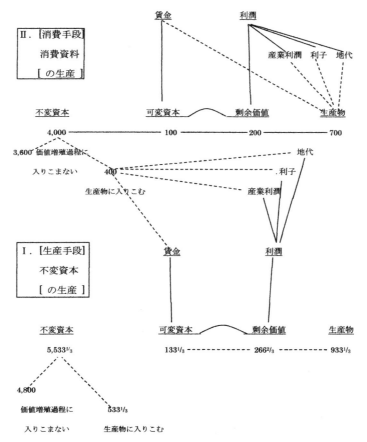

だから全体を総括すると

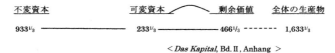

< *Das Kapital*, Bd. II, Anhang >

164 第Ⅰ部 手稿『経済学批判』における再生産表式成立過程の諸考察

<付表 2>

総再生産過程の経済表

(貨幣流通なしで表示され且つ固定資本構成部分なしの同等不変な規模での再生産)

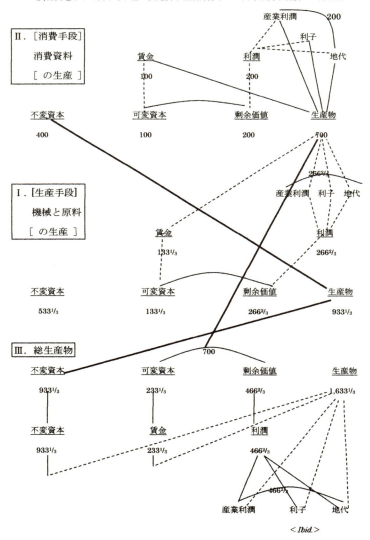

<*Ibid.*>

第5章 マルクスの「経済表」について　　165

<付表　3>

[第1略表]

Ⅰ〕消費資料の生産

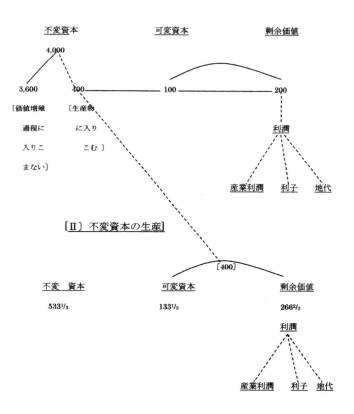

< МЭС, т.48, стр.160 >

166　第Ⅰ部　手稿『経済学批判』における再生産表式成立過程の諸考察

＜付表　4＞　　　　　　　　　　　　　　　　　　　　　　　［第2略表］

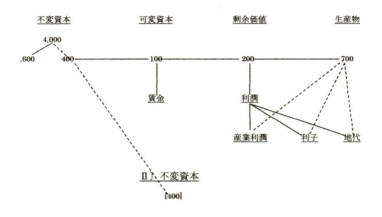

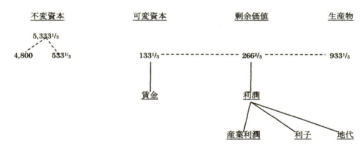

＜*Ibid.*, стр. 161＞

第5章 マルクスの「経済表」について　167

<付表　5>　　　　　　　　　　　　　　　　　　　　[第3略表]

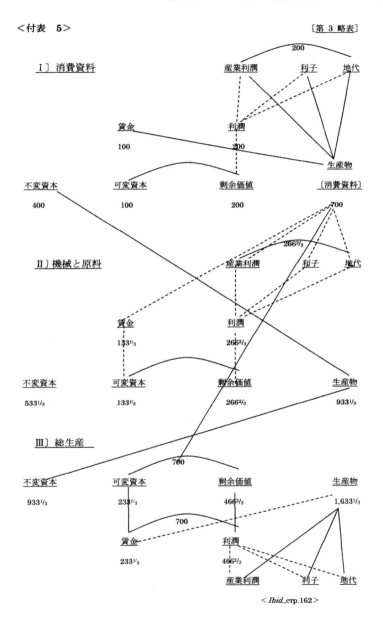

< *Ibid.*,стр.162>

168 第Ⅰ部 手稿『経済学批判』における再生産表式成立過程の諸考察

<付表 6>

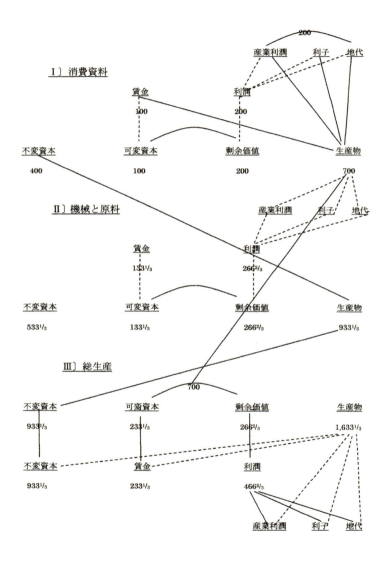

< *Ibid.*, стр.165 >

第5章 マルクスの「経済表」について 169

<付表 7>

再生産過程の表．(貨幣流通なしで表示
され且つ同等不変な規模での再生産)

I

消費資料の生産

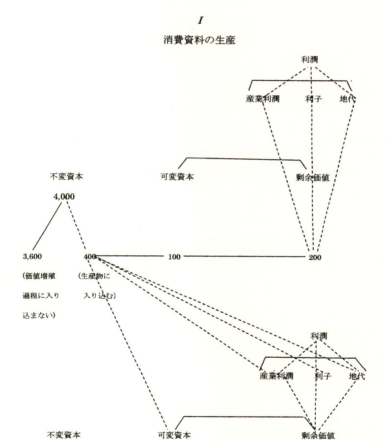

< *MEGA*, II/3・6, S.2274 >

170 第Ⅰ部 手稿『経済学批判』における再生産表式成立過程の諸考察

<付表　8>

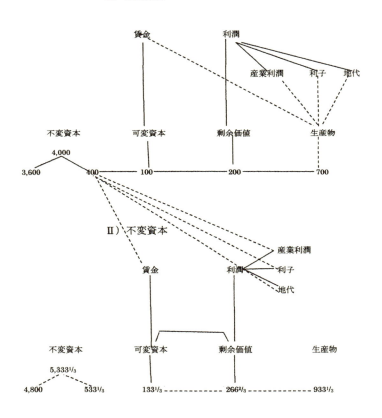

第5章 マルクスの「経済表」について 171

<付表 9>

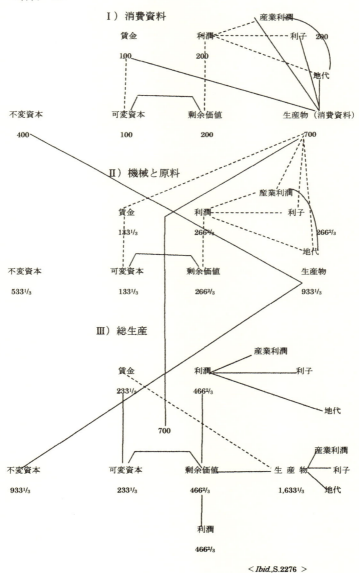

< *Ibid.*, S.2276 >

172 第Ⅰ部 手稿『経済学批判』における再生産表式成立過程の諸考察

<付表 10> 　　　総再生産過程の経済表

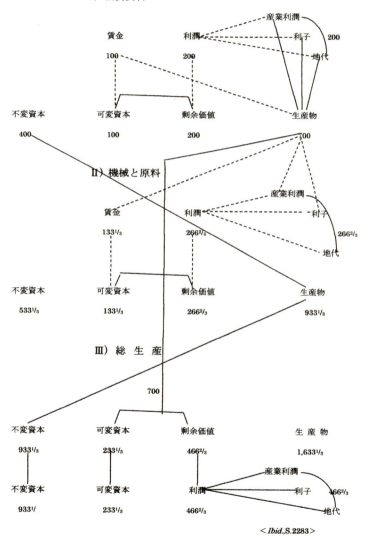

< *Ibid.*, S.2283 >

第Ⅱ部

『資本論』第Ⅱ部第Ⅷ稿における
拡大再生産表式の検討

第1章　拡大再生産表式の展開軸
—— 『資本論』第Ⅱ部第Ⅷ稿の検討（1）——

第1節　本章のねらい

『資本論』第Ⅱ部第Ⅲ篇第21章第3節「蓄積の表式的叙述」における「発端表式」およびいわゆる「顕著な発達」表式[1] の展開の仕方は、エンゲルスによってかなり手が加えられているということを最初に指摘したのは M. リュベルであった。彼はリュベル版『資本論』第Ⅱ部第Ⅲ篇第13章第3節「1．第1例」の「発端表式」第2年度の終りのところに、「第Ⅷ稿62頁。……マルクスの計算すべてがエンゲルスによって作り直されていた……[2]」との「注解」(notes et variants)を付しているし、また「2．第2例」の末尾にも、「第Ⅷ稿69頁。ここの頁全体がエンゲルスによって書き直されていた[3]」との「注解」を付している。

　しかし彼は、第Ⅷ稿——以下本章では単に手稿と呼ぶ——におけるマルクス自身の拡大再生産表式の展開の仕方がいかようなものであり、またエンゲルスによって「書き直さたれ」現行版『資本論』との相違がどこにあるのかについては言及されておらず、むしろリュベル版では現行版における表式展開の仕方が基本的に受け入れられている形[4] となっている。

　この相違を初めて検討可能なものとしたのが、大谷禎之介氏による手稿解読＝原文紹介である。そして氏は「現行版でエンゲルスが第3節『蓄積の表式的叙述』としている部分、とくにその『1　第1例』以降の部分」は「第8稿中でこれほどエンゲルスが全面的に書き直しをし、またかなり大きく削ってしまったところがほかにはない」というほどに書き改められていると指摘し、その理由を次のように説明している。「というのはマルクスの叙述の流れはマルクスの誤った数字を前提にし、それとしっかりと結び付いていたから」で、「エン

第1章　拡大再生産表式の展開軸　　175

ゲルスはマルクスの失敗した展開とその結論、そして再度の不成功の試みの部分を……全部削除し、自分の表式展開だけを置いて」いったのである[5]、と。

　実際手稿におけるマルクスの「表式的叙述」は、表式展開における計算上の誤りを訂正するだけでも「全面的」な「書き直し」を必要とするものである。そしてその上に、「この手稿もまた対象の暫定的取扱いにすぎず[6]」（エンゲルス）、従って以下で詳細に検討するように、作成されていく種々の拡大再生産表式によっても、また同じ表式でも年度によって、解決しようとする個々の課題が異なっており、それ故にまた、表式の展開における力点の置き方にも相違がある。

　しかしそれにもかかわらず、現行版『資本論』とは異なって、手稿における各表式の展開の仕方には、一つの共通した展開軸が存在する。そう読めるのである。

　以下本章では、その点を、「発端表式」第1年度と第2年度、ヴァリアント第(iii)表式、及びいわゆる「発達表式」第1年度（と第3年度）の立入った検討を通じて明らかにし、併せて、エンゲルスが手稿をどのように整除しているかを見ていきたい[7]。

1)　この表式を、以下では、「発達表式」と略記する。
2)　*Oeuvres de Karl Marx, Économie* Ⅱ, edition établie et annotée par M. Rubel, 1968, p.848, 1736.
3)　*Ibid.*, p.854, 1737.
4)　*Ibid.*, p.841~857.
5)　大谷禎之介、「『資本蓄積と拡大再生産』（『資本論』第2部第21章）の草稿について―――『資本論』第2部第8稿から――（上）」、『経済志林』第49巻第1号、1981年7月、20, 21, 25頁。なお以下では、大谷、上、xxx頁と略記することとする。
6)　*MEW*, Bd.24, Vorwort, S.12；訳、青木文庫版、⑤、11頁。
7)　なお『資本論』第Ⅱ部第21章の第Ⅷ稿の基本的な構成については、本書第Ⅱ部第3章の第2節を参照されたい。

第2節　「発端表式」の展開

さて手稿における「（Ⅱ）蓄積すなわち拡大された規模での[再]生産[1]」は、「（Ⅰ）」単純再生産の末尾の方――現行版第20章第10節――で空白のままにな

176　第Ⅱ部　『資本論』第Ⅱ部第Ⅷ稿における拡大再生産表式の検討

っていた頁を埋める形で書き始められ（Ms.Ⅷ, S.45~47）、その続きは S.51 に飛び、そこから S.71 まで——ただし S.56 と S.66 は欠頁——に、記されている[2]。そしてその S.61 の途中に、マルクスは、そこまでと以下とを区切る形で一本の横線[3] を引き、その下に次の「A)」,「B」２つの再生産表式を比較する形で掲出する。その表式「B」が「発端表式」である。

「A) 単純再生産表式

Ⅰ）4000 c +1000 v +1000m = 6000 ⎫
　　　　　　　　　　　　　　　　　 ⎬ 合計 =9000
Ⅱ）2000 c + 500　 + 500　 = 3000 ⎭

B) 拡大された規模での再生産のための発端表式

Ⅰ）4000 c +1000 v +1000m = 6000 ⎫
　　　　　　　　　　　　　　　　　 ⎬ 合計 =9000　 …… (1)
Ⅱ）1500 c + 750 v +1000m = 3000 ⎭　　　　[4]」

そして彼は、直ちにこの表式「B」の説明に入っていく。

1)　Ms. S.46 : *MEGA*, Ⅱ/11, 2008, S.790 ; 大谷、上、31 頁。因みに引用文中のアンダーラインの箇所は、原文ではイタリックスである。大谷氏に倣ってアンダーラインで表記することとする。なお以下本章では、『資本論』第Ⅱ部第Ⅷ稿を単に Ms. S.xx と、また *MEGA*, Ⅱ/11 を単に *MEGA*, S. xx と略記することとする。

2)　大谷、上、9,13~15 頁を参照されたい。なお大谷氏の考証からすると、マルクスは、「Ⅰ)」単純再生産についての叙述を手稿の S.45 から S.48 へと頁を飛ばして書いてしまい、その空白の頁を利用するために、「Ⅱ)」を、S.46 からかき始めたようである。

3)　エンゲルスはこの横線に代えて、「1. 第１例」という小項目の表題を挿入しているが、手稿における「表式的叙述」は、むしろこの横線の次から始まるのではなかろうか。

4)　Cf. Ms. S.61 : *MEGA*, S.810 ; 大谷、「『蓄積と拡大再生産』（『資本論』第2部第21章）の草稿について——『資本論』第 2 部第 8 稿から——（下）」,『経済志林』、第 49 巻第 2 号、1981年10月、22 頁。（以下では、大谷氏のこの論稿の頁を、大谷、下、…頁と略記する。）

　　なお以下では説明の便宜上、引用する表式には適宜、筆者（小林）がその式の右に (1)・(2)ないし①・②、等々といった番号を付していく。また表式の中の記号 c・v・m の位置は、煩瑣を避けて手稿通りには記していないが、「A」式・「B」式の括弧印は MEGA 版に従っている。詳しくは直接手稿を参照されたい。

a) 第１年度について

　マルクスは、(1)式の部門Ⅰの「剰余価値の半分 =500［Ⅰ500ma］が蓄積され

第1章　拡大再生産表式の展開軸　　177

る」ものと仮定し、先ず「(II)1500c によって補填されるべき」I (1000v+500m
[k])を確定する。そこでいま、このI (1000v+500m[k])とII1500c との転態が
行われるものとすれば、部門Iには 4000c+500ma が「残り」、このI 500ma
の考察に移らなければならないのであるが、その前に彼は括弧〔　〕に入れて
次の挿入をする。I (1000v+500m[k])とII1500c との転態について、これは「
単純再生産の過程であり、既にそこで論じられている[1]」、と。即ちこの転態
の過程については、ここで特に新しく説明を付け加える必要がないから、それ
についての説明は省略する[2] というのである。

　さて蓄積部分I 500ma についてであるが、手稿でも「400 は不変資本に、
100 は可変資本に転化する」ものとされる。そして「400m の<I>の内部で
の…転態…は既に論及されている[3]」ように、それは「そのまま(I)c に合体
されうる」から、部門Iにとっては「われわれは(I)4400c + 1000v + 100m を
受取ることになる[4]」とマルクスは言う。

　しかし部門Iに「残」っていたのは 4000c+500ma ──合計で 4500──であ
ったはずである。それがどうして(I)4400c+1000v+100m ──合計で 5500──
となるのであろうか。マルクスの説明は次の通りである。「(I)100m」は部門
II用の生産手段から成立っており、そこで部門IIは「蓄積のために(I)100m
を買い、いまやIIの追加不変資本を形成するが、他方IIが支払う貨幣 100 はI
の追加可変資本の貨幣形態に転化され、… われわれは …I)にとっては
4400c+1100v (貨幣で) = 5500 をもつ[5]」、というのである。

　つまり部門Iには、商品で 4000c+500m が「残」っており、その 500ma の
うち 400mac は 4000c と合体されて 4400c になり、また 100mav は「追加可変
資本の貨幣形態に転化され」、そしてそれは、II1500c の一部によって「補填」
されて貨幣形態となるI1000v (貨幣)と合体されて「1100v(貨幣で)」になる、
というのである。だから部門Iの可変資本の追加部分だけが貨幣形態にあるの
でも、またこの部分だけが次年度に還流するのでもないのである。

　そこで、この経過的な関係を表すところの「I) 4400c+1100v(貨幣で) = 5500」
という式を(2-1)式と呼ぶとすれば、それに照応する(2-2)式は次のようになる。
即ち、部門IIは「いまや不変資本として 1600c をもっている」のであるから、
「II)は 50v を貨幣で労働力の購入のために追加しなければならず」、「そこでB

[――(1)式――]のⅡ）は次のようになる。…

　Ⅱ）<u>1600c+800v</u>+50m（50の追加可変資本のための商品在庫として）+100m（追加の
Ⅰ100v のための商品在庫として）+<u>600m</u>（これはⅡ自身の消費元本となる）…(2₋2) [6)]。」

　部門Ⅱは、部門Ⅰの追加可変資本Ⅰ100mav に規定されてⅡ100mac を蓄積
し、そのために追加貨幣資本Ⅱ50mav を必要とする。そこでⅡ750m は、Ⅱ
600mk とⅡ150ma とに分けられるが、この後者はなお経過的に「50m（…商品
在庫として）+100 m（…商品在庫として）」存在し、その他に、部門Ⅱには、部門
Ⅰの「1100v（貨幣で）」と同様にⅡ（750v+50mav）即ちⅡ800v が貨幣で [7)] 存在す
る、というのがこの(2₋2)式なのである。

　マルクスはそのことを、この(2₋2)式に続けて次のように説明する。「事実B
のⅡ）で、その全生産物が蓄積のために必要な形態で準備されるには、<u>剰余価</u>
<u>値のうち 150 だけより大きい部分が</u>、<u>必要消費手段の形態で再生産されなけれ</u>
<u>ばならない</u>。[8)]」そして「拡大された規模での再生産が現実に始まるとすれば、
そうすれば 100 の可変貨幣資本はⅠから、この労働者階級の手を通じて、Ⅱに
還流し、これに対してⅡは100m（商品在庫での）をⅠ＜の労働者階級に＞引渡し、
そして同時に商品在庫での 50 をⅡ自身の労働者階級に引渡す [9)]」こととなる
のである、と。

　これまで(2₋1)式と(2₋2)式で、「貨幣で」と「商品在庫として」と二重に表
示されていたⅠ100mav とⅡ50mav の部分は、拡大再生産が始まるとこのように
経過し、部門Ⅱを出発点とした貨幣100 はⅠで追加可変貨幣資本として機能し
た後に、Ⅱに還流するので [10)]、そこで部門「Ⅱの消費元本となっていく 600m
を引きさると、蓄積のために<u>変更された配列</u>（veränderte Arrangement）は：

B）　Ⅰ）4400c+1100v 貨幣 = 5500
　　　Ⅱ）1600c+ 800v 貨幣 = 2400 $\left. \begin{array}{} \end{array} \right\}$ =<u>7900</u>　……（3）

　　　　6000c +1900v + ≪150（Ⅱ）≫必要消費資料での商品在庫

であるが、他方 <u>B)</u>［――(1)式――］の生産は：

　　　Ⅰ）<u>4000c+1000v</u>
　　　Ⅱ）<u>1500c+ 750v</u> = <u>5500c + 1750v</u>　合計 =<u>7250</u>　……（4）

をもって始まったのであった [11)]」、とマルクスは言う。

　つまり(4)式の「配列」をもった資本で「始まった」生産（P₀）の成果が、B

式［──(1)式──］に示される年総生産物 9000（W'_1）であり、この年総生産物
9000 は、追加可変資本についての貨幣流通＝還流を考慮に入れ、そして両部
門の資本家が個人的消費にあてる I 500mk と II 600mk を「引きさる」ならば、
蓄積のためには(3)式のように「準備され」ている、というのである。しかも
この経過的な(3)式では、可変資本が「貨幣」表示であるから、いわば部門 III
とも呼ばれるべき総計欄には、それに照応して「必要生活資料での商品在庫」
も表示される。したがってこの「商品在庫」は「≪（II）150≫」ではなく 1900
でなければならない。それを、マルクスが「（II）150」と後で「挿入」したの
は、恐らく直接には(2-2)式との関連からであろうが、さらにこの(2-2)式には、
単純再生産の過程として既に考察済みの点についてはここでは特に言及しな
い、という前提があったからであろう[12]。

　このようにマルクスは追加可変資本についての貨幣流通＝還流を考慮に入れ
た経過的な分析式を展開した後で、今度はそれを考慮の外において、先の(1)
式の分析式を示す。それが次の(5)式である。「われわれの出発点であった
9000 の生産物は、［拡大］再生産のために、［機能］規定からみて、また貨幣取引
を考慮の外におくと：

A)　　I) $4000c + 1000v + 1000m$ $\left.\begin{matrix}\end{matrix}\right\} = 6000$ $\left.\begin{matrix}\end{matrix}\right\} = 9000$
　　　 II) $1500c + \ \ 750 \ \ + \ \ 750$ $\left.\begin{matrix}\end{matrix}\right\} = 3000$

であったが、［＜いまや＞］

B)　　I) $4400c + 1100v \ (+ 500消費元本)$ $\left.\begin{matrix}\end{matrix}\right\} = 6000$ $\left.\begin{matrix}\end{matrix}\right\} = 9000$ ……(5)
　　　 II) $1600c + \ \ 800v \ (+ 600消費元本)$ $\left.\begin{matrix}\end{matrix}\right\} = 3000$

である[13]」、と。

　出発点におかれた(1)式の年総生産物 9000（W'_1）は、「後に続く拡大された規
模での再生産の物質的基礎を形づく」っていなければならない。そしてそれ
は、蓄積のための「機能規定」・「機能配置[14]」からすれば、年総生産物が
9000 である(5)式の内容のものとして「準備」されているのである。だからこ
そ「いまやこの基礎上で現実の蓄積が実際に進行すれば、われわれは次の

　　 I) $4400c + 1100v + 1100m$
　　　　　　　　　　　　　　　　　 ……(6)
　　 II) $1600c + \ \ 800v + \ \ 800m$

を受取る」[15] こととなるのである。

つまり「現実の蓄積が実際に進行」するのは、(1)式を蓄積のために「組替え（Rearrangement）[16]」たこの(5)式の「基礎上」においてであり、そして拡大再生産の結果として(6)式の年総生産物9800（W'_2）がもたらされる、というのである。(4)式の「配列」をもった資本で始まった生産（P_0）の結果が(1)式であり、それが商品資本の循環範式の出発点における W'_1 であるとすれば、(3)式の「配列」をもった資本で始まる生産（P_1）の結果が(6)式であり、それが商品資本の循環範式の終結点をなす W'_2 でなければならない。したがって(2-1)・(2-2)・(3)式は、(1)式から(5)式を導き出すための経過的な分析式であると同時に、そこに示された運動は、第1年度（$W'_1 \cdots W'_2$）において経過し、その生産（P_1）の成果が(6)式に示されることとなる。だからまた(6)式は第2年度の期首におかれる年総生産物を表すのである。

1) Ms. S.61 : *MEGA*, S.810 ; 大谷、下、22頁。
2) ここでは、I (v+mk) とIIc との転態の説明は省略するというのであって、この転態そのものが、これから考察する I ma 部分の運動から切り離され、それに先行して現実に進行するというのではない。なお、手稿には剰余価値部分を、蓄積に充てられる部分（ma）と資本家の個人的消費に充てられる部分（mk）との記号による表記はなく、また ma 部分の mac と mav とへの分割の記号表示も見出せない。念のために。
3) 「既に論及されている」のは部門Iの追加不変資本（I mac）の、「I 内部での転態」の仕方それ自体であって、I ma が I mac と I mav とに、4：1の比率で分割されるものとして説明が行われるのは、手稿でも『資本論』でも、ここが初めてである。
4) Ms. S.61 : *MEGA*, S.810 ; 大谷、下、23頁。なお引用文中の＜ ＞括弧内は、大谷氏による補足である。以下同様。
5) Ms. S.61 : *MEGA*, S.810~811 ; 大谷、下、23頁。
6) Ms. S.61 : *MEGA*, S.811 ; 大谷、下、24頁。
7) このII 800v が「貨幣で」示されているということは、次の(2)式から明らかである。
8) Ms. S.61 : *MEGA*, S.811 ; 大谷、下、23~24頁。『資本論』では、Meissner 版以来MEW 版に至るまで、「150」が「100」となっているが、(2-2)式との関係から見ても、150でなければならない。因みに長谷部訳では、特に「訳者注」も付さずに150に改められている。
9) *Ibid.* この説明文は、「貨幣」でと「商品在庫」でとの二重表示の経過的な分析式――(2-1)式および(2-2)式――を受けるものであるのに、(2-2)式が現行版のように改められる（後述）ことから、河上肇氏以来の解釈上の余地が生ずることとなる。なおマルクスは「1100 v（貨幣）」と「800v」（貨幣）とのうち、ここではとくに I 100mav とII 50mav の部分についてのみ説明を加えているのであって、この部分だけが現実に切

第1章　拡大再生産表式の展開軸　　**181**

離されて運動すると主張しているのではないのである。

10)　この部門Ⅰの追加可変貨幣資本と、この貨幣の流通＝還流については、マルクスは手稿でも、これまで未解決であった。そして部門Ⅱへの、この貨幣の還流の説明を可能としたものが、Ⅰ500ma のⅠ400mac とⅠ100mav とへの分割であったのである。なお前注3)を参照されたい。

11)　Ms. S.61：*MEGA*, S.811；大谷、下、24~25 頁。なお≪　≫括弧内は、マルクスが後から手稿に「挿入」した部分である。以下同様。この点については、大谷、上、29~30 頁を参照されたい。なお(3)式の括弧┤印は、MEGA 版に依拠している。

12)　この点、前注9)および後出の「発達表式」第1年度の(5)・(6)式を参照されたい。

13)　Ms. S.62：*MEGA*, S.811~812；大谷、下、25 頁。なおここでは、「A)」式および「B」式の数値、並びに括弧┤印は、ともに、MEGA 版に従っている。

14)　Ms. S.59：*MEGA*, S.806；大谷、下、9, 10 頁。Cf. *MEW*, Bd.24, S.501, 502；訳、⑦、666、667 頁。

15)　Ms. S.62：*MEGA*, S.812；大谷、下、26 頁。

16)　Ms. S.59：*MEGA*, S.806；大谷、下、11~12 頁。Cf. *MEW*, Bd.24, S.502；訳、⑦、667 頁。

〔補注〕

エンゲルスは、上述の(2_{-1})式はそのままにして、(2_{-2})式の「貨幣」と「商品在庫」との二重表示を取り除き、それを、まず

$$Ⅱ.\ 1600c+800v+600m（消費元本）= 3000 \qquad ……(2_{-2})'$$

に改める。

しかしこの改定は「貨幣取引」を捨象することを意味するが、エンゲルスは、(2_{-2})式に続く追加可変資本に関する貨幣流通＝還流についての手稿の説明文を、ほぼそのまま$(2_{-2})'$式に添えていく＊。

そして分析式である(5)式を(3)式の前に移して、(3)式のいわば第ⅲ部門を削除して、(3)'式とする。即ち、

$$「\ Ⅰ\quad 4400c + 1100v（貨幣）= 5500 \brace Ⅱ\quad 1600c + \ 800v（貨幣）= 2400 \} =7900 \quad……\ (3)'　」$$

その上でエンゲルスは、「現実の蓄積がこの基礎上で行われるとすれば……翌年度末には(am Ende des nächsten Jahres)次のようになる」として、(6)式を掲げる＊＊。

したがって手稿における(2_{-1})式・(2_{-2})式から(3)式への展開が分断されてしまうので、この第1年度の表式展開でマルクスが解決点を見出そうとした個別の課題が不明瞭となる上に、「現実の蓄積」が(5)式ではなく、上の(3)'式の「基礎上で」進行することとなる。しかもそれが「翌年度」に行われるものと理解しなければならなくなるのである。

182　　第Ⅱ部　『資本論』第Ⅱ部第Ⅷ稿における拡大再生産表式の検討

　　＊このことが、この「説明文」、即ち手稿では(2-2)式に続く文節の理解を困難にし、追
　　　加可変資本の運動についての解釈論議を呼び起こした一因をなすものと考えられる。
　　　先の注9)を参照されたい。
　　＊＊ *MEW*, Bd.24, S.506~507 ; 訳、⑦, 672~674頁。

b)　第2年度について

　第1年度における表式の展開軸を、このように(5)式の導出に見出していく
ことは、手稿における第2年度の表式の展開の仕方から見て妥当であろうか？
次にその点を検討することが必要である。

　年総生産物9800(W'_2)の(6)式に続けて、マルクスは、部門Ⅰの第1年度と
「同じ比率で引き続き蓄積される」ものと仮定する。したがって今度は(Ⅰ)
550m が所得として支出され、(Ⅰ)550m が蓄積される。そこで「(Ⅰ)1100v
は(Ⅱ)1100c によって補填され、同じく(Ⅰ)550(m)とⅡ550<c>との交換によ
って……実現すべきであり、だから合計Ⅰ1650(v+m)」が実現されなければな
らない。「しかし補填されるべき不変資本は(Ⅱ)1600[c]にすぎない」——Ⅰ
(v+m)＝Ⅱcではなく、Ⅰ(v+mk)＞Ⅱcの関係の出現——。そこで部門Ⅱはこの
「50の不足を(Ⅱ)800m から補わなければならない」が、「このこと(貨幣をここ
ではさしあたって意識的に度外視する)が[行われると]、そうするとこの取引の結
果として、われわれは残るものとして、

　　Ⅰ）4400c+550m(しかし消費元本はⅡ1650)
　　　　　　　　　　　　　　　　　　　　　　　　　　　　　……(7-1)
　　Ⅱ）1650c(即ち50が右の取引によって追加されて)+ 800v(貨幣で、
　　　　　　というのは、商品は労働者の消費元本に行っているので)+ 750m
をもつ。しかし(Ⅱの)c：vという旧い割合が残っているので、50多い不変資
本にとっては、同じく25v多くが必要で、750m から取らなければならない。
だから
　　　　　　　　　　　v
　　Ⅱ）1650c + 800v(貨幣で)+25v(商品で)+ 700m　　　……(7-2)
となる[1)]」のである、と。

　このように第2年度においては、第1年度の場合とは異なって、Ⅰ(v+mk)
とⅡcとの転態を、単純再生産の過程として既に考察済みとすることはできな
い。したがってその過程をまず考察しようというのが、(7-1)・(7-2)式なので
ある。ただし、このⅠ(v+mk)＞Ⅱcに規定される部門Ⅱの蓄積部分について

は「貨幣を…意識的に度外視」して[2] 考察するというのである。

そこで次に I 550ma の運動に進んでいかなければならない。c：v が「以前の比率のままであれば、そのうち <u>412½ が不変資本に</u>、<u>そして 137½ が可変資本に</u>」転化し、「この 137½ は必要とあれば、（Ⅱ）700m からくみ取るべきであり、そのうち（Ⅱ）562½m が後に残る。」そして部門「Ⅱは<u>さらなる</u>(weiter)<u>137½ の不変資本のために</u><u>可変資本＝68¾ を追加</u>することを要」し、「これを（Ⅱ）562½m から差し引くと 493¾ が後に残る。」そこで「われわれは<u>現実的および潜勢的転換</u>(Transpositionen)の後では

$$\text{I）} 4812½c+1237½v \text{ および（消費元本1650）}$$
$$\text{Ⅱ）} 1787½(c)+868¾(v)+（Ⅱの消費元本で493¾m） \qquad \cdots\cdots(8)$$

を受取る[3]」と、マルクスは言う。

ここでは I ma の c：v の比率が、誤って 3：1 として計算されている[4] 上に、(7₋₁)式の部門 I の「消費元本」1650 がそのまま(8)式にひきつがれてくることによって、 I 1100v が、1237½v と「消費元本での 1650 」の一部とに、二度計上されることとなっている[5]。しかしそういった計算上の誤りを措いて問わないとすると、この(8)式は、第 1 年度の(5)式に対応するものということができる。なぜなら(8)式は、第 2 年度の期首におかれていた年総生産物 9800（W'₂）—(6)式—が、蓄積のための「機能規定」に従って「組換え」られた分析式に他ならない[6]からである。

だからマルクスはこの(8)式に続けて、「いま一度同じ線で先へ進むとすれば、拡大された規模での現実的再生産が生じるや否や、われわれは

$$\text{I）} 4812½c+1237½v+123½m = 7287½$$
$$\text{Ⅱ）} 1787½c+ 868¾v+868¾m = 3525$$

合計 = 10812 …… (9)

をもつ[7]」、というのである。

この(9)式にも多くの計算上の誤りが含まれている[8]とはいえ、第 2 年度の表式展開における(9)式の位置は、第 1 年度の場合の(6)式のそれに対応し、したがって(9)式は、第 2 年度（W'₂…W'₃）における蓄積＝拡大再生産の結果である年総生産物（W'₃）——これが第 3 年度の期首におかれる——を表わしているのである。

このように、手稿の第 2 年度における表式の展開には、第 1 年度の(2₋₁)・(2₋₂)

式および(3)式に対応する経過的な分析式は見出し得ない。それというのも、第2年度の表式展開でマルクスが新たに考察しなければならなかったのは、(7_{-1})・(7_{-2})式の展開だけであり、そこから(8)式——分析式——への展開の仕方は、第1年度の(2_{-1})・(2_{-2})・(3)式の展開によって、既に考察済みとなっているからなのである。

1)　Ms. S.61：*MEGA*, S.812；大谷、下、27頁。なお、この(7_{-2})式の700mは、マルクスの計算上の誤りで、725mでなければならない。大谷、同上、27頁注3)を参照されたい。

2)　ここでさしあたり「度外視」された「貨幣」取引について、マルクスは「発達表式」第1年度で立返っている。(後述)

3)　Ms. S.62：*MEGA*, S.812；大谷、下、29頁。

4)　大谷、下、28頁の注1)〜注10)を参照されたい。

5)　したがって(8)式の部門Ⅰの「消費元本」は550に訂正されなければならない。

6)　この(8)式の年総生産物は、部門Ⅰが7700、部門Ⅱが3150で、合計10850となり、一見したところでは(6)式の分析式とは認めがたい。しかし部門Ⅰにおける1100vの二重計算を改めると、この部門の総生産物は6600となる。その上で、部門Ⅰの追加の不変資本と可変資本をそのまま——即ちマルクスが誤ってc：v＝3：1として計算したまま——、部門Ⅱを計算し直すと、

　　　Ⅱ）$1787\frac{1}{2}$c+$893\frac{3}{4}$v+(消費元本で$518\frac{3}{4}$)＝3200

となり、年総生産物の合計は9800となる。

　　このように(8)式は、(6)式の「蓄積のために変更された配列」を示す分析式なのである。

7)　Ms. S.62：*MEGA*, S.813；大谷、下、29〜30頁。なお(9)式の括弧┤印はMEGA版に依拠したものである。

8)　それについては、大谷、下、29頁の注1)〜注4)を参照されたい。

〔補注〕
　　上述のように、(6)式から(7_{-1})・(7_{-2})式を展開するにあたって、マルクスはⅠ(v＋mk)－Ⅱcの「差額」、即ちⅡ50macと、そのためのⅡ25mavとが、Ⅱ800mから「補われ」る過程を考察する場合には、「貨幣を…度外視」するが、しかし(7_{-1})式では部門Ⅰの1100vが貨幣で計上されてこそいないが、「消費元本」Ⅱ1650のうちに必要生活資料Ⅰ1100vを含ませており、またⅡ800vは(7_{-1})式でも(7_{-2})式でも「貨幣で」と明示している。その限り、先の(2_{-1})・(2_{-2})・(3)式と同様に、ここでも「貨幣」と「商品在庫」との二重表示の様式を踏襲している。

　　エンゲルスは、まずこのような(7_{-1})・(7_{-2})式を、次の$(7_{-1})'$式

第1章　拡大再生産表式の展開軸　185

「Ｉ. 4400c+550m（資本化されたもの）；その他に資本家および労働者の
　　　　消費元本として 1650（v+m）が商品Ⅱcに実現される。

　Ⅱ. 1650c（即ち前述によりⅡmから50が追加される）+800v　　……(7-1)'

　　　　　　　　　　　　　　　　+750m（資本家の消費元本）」

および (7-2)' 式 、即ち

「Ⅱ. 1650c+825v+725m　　　　　　　」　　……(7-2)'

の形に整理する。そしてその際彼も「さしあたり貨幣を度外視する」というので
はあるが、しかし手稿のように、Ⅱ50mac とⅡ25mav の運動についてのみ「貨幣
を意識的に度外視」しているのではない。

　次いで彼はⅠ550ma の分割比率を正しく c：v＝4：1に訂正し、したがって
Ⅰ110mav に規定される部門Ⅱの数値も計算し直す。

　ところがエンゲルスはそれに止まらず、年総生産物（W'2）が9800である(6)式の
分析式—(8)式—を、「あらゆる現実的および潜勢的な移転終了後」の［資本価値］
を示す次の(8)'式

「Ｉ. (4400c)+440c）+(1100v+110v)　　= 4840c+1210v=6050
　Ⅱ. (1600c+50c+110c)+(800v+25v+55v)= 1760c+ 880v=2640　　……(8)'
　　　　　　　　　　　　　　　　　　　　　8690　　　」

に改変する。そして次年度末には(am Schluß des folgenden Jahres)次のようにな
る」と述べて、(9)'式を掲げるのである*。

「Ｉ. 4840c+1210v+1210m=7260 ⎫ =10780 ……(9)'
　Ⅱ. 1760c+ 880v + 880m=3520 ⎭　　　　」

　*MEW, Bd.24, S.507~508；訳、⑦、675~676頁。なお第1年度の場合と同様、この「次年
　　度末規定」はエンゲルスが加筆したものである。

　第1年度の場合に、(3)式と(5)式との展開の順序を逆転させたエンゲルスは、
ここでは

　分析式である(8)式を抹消して、それを(3)'式に照応する(8)'式に改変して、そ
の(8)'式の「基礎上で」次年度の拡大再生産が進行するものとする。

　しかし(9)'式は、(9)式の数字の誤りを訂正したものに他ならず、従ってそれは
第2年度——W'2…W'3——の拡大再生産の成果（W'3）を表わすものである。

186 第Ⅱ部 『資本論』第Ⅱ部第Ⅷ稿における拡大再生産表式の検討

第3節 ヴァリアント表式と「発達表式」

　ところで手稿には、「発端表式」と「発達表式」との間に、エンゲルスによってすべて削除されたヴァリアント諸表式が記されている。それらはエンゲルスが「第2例」とした「発達表式」を作成するための準備作業として記されたものとみることができ、その意味で不充分でかつ未展開な諸表式にすぎない。しかし手稿におけるマルクスの表式展開の基本的な仕方——「発端表式」第1年度では(1)式—(5)式—(6)式、第2年度では(6)式—(7)式—(8)式—— を探る上からも、ヴァリアント表式における展開の仕方についても、ここで検討しておくこととする。

a) ヴァリアント第(ⅱ)表式について

　マルクスは「発端表式」第2年度に現れたⅠ(v+mk)とⅡcとの「差額」——これを「超過(Overlapping)[1]」と呼んでいる——が、次第に増大していくことに注目[2]し、第3年度以降はむしろそこに焦点を絞る形で第6年度の途中まで、表式の計算を貨幣流通=還流を考慮せずに続けていく。そして年総生産物全体で、不変資本、可変資本および資本家の個人的消費元本の各部分が、どのように増加するかについて、次のように要約する。

　「最初は1500であった<u>可変資本</u>が<u>2倍以上</u>に増大し、…<u>6000</u>であった<u>不変資本は半分以上</u>増大した。…なお初め、<u>可変資本対不変資本</u>は<u>1500：6000</u>、即ち…<u>1：4</u>であったが、いまや<u>3800：9729</u>即ち$1：2^{2129}/_{3800}$となっている。」しかし「これは<u>資本制生産の進行</u>とは矛盾している。」「剰余価値は、最初Ⅰでは500、Ⅱでは600、<u>合計1100</u>が消費された。…いまⅠ）では<u>784</u>、Ⅱ）では<u>1232</u>、合計<u>2016</u>が消費される…。殆ど2倍になっている[3]」、と。

　もっともこのように、部門Ⅱでの蓄積が「加速」され、可変資本(v)や個人的に消費される剰余価値(mk)の増加率が不変資本(c)のそれを上回り、「資本制生産の進行とは矛盾する」「表式的叙述」となってしまったのは、第1に、多くの計算上の誤りが積み重ねられてしまったからであり、第2には、第6年度の不変資本および可変資本などを、表式「B」——「発端表式」——の第2年

第1章　拡大再生産表式の展開軸　187

度とではなく、単純再生産表式「A」と比較したからなのである[4]。したがってエンゲルスがその数字を補訂した現行版『資本論』の表式で、そして第2年度を基準として、第6年度を比較するならば、Ⅰ(v+m)＞Ⅱcにもかかわらず、不変資本も可変資本も同じ増加率[5]を示すのである。

　しかしマルクスは、問題が出発点におかれた表式の数字の選び方——特にc：v：mの比率の取り方——にあったのかどうかを検討するために、「いま一度だけ商品資本9000の最初の区分(ursprüngliche Teilung)として

　　Ⅰ) 4500c+1000v+1000m

　　Ⅱ) 1800 ＋ 350 ＋ 350

をとってみよう[6]」、とする。そしてこの表式を、ヴァリアント第(ⅰ)表式と呼ぶこととするが、それは、マルクス自身が次の表式——ヴァリアント第(ⅰ)表式の原表式と呼ぶこととする——のように、

　　Ⅰ) 5000c +1000v+1000m

　　Ⅱ) 1500 ＋ 250 ＋ 250

と訂正することを指示したものであった[7]。

　ところが彼は、ここではこの「原表式」によって、部門Ⅰより部門Ⅱのc：vの方が高く、また「総可変資本(Ⅰ1000v+Ⅱ250v)は総不変資本(=6500[c])に対して…1：5$\frac{1}{5}$」となっており、また「総可変資本1250は総資本7750に対して125：775=…=1：5$\frac{2}{5}$」だと、ただそれだけを指摘するのみで、第(ⅰ)表式につてそれ以上の展開は試みず、横線を引いて打ち切ってしまう[8]。

　しかし後で「発達表式」を展開するにあたって、この第(ⅰ)表式の原表式を比較の形で掲げ、そのような表式を「もし仮にわれわれがもつとすれば(hätten)、そうすれば1000v+500m=1500が直接Ⅱ1500cと転態されることになるであろうに(würden)[9]」と述べているところからすると、当面の関心事であるⅠ(v+mk)＞Ⅱcの問題の解明には、この第(ⅰ)表式は適していないものと判断したのであろう[10]。

　いずれにしても、区切りの横線の後、「例えば、…剰余価値率は変えるが、しかしその他の場合はすべてⅠ)でもⅡ)でも等しい場合をとろう」として、次のヴァリアント第(ⅱ)表式——と呼ぶこととする——に移っていく[11]。

「Ⅰ) <u>4135c+827v+1238m</u>
　Ⅱ) <u>1800c+360v+ 640m</u>　」　……………①

　この第(ⅱ)表式では、c：vの比率は両部門ともに5：1であるが、剰余価値率は部門Ⅰでは「1：1½より若干小」さく――1：1.496――、部門Ⅱでは「9v：16m」――1：1.777――である[12]。おそらくv：mの比率を両部門ともに1：1½としようとしたのであろうが、そうすると部門Ⅱでは540mとなり、年総生産物が9000に満たなくなるために、640mとしたのであろう[13]。

　さてこの第(ⅱ)表式の場合には、Ⅰ1238mの½が蓄積されるものとすると、「発端表式」第2年度以降とは異なって、Ⅰ(827v+619mk)＜Ⅱ1800c という新たな関係が生じる[14]。そこでマルクスは①式を次のように展開していく。「まず第一に(Ⅰ)827v+973m＝Ⅱ1800[c]。それによってわれわれは

　Ⅰ) <u>4135c+827v（貨幣で）+265m+（消費元本で1800v+m）</u>　……………②
　Ⅱ) <u>1800c（不変資本の現物形態で）+360v+640m</u>
をもつ[15]」、と。

　この②式で、部門Ⅰのma部分がⅠ½m 即ちⅠ619maではなく、Ⅰ265maとなっているのは、Ⅰ1238mからⅠ973mkを差し引いたからではあるが、Ⅱ1800c－Ⅰ(827v+619mk)の「差額」に見合う額Ⅰ354mkをⅠ619mから差し引いても同じこととなるであろう。しかしいずれにせよこれでは、部門Ⅰの蓄積率は50％ではなく、約21.4％となってしまう[16]。そしてこの「差額」の処理の仕方を措くと[17]、この②式では、部門Ⅰの827vが「貨幣」と「消費元本」との二重表示になっており、その意味で②式は「発端表式」第2年度の(7_{-1})・(7_{-2})式に照応する経過的な分析式であるとみることができる。

　ところでこれに続く計算はかなり混乱しているが、Ⅰ265maをⅠ212macとⅠ53mavに分割し、またこのⅠmavによって規定されてくるⅡmac、およびそれに照応するⅡmavを算出すると、「われわれは今や

「　　　　　c　　　　v
　Ⅰ) <u>4135+212+827+53</u>（+消費元本1800）
　Ⅱ) <u>1953 +370 ³⁄₉v</u>（+556 ²⁄₉m消費元本）　………………③
をもつ。

　だから、

Ⅰ）<u>4347c+880v</u>　　　　　　　　　　　　　……………④

Ⅱ）<u>1953c+370³⁄₅（v）</u>

と［であり］、［拡大］再生産の場合には

Ⅰ）<u>4347c+880v　+1320m</u>　　　　　　　……………⑤

Ⅱ）<u>1953c+370³⁄₅v+656¹⁄₃m</u>

となる[18]」、とマルクスは言う。

　先の②式が経過的な分析式であるのに対し、この③式は、①式を蓄積のための「機能規定」に従って「組替え」た分析式[19]——「発端表式」第２年度の(8)式に照応——にあたる。そして④式は追加資本を含む第１年度の「資本価値」を表わし——「発端表式」の第１年度の(3)式に照応——、第１年度の拡大再生産の結果が⑤式に示されているのである。したがってこのヴァリアント第(ⅱ)表式でも、Ⅰ(v+mk)＜Ⅱcであるにもかかわらず、そして計算上の誤りを措くとすれば、表式の展開の仕方は、基本的には「発端表式」第１年度および第２年度と同一なのである。

1)　Ms. S.62 : *MEGA*, S.813 ; 大谷、下、30 頁。
2)　なお第２年度の(8)式を展開したところで既にマルクスは、「事態が正常に進むべきであるとすれば、Ⅰ(v＋m)は、それがⅡで転態する限り、(Ⅱ)c よりも大きいから、Ⅱにおける蓄積は加速する[に相違ない](Ms. S.62 : *MEGA*, S.812, Z.29～30 ; 大谷、下、29頁)」とみなしていたのである。なお大谷、同上の注 11) も参照されたい。
3)　Ms. S.64 : *MEGA*, S.814~815 ; 大谷、下、38 頁。
4)　この点については、大谷、上、22 頁および下、37~38 頁を参照されたい。なお前節、a) の注 13) も参照されたい。
5)　因みに不変資本は 6000c から 8784c へ、また可変資本は 1900v から 2782v へと、いずれも 1.464 倍である。
6)　Ms. S.64 : *MEGA*, S.815 ; 大谷、下、38~39 頁。
7)　*MEGA*, Ⅱ/11, Apparat, S.1700 によると、このヴァリアント第(ⅰ)表式の第Ⅰ部門の 5000c は 4500c の修正であり、また第Ⅱ部門は、1500c+250+250 の修正である。この点ついては、大谷、下、39 頁の注 2) 等も参照されたい。
8)　Ms. S.64 : *MEGA*, S.815 ; 大谷、下、39 頁。
9)　Ms. S.65 : *MEGA*, S.816 ; 大谷、下、45 頁。ここでも、計上された数値はMEGA版に従っている。
10)　なおこのヴァリアント第(ⅰ)表式には、さらに別のヴァリアント*がある。例えば、
　　　「Ⅰ）<u>4500c+900v+900m</u>
　　　　Ⅱ）<u>2000c+350v+350</u>　　」

190 第Ⅱ部 『資本論』第Ⅱ部第Ⅷ稿における拡大再生産表式の検討

しかしこの場合にはⅠ（900v+900m）＜Ⅱ2000cで、単純再生産も不可能となる。
*MEGA, ibid., Apparat, S.1700；大谷、下、39～40頁および同頁の注3）。

11） Ms. S.64：MEGA, S.815；大谷、下、41頁。

12） *Ibid.*

13） 因みにマルクスは、 この第（ⅱ）の表式の後に、 c：v：mの比率が両部門ともに5：1：1½の、次の単純再生産表式を「書いたのち、消している。*」

「Ⅰ）4000c+800v+1200m

Ⅱ）2000c+400v+ 600m 」

*MEGA, Apparat, S.1700；大谷、下、41頁の注3）。

14） 前の注10)を参照されたい。

15） Ms. S.64：MEGA, S.815；大谷、下、41頁。ここでも数値はMEGA版に従っている。

16） 因みに大谷氏は、ここでマルクスが「cⅡの大きさによってⅠm 中の資本家の消費ファンドの大きさを決定している」点で、この処理は「従来の方法とは異なる」ものとされている。（大谷、下、41頁の注1)を参照されたい。）

17） なおマルクスは「発達表式」第3年度の場合には、この「差額」を別の仕方で処理している。（後出の「補遺」を参照されたい。）

18） Ms. S.65：MEGA, S.816；大谷、下、43～44頁。仮に、③式のⅠmav が 53 であるとすると、Ⅱc は 1953c ではなく 1583c でなければならない。なお第（ⅱ）表式の展開は、ここで終っている。

19） この③式の部門Ⅰの「消費元本1800」には、「発端表式」第2年度の(8)式の場合と同様に、Ⅰ827v が二度計上されている。②式では、827v が経過的に「貨幣で」計上されているために「消費元本」は「1800v+m」であるが、ここ③式ではⅠ827v が「貨幣で」、Ⅰ53v は「商品で」計上されているとすることはできない。そこでこの二重計算を改め、「消費元本」をⅠ973mk に訂正すると、部門Ⅰの合計は 6200 となり、①式のそれと一致する。なお部門Ⅱの合計が 2880 となり、したがって③式の年総生産物が、部門Ⅰの訂正にもかかわらず、合計 9080 となってしまうのは、細かな計算上の誤りが積み重なっているためである。

b）「発達表式」の場合

ところでヴァリアント第（ⅱ）表式の展開を第1年度で打ち切ったマルクスは、これまでと同様に、年総生産物が 9000 でしかもヴァリアント第（ⅱ）表式と同じく両部門のc：vが5：1ではあるが、しかしv：mは1：1である次の表式「a)」を、上述のようにヴァリアント第（ⅰ）表式と比較する形で掲出する。

「a Ⅰ）5000c+1000v+1000m

Ⅱ）1430c+ 285v+ 285m 」 ………(1)

そして表式「a)」における両部門のc：v：mの「このような比率」は、1)

第1章　拡大再生産表式の展開軸　　191

「資本制生産とそれに照応した社会的労働の既に著しい発達」、2)「生産規模の、以前からの既に著しい…拡大」、3)「労働者階級のうちに相対的過剰人口を創り出す変化のすべての発達」、を「前提する」ものである、とする[1]。

　さて、この「発達表式」「a)」——(1)式——においても、部門 I の剰余価値の「半分を蓄積する」ものと仮定すると、ヴァリアント第(ⅰ)表式とは異なって、「II c の転態」に関しては「発端表式」第2年度以降と同様に、I (1000v+500mk)＞II 1430c の関係となる。即ち部門 II の「c はただ 1430 にすぎないから、そこで 285v から、その額にするように 70 を追加しなければならない[2]」こととなる。

　したがって II 285m から 70 を差し引くと、部門 II の剰余価値は 215m となり「われわれは

　　b) I) 5000c+500m（+消費元本1500)

$$\underbrace{}_{c}$$　　　　　　　　　　　……………(2₋₁)

　　II) 1430+70+285v+215m

を受取る」こととなる。そしてこの追加不変資本 II 70c のために部門 II は追加「可変資本として $\frac{70}{5}$ 即ち 14 を必要」とし、II 215m からさらにそれを差し引くので「(II) 201m が残り、」したがって(2₋₁)式の部門 II は次の(2₋₂)式

　　「II) 1500c+299v+201m　　」　…………(2₋₂)

となる[3]。

　このように「発達表式」においても、その(1)式から(2₋₁)・(2₋₂)式への展開は、「発端表式」第2年度の(6)式から(7₋₁)・(7₋₂)式への展開と全く同様である。ただし今度は、(2₋₂)式まで来たところでマルクスは、表式そのものの展開を「中断[4]」して、「II c の転態」に関する「若干の独自性(einige Eigenthümulichkeiten)[5]」——I (v+mk)＞II c の問題——の検討に入っていく。そしてその途中でさらに「ついでに」として「ドラモンド氏…の報告[6]」に言及した後、「ところで b) で考察した事例に戻れば」と述べて、この b) 式——(2₋₁)式——の「独自性」を、部門 II の側での貨幣蓄蔵の問題をも含めて検討する。

　即ち I (1000v+500mk) と II (1430c+70mac) との転態のうち、「(II)70m」についてマルクスは次のように言う。「I にとっては消費手段による I 1500 の単なる補填であり、単に消費を目的とする商品交換であることが、その不変資本の

192　第Ⅱ部　『資本論』第Ⅱ部第Ⅷ稿における拡大再生産表式の検討

商品形態からその現物形態への単なる再転化──単純再生産でのような──ではなく、直接的蓄積過程、即ちその<u>剰余生産物</u>の一部分の消費手段の形態から<u>追加不変資本</u>の形態への再転化なのである[7]」、と。つまり一方での個人的消費（Ⅰmkの一部分）が、他方での蓄積（Ⅱmacの一部分、したがってまたⅡmavの一部分）を条件づける、というのである[8]。

　その上でこの「超過」部分70の転態を媒介する貨幣流通＝還流の問題に入っていく。「Ⅰが70の貨幣（剰余価値の転態のための貨幣準備）でⅡ70 mを買い、そしてもしもⅡがそれに対して（Ⅰ）70mを買うのではなく、70を<u>貨幣資本</u>として蓄積するとすれば、後者［この貨幣資本］は…確かに常に追加（zuschüssig）生産物の…表現ではあるが、しかしⅡの側でのこのの貨幣蓄積は、同時に、生産手段の形態にある<u>売れない</u>（Ⅰ）70mの表現であるであろうに（wäre）」、と。もっともこのような場合に「生じるであろう（fände）」ところの、「Ⅰでの相対的<u>過剰生産</u>」を「度外視するとすれば、Ⅰに由来する貨幣70が、Ⅱの側での（Ⅰ）70mの購買によってなお未だⅠに<u>還流しない</u>か、あるいはなお部分的にしかⅠに還流しない── その間、貨幣での70が全部かあるいは部分的に、Ⅱの手許で<u>追加貨幣資本</u>として機能する…、がしかし、ここでそれ［貨幣］は──事態の正常な経過の場合──ただ一時的に（transitorisch）のみ、そのように機能するのである[9]」、と。

　さて「発端表式」第2年度の場合には、その「独自性」の問題にまでは立ち入らなかったマルクスは、ここ「発達表式」第1年度の途中で、このようにⅠ(v+mk)＞Ⅱcに係わる「独自性」の問題に検討を加えたので、次に「中断」していたb)式──(2-1)・(2-2)式──からc)式への表式展開へと進んでいかなければならない。そしてその場合、「われわれは、

　　b）Ⅰ）　<u>5000c+500m</u>　　　　　　　　　………………(3)
　　　　Ⅱ）　<u>1500c+299v+201</u>

をもっている」として、b)式──(2-1)・(2-2)式──を簡略化したこの(3)式を、b)式として掲げ、次のように説明していく。即ち、まずⅠ500m[＝Ⅰ500ma]を「417c+83v」に分割すると、部門Ⅰは「5417c+1083v」となるが、しかし「<u>(Ⅱ)83m</u>」によって補填される<u>(Ⅰ)83m</u>はなお現物形態で[Ⅰ]に残る。」他方Ⅱ83mの方は「<u>(Ⅱ)201m</u>から差し引かれるべきで、[Ⅱ]には<u>(Ⅱ)118m</u>が残る。」

第1章　拡大再生産表式の展開軸　　193

次に「(Ⅰ)83m を(Ⅱ)c に合体」すると、部門Ⅱの不変資本は1583c となるが、この追加不変資本Ⅱ83c のために「$^{83}/_5$ v = 16$^3/_5$」——「これを 16 とする」——が必要で、それを残っているⅡ118m から差し引くと「最後に <u>102m</u>」〔Ⅱ102mk〕が残る [10]、と。

　したがってこの b) 式——(3)式——に続く表式の展開からは、次の〔4〕式——分析式——が導き出されてしかるべきである。

　　Ⅰ) 5417c+1083v+500mk = 7000　　……………〔4〕
　　Ⅱ) 1583c+ 315v+102mk = 2000

ところがマルクスは、「われわれは次のものを受取る。

　c) Ⅰ. <u>5417c+1083v</u>+(消費[元本]で　　……………(4)」

と書き始めたところで、(3)式以下をすべて「6 本の線で抹消」してしまい、c)式——分析式——を導き出すために、改めて次のように b) 式——(2-1)・(2-2)式——についてのいわば経過的な分析式——(5)式——を、新たな b) 式として作成し直すのである。

　即ち「c) <u>9000 という生産物</u>は、<u>もし(Ⅰ)500m が資本化されるべきである</u><u>とすれば、[拡大]再生産のためには以下の配分(Vertheilung)をとらなければな</u><u>らない。</u>われわれは(ただ商品だけを考察する限りでは)、

　b) 1) <u>5000c+500m</u>+〔(+1500の商品在庫)(+1000(貨幣))〕〔+ Ⅰにとっての追加
　　　　可変資本のための貨幣 100〕= <u>7000の商品</u>　　……(5)

　　2) <u>1500c+299v+201m</u>：商品で 2000 となる。{<u>商品で Ⅰ と Ⅱ の計 = 9000</u>}

をもっていた。

　転態後：　　　　c　　　　　　　v
　c) Ⅰ) <u>5000c+400m(Ⅰ)+1000+100(mⅡ)</u>(+商品在庫1500)
　　　　　　(商品だけを計算すれば＝5500+1500＝7000)

　　　　　　　　c　　　　　　　v
　　Ⅱ) <u>1500c+100m(Ⅱ)+299v+19m(Ⅱ)</u>+(182)(＝2000)

それゆえにわれわれは c) をもつ：

　　Ⅰ) <u>5400c+1100v</u>　　　　　　……………(7)
　　Ⅱ) <u>1600c+318v</u>(+82)＝ <u>2000</u>　　　　　　　　　　　[12]」、と。

このように今度は、a) 式——(1)式——を蓄積の目的のために「組替え」て

c) 式を導き出すにあたって、b) 式——(2_{-1})・(2_{-2})式——の部門Ⅰの可変資本部分について、「貨幣」と「商品在庫」とでの二重表示を導入してくる。それが(5)式である。しかもこの(5)式では、一方Ⅰ1000vも追加のⅠ100mavも共に「貨幣」で表示されるので、他方ではⅠ1000vがⅠ500mkと共に部門Ⅰでの「商品在庫1500」として計上され、またⅠ100mavに対応する「商品」は、なおⅡ201mに含まれているものとして計上されるのである[13]。

しかし同時に計算上の誤りが混入してくる。即ちⅠ500maのc：vへの分割比率が、なぜか「発端表式」第1年度と同様に4：1に変えられてしまう[14]。したがって(6)式は、部門Ⅰの総生産物が7000、部門Ⅱのそれが2000で、年総生産物の合計は9000となり、その点では(1)式の合計と一致はしているものの、それは計算上の誤りの上でのことにすぎない。その上この分割比率の点を措くとしても(6)式の部門Ⅰについて、「商品だけを計算すれば…5500+1500 ＝ 7000」であるとマルクスは言うが、しかしそれは5400+1600 ＝ 7000でなければならない。なぜなら(5)式とは異なって、(6)式の部門Ⅱの不変資本は既に1500c+100m(Ⅱ) ＝ 1600cとなっているからである。したがって部門Ⅰの1000v+100(mⅡ)は 1000v+100(mⅠ)で、しかもそれは「貨幣」表示とならなければならず、またこれに照応させて部門Ⅱの182mを82mに、そして100を部門Ⅰの「商品在庫1500」に加えて1600に、改めなければならないのである。

いずれにせよ(6)式がなお「貨幣」と「商品在庫」との二重表示である限り、それは未だ経過的な分析式にとどまる。そして次の(7)式には部門Ⅰのmk部分が表示されてこそいないが、c) 式のうちの(7)式が、a) 式——(1)式——の分析式とみなされなければならないのである。

そしてここまで来たところで、マルクスは両部門の資本の増加率を比較し、部門Ⅰの資本(c+v)は「$1/8$だけ」、また部門Ⅱのそれは「$1/8$以上増加」し、「やはり(doch)蓄積はⅡではⅠよりも急速に進んだ」と述べて、「その理由」を、「Ⅰでは剰余価値の$1/2$が資本化されたのに、Ⅱでは$2/3$以上が資本化された[15]」ことに求める。即ちⅠ(v+mk)＞Ⅱcの関係によって、Ⅱの蓄積率が「やはり[16]」高くなったからである、というのである。

さて(7)式まできて両部門の資本の増加率を比較した後、マルクスは「同じ規模[比率]での[拡大]再生産が行われれば、

第1章　拡大再生産表式の展開軸　　195

$$
\left.\begin{array}{l}
\text{I）} \underline{5400c+1100v+1100m} = \underline{7600} \\[4pt]
\text{II）} \underline{1600c+\ 318v+\ 318m} = [2236]
\end{array}\right\} \quad 合計 = \underline{9836} \quad\cdots\cdots（8）
$$

が与えられるであろうに（würde）[17]」という。したがってこの(8)式は、(7)式の基礎上での現実の拡大再生産の結果を示す年総生産物（W'_2）であり、これが第2年度の期首に置かれるべきものとなるのである。

　このように「発達表式」第1年度の場合には、「中断」や「抹消」がみられるのではあるが、手稿では、マルクスは展開していく表式に自ら a）・b）・c）の記号を付して、a）式がどのようにして c）式に「組替え」られて行くかを示そうと努めているのである[18]。

1)　Ms. S.65：*MEGA*, S.816；大谷、下、44~45頁。ここでマルクスは、c：vの比率を6：1と説明してはいるが、表式では5：1の比率となっている。また部門IIについて、$1428\tfrac{4}{7}c+285\tfrac{5}{7}v+285\tfrac{5}{7}m$ としなかったのは「分数部分を避けるため」と断っている（Ms. S.65：*MEGA*, S.816；大谷、下、46頁）。なお、ヴァリアント諸表式の検討から、この表式「a）」の叙述に移るにあたっても、マルクスは「2. 第2例」という小項目を立ててはいない。

2)　Ms. S.65：*MEGA*, S.817；大谷、下、47頁。

3)　*Ibid.*

4)　大谷、下、47頁、注1)。

5)　Ms. S.65：*MEGA*, S.817；大谷、下、48頁。

6)　Cf. Ms. S.67~68：*MEGA*, S.818~819；大谷、下、51~55頁。この「報告」をマルクスがなぜここで「ついでに（by the bye）」として挿入してきたのかという点については、拡大再生産表式といわゆる「内在的矛盾」との関連で考慮することが必要であろう。

7)　Ms. S.68：*MEGA*, S.820；大谷、下、56~57頁。

8)　本書第I部第3章第5節の注6)を参照されたい。

9)　Ms. S.68：*MEGA*, S.820；大谷、下、58~59頁。なおここでマルクスは、「このこと〔―貨幣が一時的にのみ追加貨幣資本として機能すること―〕は、IとIIとの双方の商品の相互的な補填による貨幣のその出発点への復帰（return）以前の、IとIIとの間のいずれの転態についても妥当する」（*ibid.*, 大谷、下、59頁）、との一般化を行っている。

10)　Ms. S.69：*MEGA*, Apparat, S.1703；大谷、下、60~63頁。ここでは追加資本は、両部門ともほぼ5c：1vに分割されている。

11)　*Ibid.*；大谷、下、63頁。なお、大谷、60頁の注1)も参照されたい。

12)　Ms. S.68：*MEGA*, S.821；大谷、下、60~62頁。

13)　なおこの経過的な分析式については、「発端表式」第1年度の(2-2)式ないし(3)式、

196 第Ⅱ部 『資本論』第Ⅱ部第Ⅷ稿における拡大再生産表式の検討

第2年度の(7-₁)・(7-₂)式、およびヴァリアント第(ⅱ)表式の②式と比較・参照されたい。

14) なお部門Ⅱの蓄積部分については、100mac：19mav で、ほぼ5：1となってはいるが、なぜ 20mav ではないのかは不明である。なお(8)式の括弧╿印も手稿に依っている。

15) Ms. S.69：*MEGA*, S.821；大谷、下、62~63 頁。なお、この増加率の計算自体にも誤りがあるが、それについては大谷、下、61 頁の注5)~6) を参照されたい。
　　因みにエンゲルスは、「やはり」以下を削除している(cf. *MEW*, Bd.24, S.514；訳、⑦、685頁)が、「発達表式」の場合にも第2年度を基準にして、後年度と比較しない限り、両部門の資本の増加率には「やはり」相違が生じるのである。

16) このようにマルクスの関心は、「顕著な発達」を「前提」した場合に、Ⅰ(v+mk)＞Ⅱc の関係が両部門の蓄積にどのように結果するかに、さしあたっては向けられていたのである。

17) Ms. S.69：*MEGA*, S.821；大谷、下、65 頁。

18) 「発達表式」の第1年度にも既に計算上の誤りがあり、その上に第2年度の混乱が加わって、手稿における第3年度の表式では、ヴァリアント第(ⅱ)表式の場合と同様に、「Ⅱc の転態」に関してⅠ(v+mk)＜Ⅱc の関係が現れる——後出の〔補遺〕参照——。それと共にマルクスの関心は、この「発達表式」を作成した当初の目的から離れて、「Ⅱc の転態」についての「3つの事例」の問題に移っていく。

〔補注〕

このように手稿では、マルクスは「発達表式」第1年度を展開するにあたって、自ら a)・b)・c) の記号を付して表式展開の筋道を示しているのに対し、エンゲルスは、「第1例」に倣ってか、これらの記号をすべて取除く。そして(1)式から(2-₁)・(2-₂)式まで展開した後、「中断」していた表式展開を再開するところから以下を、即ち(5)式以下を、すべて書き直していく*。

　*なお手稿における(3)—(4)式の展開を、マルクス自身が抹消しているので、エンゲルスも それらをすべて削除している。

即ちエンゲルスは、「ここでわれわれはまだ商品だけを問題とし、貨幣流通を無視する」と述べて、まず手稿の b)式——(5)式——から「貨幣」と「商品在庫」との二重表示を、次のように取除く。

「Ⅰ．5000c+500m（貨幣化すべき）+1500(v+m)消費元本＝商品で 7000

　Ⅱ．1500c+299v+201m＝商品で 2000　　　　　　　　　　………(5)'

　　　　　　　　　　総計商品生産物で 9000　　　　　　　　　」

そしてⅠ500ma について、マルクスの計算上の誤りを訂正し、「資本化される 500m は、⁵⁄₆ ＝ 417c と ¹⁄₆ ＝ 83v に分割され」、したがってⅡ83mac の部分がⅡ201m か

第1章　拡大再生産表式の展開軸　197

ら引上げられ、さらに「83の$\frac{1}{5}$」（＝17）がⅡvに追加されるものとする**。

　この計算は、事実上、上述のマルクス自身の(3)式から(4)式への展開と同一なのであるから、(5)式の二重表示を除去して(5)′式に改められるとすれば、(5)′式の次にわれわれの〔4〕式が来なければならない。ところがエンゲルスは(6)式の数字を訂正し、その部門Ⅱの二重表示を取除くだけでなく、(6)式を「資本価値」のみを表わす次の(6)′式に改編する。

　「だからわれわれは転態後には、

　　Ⅰ．$(5000c+417m)c+(1000v+83m)v = 5417c+1083v = 6500$　………(6)′
　　Ⅱ．$(1500c+83m)c\ +(299v+17m)v\ = 1583c+\ 316v = \underline{1899}$

　　　　　　　　　　　　　　　合計　：　　8399

をもつ**」、と。その上彼は、(7)式をも抹消してしまうので、結局手稿のc) 式————(6)式および(7)式——、つまりa) 式の展開軸をなすところの、a) 式を蓄積のために「組替え」た分析式が、現行版『資本論』の表式展開からは消えてしまうこととなる。したがってまた、この(7)式の基礎上に展開されている(8)式も抹消されることとなる。

　そしてエンゲルスは、(6)・(7)・(8)式に代えて、(6)′式を受ける形で、次のように(9)′・(10)′式を挿入する。「第2年度におけるこの基礎上での再生産は、年度末には(am Jahresschluß)資本については

　　Ⅰ．$(5417c+452m)c+(1083v+90m)v = 5869c+1173v = 7042$　…(9)′
　　Ⅱ．$(1853c+42m+90m)c+(316v+8m+18m)v = 1715c+342v = 2057$

を結果としてもたらし、そして第3年度末には(am Ende des dritten Jahres)生産物については

　　Ⅰ．$5869c+1173v+1173m$
　　　　　　　　　　　　　　　　　　　　　　　　　………(10)′
　　Ⅱ．$1715c+\ 342v+\ 342m$

を結果としてもたらす**」、と。

　**MEW, Bd.24, S.513~514 ; 訳、⑦、684~685頁。なお、ここでも「年度末」規定 は、いずれもエンゲルスによって加筆されたものである。

〔**補遺**〕「発達表式」の第3年度について

　「発達表式」の計算上の誤りの積み重ねの結果として、手稿では第3年度の期首に次の表式がおかれてくる。

「Ⅰ 5800c+1160v+1160m

　Ⅱ）1800c+ 348v+ 340m　」

　そしていま部門Ⅰの剰余価値の$\frac{1}{2}$が蓄積されるものとすると、「Ⅱcの転態」に関しては先のヴァリアント第（ⅱ）表式の場合と同様に、Ⅰ（1160v+580mk）＜Ⅱ1800c という関係が生じる[1]。

　そこでマルクスはこの第3年度の表式展開を途中で打ち切って、「だから次の諸事例［が生じた］[2]」として、この問題の検討へと移っていく。それが現行版で第3節の「3.蓄積におけるⅡcの転態」とされている部分である。

　そしてこの部分でマルクスは「上述の例」つまり「発達表式」第3年度にも立ち帰っていく。即ちまずⅠ（v+mk）＜Ⅱc の事例の場合には、「Ⅱはこの転態によってはその不変資本を単純再生産されず、したがって不足分だけⅠから買わなければならない。しかしこのことは、一方では［Ⅱの側での］可変資本のより以上の蓄積を何ら必要とさせない。なぜならその［Ⅱの］不変資本は大きさからみて、いまやっとこの操作（Operation）によって単純再生産されるのだからである。しかし「他方ではこの転態によって、Ⅰの資本のうち単に追加［可変］貨幣資本を積み上げてきただけの部分は、既にこの種の「蓄積」の部分を、完了したのである[3]」、という。

　そこでこれを「上述の事例」にあてはめると次のようになる。「もし以前と同様に$\frac{1}{5}$が［追加可変］貨幣資本に転化され、$\frac{4}{5}$が現実の蓄積に＜向けられる＞とすれば、だから580のうち──$\frac{1}{5}$が貨幣蓄積116に＜向けられ＞、そして464が現実に蓄積されるとすれば、16のうち既に50[60]が貨幣化されているのであって、その残り66[56]が貨幣化されなければならない[4]」こととなる、と。

　言い換えると次の通りである。Ⅱ1800c － Ⅰ（1160v+580mk） ＝ 60 で、Ⅱcの単純再生産には60不足するので、ⅡはそれをⅠから買うが、それは部門Ⅰにとっては、その蓄積部分Ⅰ580ma のうちⅠ116mav の一部分に相当する。したがってⅠにとっては、追加可変貨幣資本Ⅰ116mav のうちの60mav 部分を、Ⅱ1800c の単純再生産によって形成されたことになる、と言うのである。

　このようにここではマルクスは、先のヴァリアント第（ⅱ）表式の場合とは異なった「差額」＝「超過」分の処理の仕方を示すのである。しかしエンゲルスが「発達表式」の計算上の誤りを訂正していくことにより、Ⅰ（v+mk）＜Ⅱc

の関係は消滅し、したがって現行版の「第1例」・「第2例」では、Ⅰ(v+mk)
＜Ⅱcという「第3の事例」を見出すことができないこととなる。そして「蓄
積におけるⅡcの転態」という小項目の下に、「これまでの諸事例では」「3つ
の事例が生じた」という言葉だけが残っていくのである[5]。

　しかし、「Ⅱcの転態」問題を整理検討するにあたって、マルクス自身「蓄積
の場合…には、なによりもまず蓄積率が問題になる。これまでの諸事例では、
Ⅰにおける蓄積率が不変のままで、$(Ⅰ)^m/_2$ が蓄積されるものと仮定した[6]」と
指摘しているように、「発端表式」第1年度においても、部門Ⅰの蓄積率が
50% に満たない場合にはⅠ(v+mk)＞Ⅱcの関係が、また 50% を超える場合に
はⅠ(v+mk)＜Ⅱcの関係が、生ずるのである。それ故「Ⅱcの転態」に関する
「第3の事例」を、エンゲルスは何らかの形で残すべきではなかったかと思わ
れる。

1)　Cf. Ms. S.69 : *MEGA*, S.822 ; 大谷、下、67 頁。
2)　Ms. S.70 : *MEGA*, S.822
3)　Ms. S.70 : *MEGA*, S.823 ; 大谷、下、69~70、71 頁。
4)　*Ibid.* ; 大谷、下、70 頁。なおエンゲルスはこの部分をすべて削除している。
5)　*MEW*, Bd.24, S.515 ; 訳、⑦、686 頁。
6)　Ms. S.70 : *MEGA*, S.822 ; 大谷、下、68 頁。

第4節　むすびに

　これまで検討してきたように、手稿における「蓄積の表式的叙述」は計算上
の誤りが積み重ねられて極めて錯綜した展開となっている。そしてさらに、本
章で検検討した3つの拡大再生産表式における4ないし5つの表式展開の事例
──「Ⅱcの転態」の関係では「3つの事例[1]」──は、いずれも解決すべき個別
の課題をもっており、したがってそれぞれの表式展開における力点の置き所も
異なっている。

　例えば「発端表式」第1年度の場合には、その(2-2)式および(3)式で、「貨
幣」と「商品在庫」との二重表示による追加可変資本についての立入った経
過的な分析式の展開が試みられ、それによって特に部門Ⅱを出発点とする貨幣
の還流が初めて明らかにされていく[2]。続く第2年度の場合には、その点につ

いては事実上既に考察済みの扱いとされ、代わって「Ⅱcの転態」との関係で新たに生じてきた I (v+mk) ＞ Ⅱc ——ただし部門 I の $\frac{1}{2}$m が蓄積される——の「超過」分の運動が、(7_{-1})・(7_{-2}) 式で立入って展開されていく。ただしここでは、この「超過」分の転態を媒介する「貨幣は…意識的に度外視」され、むしろこの「超過」分に規定されて、部門Ⅱにおける蓄積が部門 I のそれよりも「加速」されてしまわないかに、全関心が向けられていく。

そして計算上の誤りを積み重ねながら第6年度の途中まで「発端表式」を展開したところで、マルクスは単純再生産表式を基準において、可変資本の増大率が不変資本の増大率を上回ってしまったことに驚き、「発端表式」第1年度とは異なった「組合せ」の拡大再生産表式——ヴァリアント諸表式——を作成して、 I (v+mk) ＞ Ⅱc の関係を再検討しようとする。しかしヴァリアント第（ⅰ）表式では I (v+mk) ＝ Ⅱc となり、第（ⅱ）表式では逆に I (v+mk) ＜ Ⅱc の関係が現れてしまう。

そこでマルクスはさらに、「顕著な発達」を「前提」し、しかも I (v+mk) ＞ Ⅱc の関係が再現する「発達表式」を作成する。そしてこの表式の第1年度の途中で、今度は I (v+mk) ＞ Ⅱc の関係がもたらす「若干の独自性」を検討し、この「超過」分の転態を媒介する貨幣流通＝還流と「一時的」な貨幣蓄蔵にも言及していく。それのみでない。ここでマルクスは第1年度の表式展開の基本的な順序を自ら a)・b)・c) の記号で示していく。

しかしこの「発達表式」の展開も計算上の誤りが積み重なり、第3年度には I (v+mk) ＜ Ⅱc の関係が再現する。そこで今度はこの第3年度の展開を途中で打ち切って、「Ⅱcの転態」それ自体を整理し、<u>「蓄積の場合」</u>における<u>「3つの事例」</u>を確定し、その中で第3年度における Ⅱc − I (v+mk) の「差額」＝「超過」分の転態について検討し、ここでヴァリアント第（ⅱ）表式の場合とは異なった処理の仕方を示していく[3]。

このように手稿における「表式的叙述」は、表式を展開しながら、しかも次々と新たに生じてくる問題を解決していくという形をとっている。

しかしそれにもかかわらず個々の表式の展開の仕方そのものには、マルクスが「発達表式」の第1年度において、自ら a)・b)・c) の記号を付してその展開の基本的順序を示しているように、分析式の導出という一つの共通した展開

第1章　拡大再生産表式の展開軸　　201

軸を見出すことができる。即ち本章で検討したいずれの表式展開の場合にも、マルクスは各年度の期首におかれた年総生産物を表わす表式を、「蓄積のために変更された配列」を示す分析式に「組替え」、次いでこの分析式の「基礎上で」現実に拡大再生産が進行するものとして、次年度の期首に置かれるべき年総生産物を表わす表式を展開している。そして各表式の展開で相違が現れてくるのは、この分析式の導出の過程においてであるが、しかしそれは、既に考察済みの過程についての展開を省略して、新たな個々の課題についてのみ答えていこうとしているからに他ならないのである。

　それゆえ蓄積のための「機能規定[4]」に従って「組替え」られた分析式の導出こそ、拡大再生産表式展開の基本軸をなすものと言わなければならない。そして現行版『資本論』の「表式的叙述」ではこの展開軸が必ずしも明瞭には浮き出ていないのである。

1)　Ms. S.70 : *MEGA*, S.822~823 ; 大谷、下、68, 69 頁。
2)　この点については、次章第5節第（ⅰ）項を参照されたい。
3)　この後、即ち最後の部分——現行版の「第4節　補遺」部分——で、マルクスは、「表式的叙述」では必ずしも充分には言及していなかった「蓄積のための貨幣蓄蔵」の問題をも要約・整理しているのであるが、それについては第3章を参照されたい。
4)　拡大再生産は「生産物の絶対的大きさとは関係がない。」「それは与えられた商品量にとっては与えられた生産物の種々な要素の種々な配列（Arrangement）ないし種々な機能規定（Funktionsbestimmung）のみを前提し、したがってそれは価値の大きさを基準にすれば、さしあたっては単純再生産にすぎない。」「変化するのは単純再生産の与えられた諸要素の量ではなくて質的規定であり、そしてこの変化が後に続く拡大された規模での再生産の物質的前提である」（*MEW*, Bd.24, S.501 ; 訳、⑦、666頁）。なおこの点を、嘗て山田盛太郎氏は「銘記 *」されなければならない、と注意を喚起していたところである。
　　*山田盛太郎、『再生産過程表式分析序論』、1931 年、（1948年復刊、143頁：『山田盛太郎著作集』、1983年、第一巻、175頁）。

202　第Ⅱ部

第2章　「Ⅱcの転態」の「第3の事例」について

第1節　「3つの事例」とは

　現行版『資本論』第Ⅱ部第3篇第お21章第3節「蓄積の表式的叙述」の
「1．第1例」──「発端表式」第1年度および第2年度以降──、並びに「2．
第2例」──「顕著な発達」表式[1]──においては、「Ⅱcの転態」についての
・2・つの事例── I $(v+\frac{1}{2}mk) = Ⅱc$ および I $(v+\frac{1}{2}mk) > Ⅱc$ ──のみしか見出し
得ない[2]のに、「3．蓄積におけるⅡcの転態」においては、「・こ・れ・ま・で・の・諸・事
・例・で・は」「・3・つ・の・事・例・が・生・じ・た」と記されている。ところが、この「3つの」
という叙述は決して誤植などではなく、エンゲルスが第Ⅱ部用の第Ⅷ稿を整理
してゆくにあたって、一方では手稿における計算上の誤りを訂正していく中で
「第3の事例」を消滅させてしまい、他方では「Ⅱcの転態」についてマルク
スが「3つの事例」として整理した文言をほぼそのまま残したためである。そ
してそのことは既に前章で明らかにしてきたところである[3]。
　もっとも手稿におけるマルクスの「第3の事例」── I $(v+\frac{1}{2}mk) < Ⅱc$ ──
についての表式の展開の仕方は、「ヴァリアント第（ⅱ）表式」の場合と「発達
表式」第3年度の場合とでは異なっており、また後者の場合には表式を当該年
度の最後まで展開しているのでもない。しかしこの「第3の事例」の関係は、
「発端表式」第1年度においてさえ、部門Ⅰの蓄積率が「・50%・を・超・え・る[4]」も
のと仮定すれば生じるのであり、それ故「第3の事例」における表式の運動形
態を若干立ち入って分析しておくことが必要となるのである。

　　1)　ここでは、この表式を「発達表式」と呼ぶこととする。
　　2)　例えば山田盛太郎氏は、嘗て、現行版『資本論』に拠って、「『顕著な発達』表式第
　　　一年度の場合の運動形態は、『発端』表式第二年度の場合の運動形態と完全に一致す
　　　る」（『山田盛太郎著作集』、第1巻、1983年、193頁）とし、その上で、貨幣流通＝還流に

ついて、「『発端』表式第一年度の場合の型とその第二年度の場合の型」の「両用の・・
型」に整理し、論じている（同上、204頁）。なお、本章においても、手稿には見出せな・
い ma, mk あるいは mac, mav という記号を適宜用いていくこととする。

3) 本書第Ⅱ部第1章の、例えば第3節の〔補遺〕等を参照されたい。

4) Ms. S.70 : *MEGA*, Ⅱ/11, S.822 ; 大谷、下、68頁。なおこの点も本書第Ⅱ部第1章第3
節の〔補遺〕も参照されたい。

第2節　問題の所在

さて手稿における「ヴァリアント第(ⅱ)表式」は次の如くである。

「Ⅰ） $\underline{4135c+827v+1238m}$ 　………………① 　　　　　　　 1)」

Ⅱ） $\underline{1800c+360v+ 640m}$

いま部門Ⅰの蓄積率を50%〔 $\frac{1}{2}$ m〕と想定する 2) と、Ⅰ(827v+619mk)＜Ⅱ1800c
という「第3の事例」の関係が生じてしまうためか、マルクスは、ここではⅡ
1800c の補填について、「まず初めに（Ⅰ）827v+973m ＝Ⅱ1800<c>。それによ
ってわれわれは

Ⅰ） $\underline{4135c+827v（貨幣で）+265m+（消費元本で1800（v+m）)}$ 　………………②

Ⅱ） $\underline{1800c（不変資本の現物形態で）+360v+640m}$

をもつ 3)」、とする。

ここでの問題は、Ⅰ973m ＝ Ⅰ973mk とおく処理の仕方である。
　　　　　　　　　　　　　　 ・・　　　　 ・・

マルクスは、Ⅱ1800c の補填は単純再生産のために、「まず初めに」Ⅱ1800c
－Ⅰ827v＝Ⅰ973m を算出し、それを直ちにⅠ973mk とおき、したがって
　　　　　　　　　　　　　　　　　　 ・・・・・・
「827v+（Ⅰ）973m ＝Ⅱ1800c」として、一方では②式のⅠ265ma を算出——Ⅰ
1238m－Ⅰ973mk——し、他方ではこのⅠ973mk をⅠ827v と共に、②式の「消
費元本」に組み入れて「Ⅰ1800（v+m）」とする。

この場合Ⅱ1800c とⅠ(827v+ $\frac{1238}{2}$ mk) との「差額」Ⅱ354c に見合う額（Ⅰ
354mk）をⅠ $\frac{1238}{2}$ mk に加えればⅠ973mk が得られるであろう。

しかしいずれの計算方法をとるにせよ、部門Ⅰの資本家は $\frac{1}{2}$ m 即ち 619 m
以上の額を「消費元本」にまわし、したがって部門Ⅰの蓄積率は21.4% とな
り、部門Ⅰの蓄積率50% という大前提が崩れる結果となる 4)。

そしていま仮に、①式における部門Ⅰの蓄積率を最初から21.4% とおくとす

るならば、その場合には、Ⅰ[827v+(1238-265)mk] = Ⅱ1800c となって、「第3の事例」の関係そのものが成立し得ないこととなる。

だからⅠ973m の取扱い方の問題は、Ⅱ1800c － Ⅰ(827v+619mk)の「差額」Ⅱ354c に見合う額を、Ⅰ1238m のどの部分で「補う[5]」か、ということに帰着する。そしてマルクスはここで、それをⅠm のうちの m̤k̤ 部分で「補う」という処理の仕方を示しているのである。

1) Ms. S.64：*MEGA*, S.815；大谷、下、41 頁。なお第Ⅱ部第1章第1節の注5) 並びに第2節の注1) をあわせて照されたい。
2) マルクスはこの関係が生じる前提をここで明示はしていないが、部門Ⅰの蓄積率50% という仮定は、手稿における表式展開の大前提をなしている。Cf. Ms. S.70：*MEGA*, S.822；大谷、下、68 頁。
3) Ms. S.64：*MEGA*, S.815；大谷、下、41 頁。引用文中の括弧 < > 内は、大谷氏による補足である。なお第Ⅱ部第1章第3節「a)」項の注10) も、併せて参照されたい。
4) 同上、第3節「a)」項の後半部分を参照されたい。
5) Ms. S.62：*MEGA*, S.812；大谷、下、26~27 頁。

第3節 「第2の事例」と「ヴァリアント第(ⅱ)表式」

そこで「第3の事例」についてのこの問題に立入る前に、予め比較の意味で「第2の事例」の関係——Ⅰ(v+mk) ＞ Ⅱc——に立ち戻ってみよう。

部門Ⅰの蓄積率を 50% と想定した場合、「発端表式」第2年度であれ「発達表式」第1年度であれ、Ⅰ(v+mk)とⅡc との転態における「差額」は、部門Ⅰの側での「超過[1]」として現れ、したがってそれは使用価値的には生産手段の形態をとって存在する。だからこの「差額」＝「超過」分は、部門Ⅱの剰余価値のうちの追加不変資本部分(Ⅱmac)の一部によって「補われ」得るのであり、したがって「発端表式」第2年度を初めとして「発達表式」第1年度においても、部門Ⅱの蓄積額(Ⅱmac)は、この部門Ⅰの側の「超過」分によって規定されるⅡmac₁と、部門Ⅰの Ⅰmav によって規定される Ⅱmac₂ とから成立つものとして処理されているのである。

もっともこの「第2の事例」の場合にも、この「差額」＝「超過」分を、Ⅰmac へのいわば追加的蓄積によって処理することも形式的には可能ではある。

第2章 「IIcの転態」の「第3の事例」について　205

例えば「発端表式」第2年度の場合をとってみよう。

「 I ）　4400c+1100v+1100m[＝6600]

　　II）　1600c+ 800v+ 800m[＝3200]　……………① ²⁾」

この場合(1)式の部門Iの蓄積率を50%と想定すれば、I（1100v+550mk）－II1600c ＝ I 50mk の「差額」が生じる。いま部門Iの側でのこの「超過」分 I 50mk のうち、40 が追加不変資本（I mac₂）に、また 10 が追加可変資本（I mav₂）に転化されるものとすれば、われわれは次の(2)式を得るであろう。

I ）　（4400c+440mac₁+40mac₂）+（1100v+110mav₁+10mav₂）+500mk ＝ 6600

II）　（1600c+110mac₁+10mac₂）+（800v+55mav₁+5mav₂）+620mk ＝ 3200

　　……………②

しかしこれでは、「第3の事例」の「ヴァリアント第（ii）表式」の場合と同様に、部門Iの蓄積率50%という大前提が崩れてしまう。ただし今度は蓄積率は上昇し、約54.55%となる。そして仮に部門Iの蓄積率を最初から54.55%とおけば、I（1100v+480mk）＜II1600c となり、ここでは「第2の事例」の関係それ自体は成立せずに、「第3の事例」の関係が生じることとなる。

さて「第3の事例」に戻ると、この場合にはI（v+mk）とIIcとの転態に際しての「差額」は、部門IIの側での「超過」として現れ、したがってそれは使用価値的には消費資料の形態をとって存在する。そしてそれは、「第2の事例」の場合とは逆に、部門Iの剰余価値の一部によって「補われ」なければならない。先の「ヴァリアント第（ii）表式」の場合には、この「差額」＝「超過」分が部門Iの資本家の個人的「消費元本」(mk部分)の増加によって「補われる」ものとする処理の仕方であったのである。

しかしこのIIc－I（v+½mk）の「差額」は、消費資料として存在するのであるから、部門Iの追加労働者によっても消費されうるのであり、したがって部門Iの剰余価値のうちの追加可変資本に転化される部分（I mav）によっても「補われ」うるのである。そしてこの処理の方向を示しているのが、手稿における「発達表式」第3年度の場合なのである。

1)　Ms. S.62 : *MEGA*, S.813 ; 大谷、下、30 頁。
2)　Ms. S.62 : *MEGA*, S.812 ; 大谷、下、26~27 頁。

206　第Ⅱ部　『資本論』第Ⅱ部第Ⅷ稿における拡大再生産表式の検討

第4節　「発達表式」第3年度

　ところで手稿では「発達表式」第3年度についてマルクスは2度言及している。最初は、「発達表式」を第1年度から展開してきて第3年度に達したところにおいてである。即ち彼は、計算上の誤りの積み重ねから、第3年度の期首に次の表式をおき、

　「Ⅰ）　　5800c+1160v+1160m〔＝8120〕
　　　　　　　　　　　　　　　　　　　　　　　　……………(1)
　　Ⅱ）　　1800c+　348v+　348m〔＝2496〕

ここではⅠが剰余価値の½だけ蓄積するとすれば、そうすればⅡcに対してはⅠ1740(v+m)（＝1160+580）だけが交換される。だから(Ⅱc)の側に60の余りが残り、これはⅠによって買われなければならない[1]」、と言う。

　ここでマルクスは部門Ⅰの蓄積率を50％と想定した上で、まずⅡcの補填（＝単純再生産）を取り上げる。そうするとⅡ1800c－Ⅰ(1160v+580mk)＝60の「差額」が生じ、部門Ⅰはそのためになお60だけⅡの側の「超過」分(消費資料)を買わなければならない。しかし部門Ⅱがこの「差額」＝「超過」分60を部門Ⅰと転態しても、部門ⅡはそれによってⅡcの単純再生産が完了するに止まるのであるから、「Ⅱは以前よりもより多くの可変資本を必要とすることはない。」そこで(1)式はさしあたり次の(2)式となる、とマルクスは言う。

　「Ⅰ）　　5800c+500m
　　　　　　　　　　　　　　　　　　……………(2)　[2]」
　　Ⅱ）　　1800c+348v+348m

　もっともここまでのところでは、部門Ⅱの側での「超過」60と転態される部門Ⅰの側の60が、Ⅰmのうちのどの部分にあたるかについては、マルクスは明示していない。もし(2)式の部門Ⅰの「500m」が、「520m」と記されていれば、それはⅠ580mから60を差し引いた残りであり、したがって部門Ⅱの側での「超過」分Ⅱ60cは、Ⅰ580maの一部と転態されたのであり、そしてそれが部門Ⅰの追加可変資本Ⅰmavの一部に転化されたということが明らかとなる[3]。

　ところがマルクスは、ここから先は次のように混乱していく。「Ⅰは、(Ⅰ)cに合体される(Ⅰ)400mのために60vを必要とし[4]、〔それが〕(Ⅱ)348mから差

し引かれ、（Ⅱ）288m が残り、そしてわれわれはⅠにとっては

$$Ⅰ）\underline{6200c+1220v}=[7420]\qquad\cdots\cdots\cdots\cdots(3)$$

をもつ[5]」、と。しかしこれでは、部門Ⅱの側での「超過」分Ⅱ60c と転態され
たのはⅠ60mav ではなかったこととなってしまう。

　それのみでない。「Ⅱは追加の 100v − 20v を必要とし、［それが］288m か
ら差し引かれ、Ⅱ208m が残り、そして［われわれは］Ⅱにとっては、

$$Ⅱ）1900c+368v（Ⅱ）+〔208m〕\qquad\cdots\cdots\cdots\cdots(4)$$

$$\underline{総資本（c+v）Ⅰ+Ⅱ}=9688[=Ⅰ7420+Ⅱ2268]$$

［をもつ][6]」、とマルクスは言う。

　(1)式および(2)式の部門Ⅱの 1800c にⅡ100mac を加えれば(4)式の 1900c は
得られるが、(3)式との関係から、なぜⅡ60mac ではないのかは全く不明であり、
(3)式以下は「混乱している[7]」と言う他はないのである。

1)　Ms. S.69 : *MEGA*, S.822 ; 大谷、下、66~67 頁。
2)　*Ibid.*
3)　大谷氏は、「これは 580 − 60 で「520m」とあるべきところであろう」と推定してい
　　る。大谷、下、66 頁の注 2) を参照されたい。
4)　既に第 2 年度においても、「（Ⅰc に合体される）Ⅰ400m のために可変資本 60 が必
　　要であるものとする」との想定が、突然に現れている（Ms. S.69 : MEGA, S.822 ; 大谷、
　　下、65頁）。なお、大谷、同上、64 頁の注 3)および 66 頁の注 3) も参照されたい。
5)　Ms. S.69 : *MEGA*, S.822 ; 大谷、下、67 頁。
6)　*Ibid.* ; 大谷、下、67 頁。計数などは MEGA 版に依る。
7)　大谷、下、67 頁。

第 5 節　「Ⅱc の転態」についての整理・検討

　このような「混乱」に陥ったマルクスは、「発達表式」第 3 年度の展開を打
ち切って、手稿 S.70 の初めから、改めて「Ⅱc の転態」についての整理・検
討[1]に入り、その途中で「上述の事例」、つまり「発達表式」第 3 年度の事例
に再度言及[2]していくのである。

　さて彼は、これまでに「次の諸事例［が生じた］」として、今度は単純再生
産の場合にまで遡る。即ちその場合には「Ⅰ（v+m）=（Ⅱ）c」で、「両者は相

互に補填し合う」が、「蓄積の場合：……この場合には何よりもまず蓄積率が問題になる」、とする。そして「これまでの諸事例」では、2つの「仮定」があったという。その第1は、部門「Ⅰでの蓄積率[50%]が不変のまま＝$(Ⅰ)\frac{1}{2}m$ が蓄積される」というものであり、その第2は、この$(Ⅰ)\frac{1}{2}m$ のうちの「$\frac{3}{4}m$ だけが拡大された生産で、$\frac{1}{4}m$ が貨幣で蓄積される[3]」というものであった、と。因みにこの第2の「仮定」は、Ⅰma のⅠmac とⅠmav とへの分割比率[4]を表していると同時に、拡大再生産表式の展開過程において現れた、mav 部分の「貨幣」でと「商品在庫」でとの「二重表示[5]」に対応するもので、「貨幣で蓄積される」部分とは追加可変貨幣資本を表すものと考えられる[6]。

そしてこのように部門Ⅰの蓄積比率を 50% と仮定すると、「この[―蓄積の―]場合、次の3つの事例が生じた」として、「1）Ⅰ$(v+\frac{1}{2}mk)=Ⅱc$」と「2）Ⅰ$(v+\frac{1}{2}mk)>Ⅱc$」の関係を指摘した後、マルクスは「第3の事例」について次のように言う。「3）Ⅰ$(v+\frac{1}{2}mk)<Ⅱc$。この事例では、Ⅱはこの転態によってはその不変資本を単純再生産されず、したがって不足分だけⅠから買わなければならない。したがってこのことは、一方では[Ⅱの側での]可変資本のより以上の蓄積を何ら必要とさせない。なぜならその[Ⅱの]不変資本は大きさからみてこの操作（Operation）によっていまやっと単純再生産されたのだからである。」しかし「他方では、この転態によってⅠの資本のうち単に追加[可変]貨幣資本を積み上げてきただけの部分は、既にこの種の「蓄積」の部分を、完了したのである[7]」、と。

先の場合と同様にここでも、マルクスはまずⅡcの補填＝単純再生産を取り上げ、Ⅱc－Ⅰ$(v+\frac{1}{2}mk)$ の「差額」が、部門Ⅰによって「補われる」ことを確認し、次いで今度は、それによって部門Ⅰの「追加[可変]貨幣資本」が既にそれだけ「蓄積」されるものとする。つまり「差額」は、Ⅰm の一部によって、ただしⅠmk の一部によってではなく、Ⅰmav によって「補われる」ものとするのである[8]。

その例解として、手稿では「上述の事例」、即ち「発達表式」の第3年度に立ち返る。「上述の事例……では、もし以前と同じく $\frac{1}{5}$ が[追加可変]貨幣資本に投下され、そして $\frac{4}{5}$ が現実の蓄積に＜向けられる＞とすれば、したがって 580[Ⅰma]のうち――$\frac{1}{5}$ が貨幣蓄積 116[mav]に＜向けられ＞、そして 464 が

第2章 「IIcの転態」の「第3の事例」について **209**

[macとして]現実に蓄積されるとすれば、116のうち既に50[−60−]が貨幣化されているのであって、その残り66[−56−]が貨幣化されなければならない[9]」、と。

　そこで第3年度——先の(1)式——の分析式は、計算上の誤りを訂正すると次の(2)′式となる。

　　I ）$(5800c+480\frac{1}{3}mac)+(1160v+60mav_1+36\frac{2}{3}mav_2)+580mk = 8120$
　　　　　　　　　　　　　　　　　　　　　　　　　　　　　　　　　　……(2)′
　　II）$(1800c+36\frac{2}{3}mac)+(348v+7\frac{1}{3}mav)+304mk = 2496$

　そしてこの基礎上で現実的拡大再生産が行われるとすれば、第3年度末には

　　I ）$6280\frac{1}{3}c+1256\frac{2}{3}v+1256\frac{2}{3}m = 8793\frac{2}{3}$
　　　　　　　　　　　　　　　　　　　　　　　　　　　　　　　　　　……(3)′
　　II）$1836\frac{2}{3}c+ 355\frac{1}{3}v + 355\frac{1}{3}m = 2547\frac{1}{3}$

をもつこととなろう。

　ところが第4年度には「IIcの転態」の関係は、

$I (1256\frac{2}{3}v+628\frac{1}{3}mk) ＞ II 1836\frac{2}{3}c$ となり、「第2の事例」の関係となる。それと言うのも、第3年度において $I (v+\frac{1}{2}mk)＜II c$ の「差額」が、I mav の一部によって「補われる」ことによって、それだけIImac が小さくなってしまうからである。

　では「差額」をI mav で「補う」というこの方法で、先の「ヴァリアント第（ii）表式」を展開させたらどうなるのであろうか。

　その場合には、$II 1800c − I (827v+\frac{1238}{2}mk) = II 354c$ が、I 354mav と転態されるのであるから、I mac は$(I \frac{1238}{2}mk−I 354mav) = I 265mac$ となり、部門I は蓄積部分 619ma を、もはや5c : 1v の比率では蓄積できないこととなる。なぜなら「差額」II 354c は、I 516mac に見合う I 103mav の約3.5倍にも達しているからである。したがってまた部門I には、部門IIの追加不変資本に転化さるべき生産手段などは既になく、それゆえ部門IIの追加不変資本 mac はゼロ——したがって部門IIの蓄積全体がゼロ——となり、次年度に「IIcの転態」についての「第3の事例」の関係が再現することなどはないのである。

　しかし同時にこのことは、「差額」のこの処理の仕方には一定の限定が必要となることをも示しているものと言わなければならない。

　　1）　この部分が、現行版『資本論』では「3. 蓄積におけるIIcの転態」という小項目

の下に置かれている。なお手稿では、括弧〔　に入れられた岐論的部分がここから始められていく。

2)　ただし、この部分はエンゲルスによって削除されている。

3)　Ms. S.70：*MEGA*, S.822；大谷、下、68 頁。

4)　この分割比率は「発端表式」にも「発達表式」にも妥当しない。手稿における表式展開で、マルクスは蓄積部分のこの mac と mav とへの分割の計算をしばしば間違えている。

5)　この「二重表示」については、本書第Ⅱ部第１章第３節 a) 項を参照されたい。

6)　エンゲルスはこの第２の「仮定」をすべて削除し、「われわれはこの蓄積された資本が可変資本と不変資本とに分割される比率だけを変化させた」（*MEW*, Bd.24, S.515；訳、⑦、686頁）と書き改めている。

7)　Ms. S.70：*MEGA*, S.822~823；大谷、下、70、71 頁。

8)　現行版『資本論』における「第３の事例」に関する当該叙述から、松岡寛爾氏は、事実上筆者と同様に、この「差額」はⅠmav の一部分によって「補われる」ものとの理解を示している*。ただし後述するように、無限定に「補う」ことはできないのである。

　　*岡崎・松岡・深町編、『解説資本論(2) 原典第Ⅱ部』、1979 年、216~217, 220~221 頁を参照されたい。

9)　Ms. S.70：*MEGA*, S.823；大谷、下、71 頁。ここでもマルクスは、c：v の比率の取り方を間違えている。その点については、大谷、下、70 頁の注 1), 3), 5)~8) を参照されたい。

第６節　むすびに

　ところでマルクスは蓄積の場合の「Ⅱcの転態」についての整理・検討を締めくくるにあたって、「もしもⅠ$(^{m}/_{x})$ が、Ⅰ(m)のうちでⅠによって所得として支出さるべき部分[mk]であるとすれば、Ⅰ$(v+{^m}/_x)$ =, ＜, ＞Ⅱcでありうる」と述べて、部門Ⅰの蓄積率を 50% と想定しなくとも「３つの事例」の関係が生じ得ることを一般的な形で再確認する。そしてそれに続けて「しかしⅠ$(v+{^m}/_x)$ は常にⅡ(c+m)よりも小さくなければならず、実際それはⅡ)(m)のうちで資本家階級Ⅱがどのような事情の下でもそれを自ら食さねばならない部分より小さくなければならない[1]」との限定を付している。

　この限定は、ここでの文脈からすると最後の場合、即ちⅠ$(v+{^m}/_x)$ ＞Ⅱcという「第２の事例」にのみ係わるものである。なぜならそれは、Ⅰ$(v+{^m}/_x)$ －Ⅱcの「差額」を「補う」ところのⅡmの大きさについての限定であるからで

ある。即ち「Ⅰ$(v+^m/_x)$は……Ⅱ$(c+m)$よりも小さくなければならない」としても、このⅡmの一部はⅡmkにあてられなければならない[2)]、というのである。

これに対し「第3の事例」、即ちⅠ$(v+^m/_x)$＜Ⅱcの場合には、Ⅰ$(v+^m/_x)$はⅡ$(c+m)$どころかⅡcよりも小さいのであり、「差額」はⅡmではなく、Ⅰmによって「補われ」なければならない。したがってこの場合には、むしろＩ・mについての限定が必要となる。即ちⅡc－Ⅰ$(v+^m/_x)$の「差額」は、与えられたⅠ$(m-^m/_x)$〔＝Ⅰma〕のうちのⅠmav[3)]に等しい[4)]か、それよりも小さくなければならない、と。

そしてこのような限定の下で、先の「発達表式」第3年度──(2)′式──の場合のように、「第3の事例」の表式の運動が展開するとすれば、その場合の「独自性[5)]」は、「第2の事例」の場合に準えて、次の点にあると言ってよいであろう。

部門Ⅱにとっては、生産手段によるⅡcの単なる補填＝単純再生産が、部門Ⅰにとっては、直接的蓄積過程、即ちその剰余生産物の一部分の生産手段の形態から追加可変資本──その一部(または全部)──の形態への再転化となる、と。つまり一方での単純再生産(Ⅱcの一部)が、他方での蓄積(Ⅰmavの一部まは全部)を条件づけることとなるのである。それは、「第2の事例」の場合に、「一方での個人的消費(Ⅰmkの一部)が、他方での蓄積(Ⅱmacの一部、したがってまたⅡmavの一部)を条件づける[6)]」のと、まさに対応する「独自性」なのである[7)]、と。

1) Ms. S.70 : *MEGA*, S.824 ; 大谷、下、74頁。Cf. *MEW*, Bd.24, S.516 ; 訳、⑦、688頁。なお前節の注1)に記した括弧〔 に対応する、この岐論的部分の閉じ括弧 〕が、手稿では、ここに付されている。

2) ただし、Ⅱ$(m-mk)$＝Ⅱmaの全額が、「差額」を「補う」ためにⅡmacに転化されるとすれば、Ⅱmavはゼロとなってしまう。だから厳密に言えば、Ⅱ$(m-mk)$よりもさらに小さくなければならない、と。

3) この「Ⅰmav」は、Ⅰmaを与えられたc：vの比率で分割した場合のそれであって、「差額」によって規定されてくるⅠmavではない。

4) この場合には、「差額」が「Ⅰmav」に「等しい」こともあり得るであろう。ただしその場合には、部門ⅡのⅡmacが、したがってⅡmaはゼロとなる。

5) Ms. S.65 : *MEGA*, S.817 ; 大谷、下、48頁。Cf. *MEW*, Bd.24, S.509~510, 512 ; 訳、⑦、679, 682頁。

6) 本書第Ⅰ第3章第5節の注6)を参照されたい。

212　第Ⅱ部　『資本論』第Ⅱ部第Ⅷ稿における拡大再生産表式の検討

7)　マルクスは、「あり得る」この「第3の事例」の関係についての、立入った「限定」にも、またその場合の蓄積＝拡大再生産の「独自性」についても、何らの言及も残してはいない。しかし「蓄積におけるⅡcの転態」問題そのものの成立過程を振り返り、そしてまた手稿および現行版『資本論』における「第2の事例」についての「独自性」と「限定」への言及に照らすならば、「第3の事例」についても、同じく「独自性」と「限定」が指摘されてしかるべきであろう。

第3章　拡大再生産表式と貨幣流通＝還流
―― 『資本論』第Ⅱ部第Ⅷ稿の検討（2）――

第1節　はじめに

　社会的総資本の蓄積＝拡大再生産を考察するにあたって解決しなければならない「基本的2論点」を、マルクスは、手稿『経済学批判』（1861年8月~1863年7月）――いわゆる「23冊ノート」――において自ら提起している。その第1は、いかにして「不変資本の余剰生産（Surplusproduktion）――即ち、従来の資本を補填するために、したがってまた従来の生活資料を生産するために、必要であるよりも大きな生産――を前提」し得るのか、という問題である。またその第2は、「剰余価値のうち金生産者との交換によって蓄積される……部分を度外視するならば、産業資本家は一般的に彼の所得の一部分を、いかにして……貨幣資本として蓄積……し得るのか」という問題である[1]。そしてこの2論点[2]は、再生産表式論成立史上での問題の順序とは逆になってはいるものの、現行版『資本論』第Ⅱ部第21章冒頭部分においても、確認されうるところである。

　しかし現行版がそれに依拠した『資本論』第Ⅱ部用の第Ⅷ稿[3]（1880~1881年[4]）においても、この2論点のうち第1点、即ち、「蓄積におけるⅡcの転態」

　問題に関しては、手稿における（現行版のではなく）計算上の誤りなどを訂正し、表式の展開軸を析出するならば、マルクスが解決点にほぼ到達していたことを知り得るが[5]、第2点、即ち、「蓄積のための貨幣蓄蔵」問題については、「最終的な決着をつけた[6]」とはなお言い得ないように思える。

　以下本章ではその点を検討する[7]。

---

1)　*MEGA*, Ⅱ/3・3, 1978, S.1113；訳、『資本論草稿集』、⑥、692頁：*MEGA*, Ⅱ/3・5, 1980,
　　S.1760；訳、⑧、354頁。

214 第Ⅱ部 『資本論』第Ⅱ部第Ⅷ稿における拡大再生産表式の検討

2) なお、この2つの課題を、「社会的総資本の蓄積＝拡大再生産の考察に際しての基本的2論点」として初めて明らかにしたのは、本書の第Ⅰ部第3章として収録した拙稿「『蓄積におけるⅡcの転態』について」（『武蔵大学論集』第27巻第3・4・5合併号、1979年12月）においてである。筆者はそこで、この2論点を、「蓄積と不変資本就中Ⅱcの再生産＝補填との関係および蓄積のための貨幣蓄蔵の問題」と要約している。参照されたい。

3) 以下本章で「第Ⅷ稿」という時には、『資本論』第Ⅱ部第Ⅲ篇第21章部分の手稿を指すものとし、また特に断らない限りそれを単に「手稿」と呼ぶこととする。

4) 大谷禎之介、「『資本論』第2部第8稿の執筆時期について」、『経済志林』、第65巻第4号、1999年1月、125~126頁。

5) 本書第Ⅱ部第1章・第2章を参照されたい。

6) 第Ⅷ稿が知られていなかった時点で執筆した筆者の旧稿「蓄積におけるⅡcの転態」（本書第Ⅰ部第3章として収録）においては、筆者は「最終的に決着する」と見做していたのである。

7) 本書第Ⅱ部第1章においては、その第4節の注2）に記しておいたように、現行版『資本論』第Ⅱ部第21章の「第4節　補遺」部分を含む「蓄積のための貨幣蓄蔵の問題」の検討を、意識的に保留していた。したがって本章は、第Ⅱ部第1章・第2章を補完する関係にある。

第2節　第Ⅷ稿の構成

さて手稿[1]の「Ⅱ）蓄積または拡大された規模での生産」という標題の部分は、次のような構成である。

「1)」…表題に続く2つのパラグラフ。（Ms. S.46：*MEGA*, Ⅱ/11, S.790；大谷、上、32頁以下）

「2)」…第3パラグラフに始まり、「部門Ⅰから始めよう」で終わる、4つのパラグラフ（現行版では5つのパラグラフ）。（Ms. S.46~：*MEGA*, S.790~；大谷、上、35頁以下）

「3)」…それに続くパラグラフで始まる。（現行版第21章第1節「部門Ⅰでの蓄積」部分）。（Ms. S.47, 51~55：*MEGA*, S.793~802；大谷、上、40頁以下）

「4)」…「これまでわれわれは、A・A'・A'' 等々（Ⅰ）が彼らの剰余生産物をB・B'・B'' 等々に販売することを前提してきた」に始まるパラグラフから、3つ目のパラグラフまで。（現行版では、第2節「部門Ⅱでの蓄積」の横線による区切り前までの部分）。（Ms. S.55, 57：*MEGA*, S.802~804；大谷、上、72

第3章　拡大再生産表式と貨幣流通＝還流　215

~77頁）

「5)　部門Ⅱでの蓄積」の「a)」…「Ⅱcについての第1の困難」に始まるパ
ラグラフから、単純再生産の「表式b)」との対比での「表式a)」の検討
をおこない、Ⅱmでは、「…不変資本に転化されるべき 188 － 48 ＝ 140
が残る」で終わるパラグラフまで。（現行版では、「表式a)」のところから、
第3節「蓄積の表式的叙述」とされている）。（Ms. S.57~：*MEGA*, S.804~807；
大谷、下、1頁以下）

「5)　部門Ⅱでの蓄積」の「b」…「われわれはここで1つの新しい問題にぶ
つかる…」に始まるパラグラフから、最初の横線による区切りの前まで。
（現行版では、第3節「1. 第1例」の前——ただし直前のパラグラフはエンゲルスに
よる挿入文——まで）。（Ms. S.59：*MEGA*, S.807 Z.35~S.810；大谷、下、12頁）

横線による区切り…「A)　単純再生産表式」、「B) 拡大再生産のための発
端表式」第1年度から第6年度まで。（現行版第3節の「1. 第1例」部分）。
（Ms.S.61~64：*MEGA*, S.810~S.815 Z.4；大谷、下、21~38頁）

横線による区切り…「B) 式」のヴァリアント(1)。（Ms. S.64：*MEGA*, S.815 Z.6
~S.815 Z.16；大谷、下、38頁以下）

横線による区切り…ヴァリアント(2)。（Ms. S.64~65：*MEGA*, S.815 Z.18~S.816 Z.8；大
谷、下、40頁以下）

青鉛筆による横線の区切り以下…

いわゆる「顕著な発達」「表式a)」を含むパラグラフから、その展開とし
ての「b)」式・「c)」式の検討を経て、第3年度に至るところまで。（現行
版の 第3節「2. 第2例」部分）。（Ms. S.65, 67~69：*MEGA*, S.816 Z.9~S.822；大谷、
下、44~67頁）＜なおここには、括弧〔　〕に入れられたドルモンド氏による「報
告」（*MEGA*, S.818~S.819)が含まれている。＞

「3つのケース」…「だから以下の諸ケースが[あった]」で始まり、「末尾が
L字状に大きく曲げられている」パラグラフ——「Ⅰ($v+{}^m/_x$) ＝, ＞, ＜(Ⅱ)
c²⁾」を指摘するパラグラフ——まで。（現行版の第3節の「3. 蓄積の場合のⅡ
cの転態」の部分）。（Ms. S.70：*MEGA*, S.822 Z.23~S.824 Z.15；大谷、下、68頁以

216 第Ⅱ部 『資本論』第Ⅱ部第Ⅷ稿における拡大再生産表式の検討

下）＜なおこの部分は、すべて括弧〔 〕で括られている。＞
「注意しておきたい」点…固定資本に言及のパラグラフ。(Ms. S.70：*MEGA*, S.824 Z.
16~Z.37；大谷、下、74~76 頁)
「Ⅱ）にとっての本源的な貨幣源泉…」に始まる、最終の部分。（現行版の第
4 節部分）。(Ms. S.70：*MEGA*, S.824 Z.38~S.825；大谷、下、70~78頁)
＜手稿では、この部分は 3 つのパラグラフから構成されており最初のパラグラ
フ(*MEGA*, S.824 Z.38~S.825 Z.11)は、括弧〔 〕で括られている。念のために。＞

このように、「5)部門Ⅱでの蓄積」部分までと、手稿 Ms. S.61：*MEGA*, S.810
Z.16 に引かれた横線(大谷、下、21頁)による区切り以下とでは、手稿の展開に、
ニュアンスの相違が見られる。
そこで本章では「5)」までを手稿前半部分、それ以下を後半部分と呼ぶこと
とし、ここでの主題を順次検討していくこととする。

　1)　この第Ⅷ稿については、第Ⅱ部第 1 章と同様に、手稿頁を Ms. S.xxx：*MEGA*, 〔Ⅱ
/11〕, S.xxx；大谷、上または下、xxx 頁、と記すこととする。なお引用文中のアンダー
ラインの箇所は、原文イタリックスであり、括弧〔 〕内は筆者による補足である。
　2)　「Ⅰ($^{m}/_{x}$)」は、「ⅠmのうちⅠの所得として消費されるべき部分[mk部分]である」
(*MEGA*, S.824)。したがってこれは「Ⅰ$^{m}/_{x}$k」と同義である。

第 3 節　手稿前半部分の検討 ——その（1）——

（i）マルクスによる問題の提示

　さて「1)」の部分までは、まず次のように問題が立てられる。即ち、蓄積が
個別資本の場合に、剰余生産物を貨幣化し、それを再び生産諸要素に再転化さ
せるが、年々の総生産物の場合にも同じことが現れる。それは丁度、固定資本
の再生産が、個別資本の場合にも社会的総再産の場合にも、積み立てられる貨
幣の相次ぐ「沈殿」を伴うのと同様である、と。そして「ある個別資本」の蓄
積の 2 つの「前提」が指摘される。その「第 1」は、「現実の蓄積——拡大され
た規模での再生産——が始められるようになるまでに」、剰余生産物が「商品形
態から貨幣形態に転態」され、「継起的に貨幣として積み立てられる」ことで

第3章　拡大再生産表式と貨幣流通＝還流　　217

あり、第2は、「貨幣(積み立てられた剰余価値)を……再転化させるための」生
産要素が「現実に存在するようになっている」ことである[1]、と。

　これを受けて「2)」の部分では、上の第1の点を、即ち、「生産した剰余価
値を相次いで(successive)貨幣に転化させ、……この貨幣を次第に(nach u.
nach)積立て」、蓄積のための「新たな貨幣資本」(「潜勢的新貨幣資本」)を形成
する問題を、まず個別資本について取り上げ、次の諸点を確認する。個別資本
からすると、この積み立ても「単純な蓄蔵貨幣形成を行うだけ」であること、
したがってこの積み立てられる貨幣が以前に蓄蔵貨幣であったことを排除する
ものではないこと、またこの「蓄蔵貨幣は追加的社会的富ではなく」、金生産
者の剰余生産物による「潜勢的新貨幣資本の形成」の場合だけが「貨幣材料を
増加させる」こと、そして貨幣蓄蔵が「新貨幣資本形成」となるのは「積立の
目的とされる機能のためである」こと、など[2]。

　その上でマルクスは問題を提示する。このような貨幣蓄蔵は一方的販売に伴
うのだから、「この操作が一般的に考えられると、買手がどこから来るのか見
極め難いように見える。」というのは「誰もが積み立てるために売ろうとする
が、誰も買わない」ということとなるからである、と。しかし続けて彼は次の
ように自答する。「年々の再生産の種々な部分の間の流通過程が直線的に経過
する」と考えるから、このような「誤った」問題が提起されるのであって、こ
のように誤って考えると、社会全体の年々の蓄積のための貨幣蓄蔵は、「売る
ことなしに買う金生産者」の剰余価値に「等しい」、という「一般的同時的貨
幣蓄蔵を説明する」だけの「驚くべき」結論となってしまう。そうではない。
社会的総生産物の年々の流通過程は、「若干の例外はあるが、常に逆向きの
(rückläufig)運動から成立している。」つまり、買わずに売る運動と、売らずに
買う運動とから成立っているのであるから、「買い手がどこから来るのか」と
いう問題は「外観上の困難(scheinbare Schwierichkeit)」なのである[3]、と。
そして彼はこの「困難」が「外観的」であることを明らかにするために、「ま
ず部門(Klasse)Ⅰ(生産手段の生産)と部門Ⅱ(消費資料の生産)とを区別」し、立
ち入った検討を「部門(Kategorie)Ⅰから始める[4]」こととする。

　それが「3)」の部分である。

1)　Ms. S.46：*MEGA*, S.790~791；大谷、上、32~34頁。

2)　Ms. S.46~47：*MEGA*, S.791~792；大谷、上、35~38頁。なおマルクスは、既にここで早くも、括弧〔　〕に入れた次の挿入をしている。即ち、<u>新貨幣資本が剰余価値の漸次的な貨幣化(allmählige Vergoldung)によるものとは異なる仕方でも生じ得る</u>ことを、われわれは後で見るであろう」、と。

3)　Ms. S.47：*MEGA*, S.792~793；大谷、上、38~40頁。なお第Ⅱ稿から編まれた『資本論』第Ⅱ部第Ⅱ篇第17章に、既に次のような指摘が見出される「資本家階級における貨幣資本の部分的蓄積ではなく、一般的蓄積を前提するならば、ここに困難が生じる。……一方では貨幣は、実現された剰余価値の一部分が流通から引き上げられて蓄蔵貨幣として積み立てられるとすれば、同時に剰余価値の他の一部分が絶えず生産資本に転化される。資本家階級の間での貴金属の配分を別とすれば、貨幣形態での積み立てが同時にすべての点で生じることはない」(*MEW*, Bd. 24, S.348, 350；訳、⑥、453, 456頁。Cf. *MEGA*, S.316, 338)、と。

4)　Ms. S.47：*MEGA*, S.793；大谷、上、40頁。

（ⅱ）部門Ⅰでの「追加不変資本蓄積」と貨幣蓄蔵

　そこで「3)」の部分では、この「逆向きの運動」を、部門Ⅰでの蓄積部分について具体的に検討する。そのためにマルクスはまず、部門Ⅰでの個々の投資(Kapitalanlage)は、「各々の年齢・機能期間に応じて、それぞれ、<u>剰余価値の潜勢的貨幣資本への相次ぐ(successive)転化の過程の種々な段階</u>」にあり、したがって個々の資本は次の「2つの部類」のいずれかに、即ち、積み立てられてきた貨幣資本を生産資本に転化させ、追加生産手段投資をしている資本か、あるいは未だ蓄積のための貨幣蓄蔵に従事している資本か、のいずれかに属することとなるとする。そして彼は前者をB、後者をAと呼び、後者ⅠK_A が一方的に販売する剰余生産物は「部門Ⅰの不変資本の一要素」であることを確認する[1]。

　その上で彼は、単純再生産の場合の固定資本の再生産＝補填の際の一方的売買の関係を想起しながら、「同様にここでは、（Ⅰ)m における貨幣蓄蔵部分A, A' の単なる購買[販売]が、Ⅰm におけるB, B' 等の蓄蔵貨幣を追加生産的資本要素に転化している部分[購買]と均衡していることが、正常な転態のために前提される」と言う。そして単純再生産と固定資本の補填に言及したところから、彼はさらに、ⅠK_A がそれを販売して貨幣で蓄蔵する剰余生産物は、「<u>価値の大きさだけ</u>」からすれば「<u>単純再生産の限界内</u>」でのことで、追加的生産

第3章　拡大再生産表式と貨幣流通＝還流　　219

要素の生産に追加資本を投入したのではなく、「区別は充用された剰余労働の形態にのみある」こと、つまり剰余労働が単純再生産の場合にはⅡcの補填用の生産手段の生産に充てられていたのであるが、ここでは追加Ⅰc用の生産手段の生産に充用されていることだけである、とする。したがって部門Ⅰでのこの蓄蔵貨幣は「生産手段（Ⅰ）の追加生産の単なる貨幣形態である」と「指摘」されるに至る[2]。

　ところで、以上のようにⅠK$_A$は拡大再生産の「現実の基礎(die reale Basis)」を「可能的追加不変資本」として供給するのに対し、ⅠK$_B$はⅠK$_A$の剰余生産物を購入し、「実際に追加不変資本として機能」させるだけである。しかしここでマルクスは、ⅠK$_B$がⅠK$_A$から購入するその「貨幣はどこから来るのか？」と問題を提起する。その場合、ⅠK$_B$もⅠK$_A$と同様に、蓄蔵貨幣を形成してきたというのでは、「ただぐるぐる回っているだけで」、ⅠK$_B$が「以前に引き上げた貨幣はどこから来たか」が問題なのである、と言う[3]。

　そしてこの問題に対する彼の答えは、次の通りである。即ち、「ここで前提されている唯一のこと(das Einzige)は、国内に見出される(befindliche)貨幣量（通流速度、等は前提される）は、貨幣蓄蔵のためにも実際に活動している貨幣(active Circulation)のためにも充分であるということである。――これはすでにわれわれが見たような、単純な商品流通の場合にも満たされなければならない、同じ前提である。蓄蔵貨幣の機能だけが、ここでは、異なるのである。［社会に］現存する(vorhanden)貨幣量がより大きくなければならないだけである[4]」、と。

　さてここまで来たところでマルクスは、これまでは部門Ⅰの「追加不変資本だけを問題にしてきたので、今度は追加可変資本の考察に向かわなければならない」と言う。そしてその場合、追加「労働力」は「常に見出すことができると仮定」した上で、それにしても、金生産者以外の生産者であれば、追加「労働力」に投下する「前に、彼の剰余生産物を売」って、貨幣を入手して「おかなければならない[5]」と述べて、部門Ⅱへの販売による貨幣化の考察に移っていく。それが「4)」の部分なのである。

　1)　Ms. S.47, 51：*MEGA*, S.793~794；大谷、上、40~45頁。なお、ここでもマルクスは、

単純な商品流通の場合でも貨幣蓄蔵は行われており、「社会に現存する貨幣量」は「流通している貨幣量」よりも「常に大きく」、そこには蓄蔵される貨幣が含まれていることを指摘している。

2) Ms. S.51, 52~53：*MEGA*, S.794~795, 795~798；大谷、上、46~48, 54~57頁。ここではこのようにして、マルクスは「蓄積の場合のⅡcの転態」の問題の入り口に辿り着く。そして彼は、ここでも括弧〔 〕に入れて、「可能的追加貨幣資本の生産」が「全く別の仕方でも形成されうる」との挿入を加えている。さらにまたここでも、ⅠKₐの側での「補足的な購買無しの漸次的一方的商品販売による」貨幣蓄蔵は、「貴金属的富の追加を前提しておらず、ただ流通の中にある貨幣の機能の変化を前提するだけで」、したがって「追加貨幣資本の形成と一国にある貴金属の量とは決して互いに因果関係にあるものではない」ことを強調している（Ms. S.53：*MEGA*, S.798；大谷、上、58~59頁）。

3) Ms. S.54：*MEGA*, S.799~800；大谷、上、63~66頁。

4) Ms. S.54~55：*MEGA*, S.800；大谷、上、67~68頁。

5) Ms. S.55：*MEGA*, S.801；大谷、上、70~72頁。

〔備考（1）〕 現存する貨幣量の「増大」について

　現存する貨幣量の「増大」について、第Ⅱ稿から編まれた『資本論』第Ⅱ部第Ⅱ篇第17章には、既に次の指摘が見出される。「さしあたり、増大する生産資本の機能に必要な追加貨幣資本について言えば、これは実現された剰余価値のうち、資本家が所得の貨幣形態としてではなく、貨幣資本として流通に投入する部分によって提供される。貨幣は既に資本家の手にある。その用法が異なるだけである[1]」、と。

　そしてこの「増大する生産資本」によってさらに流通に投入される「追加商品分量」に含まれる「追加剰余価値を実現するための追加貨幣」は、①「流通する貨幣分量の節約の高度化」（例、諸支払いの相殺・貨幣の通流速度の増大・等）、②「蓄蔵形態から流通形態の貨幣への転化」（機能転換）、そして③「金の追加生産」によって「調達される。」これが信用制度を考慮の外においた場合の、社会に現存する貨幣量についてのマルクスによる「一般的な解答[2]」である。

　もちろんマルクスは第Ⅱ稿でも、貴金属の生産に支出される労働力や生産手段は「資本主義的生産様式の空費の重要項目」であり、「信用制度と共に発展する補助手段」は、この「高価な流通機構（Zirkulationsmaschinerie）

第3章　拡大再生産表式と貨幣流通＝還流　　221

の費用を軽減する」ことを指摘し、そして「今日の大きさでの資本主義的生産が、信用制度なしに……、即ち単に金属通貨(Zirkulation)だけで可能であるかどうかというのは、馬鹿げた問題である[3]」、としている。

　しかしこの第Ⅷ稿でも、「金属通貨」だけを前提した場合には、最終的には「追加の金生産」による「調達」で、「既に資本家の手にある」あるいは「全資本家階級がすべて一定の貨幣元本(Geldfonds)をもっている[4]」ものと想定することのできたところの、この社会に「現存する貨幣」が、信用制度の下では、「信用機構」を通じてどのように供給され、また「金の追加生産」に代わる信用貨幣の供給の限界はどのように与えられるのか、といった基礎的な問題への指示がなされないまま、次のようなことだけが指摘されていく。即ち、信用制度の下では、一方では、変化する「追加的金生産が……商品への撹乱的な価格作用を作り出す」ことがあり得ること、また他方では、「全信用機構は現実の金属流通(wirkliche Metallcirculation)をたえず……(相対的に)常に増大する最小限に制限するように作用するが、それと共に、全信用装置の人為性およびそれがより大きな危険に曝されることとが、手に手をとって進行する[5]」、と。

1)　*MEW*, Bd.24, S.345 ; 訳、⑥、449頁。Cf. Ms. S.54 : *MEGA*, S.800 ; 大谷、上、66頁。
2)　*MEW*, Bd.24, S.346~347 ; 訳、⑥、450~451頁。Cf. *MEGA*, S.334.
3)　*MEW*, Bd.24, S.347 ; 訳、⑥、451~452頁。Cf. *MEGA*, S.335.
4)　*MEW*, Bd.24, S.345, 347, 349 ; 訳、⑥、449, 41, 454頁。Cf. *MEGA*, S.333, 335, 337.
5)　Ms. S.55 : *MEGA*, S.801 ; 大谷、上、67~69頁。

(ⅲ)　部門Ⅰでの「追加可変資本の蓄積」と貨幣蓄蔵

　ところで「4)」の部分では、マルクスは直ちに暗礁に乗り上げてしまう。「これまでわれわれは、A, A', A'', 等々(Ⅰ)が彼らの剰余生産物を B, B', B'', 等々に販売することを前提してきた。しかしA(Ⅰ)が、B(Ⅱ)への販売によって彼の剰余生産物を貨幣化する、と仮定しよう。このことは、A(Ⅰ)がB(Ⅱ)に生産手段を販売するが、その後[Ⅱから消費資料を]買わないということによってのみ、だから彼[A(Ⅰ)]の側での一方的販売によってのみ、生じることができる」、と。ところがマルクスはこれに続けて次のように言う、「さて(Ⅱ)c が商

品資本の形態［消費資料］から不変資本の現物形態に転態可能であるのは、単に
（Ⅰ）ｖのみでなく、少なくとも（Ⅰ）ｍの一部分が（Ⅱ）ｃの一部分と転態される
ことによってのみである。」しかし「Ａ（Ⅰ）は彼の（Ⅰ）ｍの販売でⅡ）から入
手した貨幣を、商品の購買でⅡｃ［の商品］に転態する代わりに、流通から引き
上げることによって、Ａは彼の（Ⅰ）ｍを貨幣化する」のであるから、「確かに
Ａ（Ⅰ）の側では潜勢的追加貨幣資本の形成が生じるが、しかし他方の側ではＢ
（Ⅱ）の不変資本のうち価値の大きさから見て等しい部分が、不変資本の現物形
態に転態され得ることなしに、商品資本の形態で動きがとれなくなっている[1]」、
と。

　ここには混乱がある。Ａ（Ⅰ）がＢ（Ⅰ）に生産手段を販売して追加貨幣資本を
積み立てるのと同様に、今度はＡ（Ⅰ）がＢ（Ⅱ）に（Ⅰ）ｍの一部分を販売して
追加貨幣資本を積み立てるものと仮定することによって、仮に部門Ⅱの側で
「商品資本の形態で動きがとれなくなる」ことが生じるとすれば、それは、追
加貨幣資本を積みたてようとするA̅（Ⅱ）であって、追加投資をしようとして
いるＢ（Ⅱ）ではないはずである。しかもこのＡ（Ⅱ）の商品資本も、Ｂ（Ⅰ）が追
加労働力に追加投資し、この追加労働者（Ⅰ△Ｐ）が、Ａ（Ⅱ）から生活資料を購入
するならば、「Ｂ［Ⅱ］に関する過剰生産[2]」は生じ得ない筈なのである。

　しかしマルクスが「Ｂ［Ⅱ］に関する過剰生産」を云々するときに念頭において
いるのは、実は「不変な規模でのⅡｃの再生産」に関してなのである。つま
りＡ（Ⅰ）が蓄積のために追加貨幣資本を積み立てるならば、Ⅰｖ＋ｍ＝Ⅱｃの関
係が損なわれて、そもそも部門Ⅱでの単純再生産さえ行われ得ないというので
ある。「部門Ⅰ）の側での潜勢的追加貨幣資本の形成、〔だからⅡの立場からの
過少生産〕、Ⅱの側での生産的資本に再転化され得ない商品在庫の勾留、だか
ら（Ⅱにとっては）相対的過剰生産；過剰な貨幣資本（Ⅰ）と再生産における不足
（Ⅱ）[3]」、と。

　そこで彼は問題を立て直そうとする。即ち、「この点についてここで立ち入
ることはしない」まま、「全剰余価値（ⅠおよびⅡ）が所得として支出される」
という単純再生産の前提ではなく、「剰余価値の一部が所得として支出される」
という「現実の蓄積の前提」に立って、「部門Ⅱでの蓄積がどのように進行し
得るかを考察することによって、この点に関する諸問題をさらに明らかにして

第3章　拡大再生産表式と貨幣流通=還流　223

いく[4]」、と。それが「5)　部門Ⅱでの蓄積」部分である。

1)　Ms. S.55, 57：*MEGA*, S.802；大谷、上、72~74頁。なおこのB(Ⅱ)についての説明を
　　マルクスは与えていないが、それは、B(Ⅰ)即ちⅠK_Bに照応するⅡK_Bを指すのであ
　　ろう。
2)　Ms. S.57：*MEGA*, S.802~803；大谷、上、73~74頁。仮に「過剰生産」が生じるとして
　　も、それは「ⅡA)に関して」でなければならない。
3)　Ms. S.57：*MEGA*, S.803；大谷、上、73~76頁。
4)　Ms. S.57：*MEGA*, S.803~804；大谷、上、76~77頁。なおエンゲルスは「4)」の部分か
　　らを、「第2節　部門Ⅱでの蓄積」としている。したがって現行版では、この引用部
　　分は削除されている。

第4節　「部門Ⅱでの蓄積」──手稿前半部分の検討(2)──

　「5)　部門Ⅱでの蓄積」は、さらに「a)」と「b)」に細分されている。そし
て年総生産物の｛組み合わせ｝・「配列」という重要な問題を提示はするが、し
かしここでもマルクスは、結局以下のように、行き詰ってしまい、解決を先に
送っていくこととなる。それを概観しよう。

（ⅰ)「a)」の部分について

　「5)」の「a)」の部分は、「4)」の部分で逢着した「蓄積におけるⅡcの転
態」の問題で始まる。「Ⅱcについての第1の困難……は単純再生産に関する
ものである。……例えば$^{1000}/_2$m、即ち(Ⅰ)500m……が再びそれ自体不変資本
として部門Ⅰに合体されるものとすれば、その剰余生産物の、Ⅰに引き戻され
るこの部分は、Ⅱcのいかなる部分をも補填し得ない。」したがってこの場合
には、「(Ⅰ)2000(v+m)に代わって……Ⅰ(1000v+500m)だけが2000(Ⅱc)と転
態可能である。即ち500(Ⅱc)はその商品形態から生産資本(不変の)に再転化で
きない。だからⅡではⅠの生産規模の拡大のためにⅠで進行した経過にまさに
照応して、一つの過剰生産が生じることになるであろうに(stattfände)[1]」、と。
　そしてマルクスは、ここから「表式Ⅰ[単純再生産表式]に存在するような<u>諸
要素</u>が──……<u>将来における再生産の拡大のために</u>──異なって配列ないし配置
されているだけで」、Ⅱcの再生産が「阻害」されてしまっていることを確認

224　第Ⅱ部　『資本論』第Ⅱ部第Ⅷ稿における拡大再生産表式の検討

し[2)]、この「第1の困難を回避する」試みを検討[3)]した上で、社会的総資本の蓄積＝拡大再生産にとって解決すべき「基本的2論点」のいま一つの点を次のように指摘する。「避けられるべき困難が単純再生産の考察では立ち現れないという簡単な事情が、次のこと、即ち、［部門］Ⅰの諸要素の再生産に関しての再配列（Rearrangement）、異なった配列（Gruppierung）——それなしには一般的に拡大された規模でのいかなる再生産も生じ得ないであろう（könnte）ような一つの配列——にのみ起因する一つの独自な（specifisch）現象であることを、証明している[4)]」、と。

　先にマルクスは「3)」の部分において、部門Ⅰでの追加貨幣資本の形成との関連で、「単純再生産の内部で、拡大再生産の……物質的土台（Substrat）が生産されること」に想到したが、今度は一歩立ち入って、「年総生産物の価値の大きさ」からすれば、9000単位の単純再生産「表式Ⅰ」よりも「小さい額」（＝8252単位）の2つの表式によって、拡大再生産の「物質的前提（Voraussetzung）の、即ち「組み合わせ」・「配列」の問題に辿り着き、次の指摘をする。即ち、

$$\left.\begin{array}{ll}\text{表式 a)} & \text{Ⅰ）}\ \underline{4000c+1000v+1000m}=\underline{6000} \\ & \text{Ⅱ）}\ \underline{1500c+\ 376v+\ 376m}=\underline{2252}\end{array}\right\}\ \underline{\text{合計}=8252}$$

$$\left.\begin{array}{ll}\text{表式 b)} & \text{Ⅰ）}\ \underline{4000c+\ 875v+875m}\ =5750 \\ & \text{Ⅱ）}\ \underline{1750c+\ 376v+376m}\ =2502\end{array}\right\}\ \underline{\text{合計}=8252}$$

「拡大された規模での再生産……は、生産物の絶対的大きさとは少しも関係がない。」「この再生産は、与えられた商品量について、与えられた生産物の種々な要素の・種々な配列（Arrangement）ないし種々な機能規定（Funktionsbestimmung）を前提するだけであり、したがって価値の大きさから見れば、単純再生産にすぎない。」「単純再生産の与えられた量ではなく、それらの質的規定が変化するのであり、この変化が、その後に続いて行われる拡大された規模での再生産の物質的前提なのである。」そして「年総生産物の諸要素の機能配置（Funktions-gruppierung）が、表式 b）では「再生産が同じ規模で始まる」ようになっているのに対し、表式 a）では「拡大された規模での物質的基礎（Basis）を形づくっている[5)]」、と。

　さてその上でマルクスは「表式 a）」の立ち入った検討に入っていくのであるが、その場合に幾つかの前提が置かれる。①（Ⅰ）1000m の半分、つまり

第3章　拡大再生産表式と貨幣流通＝還流　　225

500m[a]が「追加生産資本としてか、あるいは可能的追加貨幣資本として」「蓄積される」ので、「所得として支出される」のは（I）1000v+500m[k]だけとなり、　それ故「IIcの正常な大きさとして現れるのも1500だけである。」②「1500 v +m[k]と1500c（II）との間の転態は単純再生産の過程として既に述べたので、それ以上研究する必要はない。」③「同様に（I）4000c も［ここでの］考察に入らない。」④部門「IIでも［Iでと］同じく剰余価値の半分が蓄積され」、したがって376m の半分、188ma が「資本に転化され」、さらにそのうち、1760c：376v［＝4c：1v］の「概数」として、「188[ma]－48[mav]＝140 が不変資本[mav]に転化される。」そこで⑤「ここで研究しなければならないものとして残っているのは、（I）500m[a]と（II）376+376m とである⁶⁾」と。

だから検討されるべきは、I 500ma とII（376v+376m）とが「一方では両方のそれぞれの側での内部関係に係わる限りであり、他方では両方の側の間での運動に係わる限りで」ということとなる。そしてその限り形式的には問題はないのであるが、また前提の④によって、剰余価値の蓄積部分（ma）が、しかも部門IIの ma 部分が、不変資本部分（mac）と可変資本部分（mav）とに初めて分割されることとなってくるのであるが、そのことが逆に「一つの新しい問題」なるものを生むこととなっていく。

1)　Ms. S.57~58：*MEGA*, S.804；大谷、下、1~3 頁。
2)　Ms. S.58：*MEGA*, S.804；大谷、下、2~3 頁。
3)　Ms. S.58：*MEGA*, S.804~805；大谷、下、3~6 頁。
4)　Ms. S.58：*MEGA*, S.806；大谷、下、7~8 頁。因みに、現行版の「第2節　部門IIでの蓄積」はここまでである。
5)　Ms. S.58：*MEGA*, S.806；大谷、下、8~11 頁。なお現行版ではこの二つの表式以下が、「第3節　蓄積の表式的叙述」とされている。
6)　Ms. S.59：*MEGA*, S.807；大谷、下、11~12 頁。なお以下では、m = mk+ma, ma = mac+mav とする。

（ii）「b)」の部分について

ではこの「一つの新しい問題」とは何か？「（II）140m[ac]は、（I）m の商品のうちそれと同じ価値額の一部分によって補填されることによってのみ、生産資本に転化することができる。……この補填は、IIの側での一方的購買によってのみ行われることができる。なぜなら、まだこれから考察されるべき剰余

生産物（I）500m[a]は、その全部がIの内部で蓄積されることになっており、だから商品IIと交換されることはできないからである。したがってIIは、（I）140mを現金で買わなければならないが、しかもその後で自分の商品をIに売ることによって、彼のもとにその貨幣が還流することなしに、そうしなければならない。しかもこれは、毎年の新たな再生産のたびに——それが拡大された規模での再生産である限り——たえず繰り返えされる過程なのである。……そのための貨幣源泉は、IIのどこから湧き出てくるのか？[1]」

　先には、部門I内部での蓄積(mac)について、IKはAとBとに分類され、Aの一方的購買による潜勢的追加貨幣資本の形成とBの一方的購買による現実の追加投資を考察したのであるが、そこでは、改めてBの「貨幣源泉」を問う必要はないものとされた。ところが今度は、I500maは「その全部がIの内部で蓄積に役立つ」ものとされたままで、II140macだけを取り上げているのだから、IIKはIから追加生産手段を買うが、しかしIKはIIから買うことはできない。これが、ここでいう「IIの側での一方的購買」であり、IIのこの「貨幣源泉」という意味で、それは「一つの新しい問題」であるというのである。

　そこでマルクスはこの「貨幣源泉」を探し求める。即ち、IIKがII376vに投下した「貨幣の一部」を「部門IIでの蓄蔵貨幣形成の…一つの正常な源泉」とすることができるかどうか、またII376vの転態を媒介する貨幣を「流通から引き上げる」ことができるかどうか[2]。そしてマルクスは、後の場合について、「可能的追加貨幣資本を形成することは二通りの道によってのみ可能であるかにみえる。」「その一つは資本家IIの一部分が他の部分をだまして貨幣を掠めることに成功することである」が、この場合には他方の資本家の「貨幣損失と結びつく、云々」と、「その一つ」に言及しただけで[3]、この「b)」の部分を打ち切って、横線を引いて[4]、新たな表式を掲出する。

　ところでこのような混乱にマルクスが陥って行った一つの原因は、「表式 a)」の前提④で、部門IIの蓄積を部門Iの蓄積に依属させるのではなく、「IIでも[Iと]同じく剰余価値の半分が蓄積される」とした点にある。いま一つの原因は、部門間取引を媒介する貨幣の運動を検討する際に、IIKをAとBにグループ化せずに、IIに「貨幣が還流する」かどうかという点を固執したことにあ

る、と言わなければならない。そして第1の点については、既に最初に指摘しておいたように、手稿後半部分で克服されていくが、第2の点については結局解決点には到達し得ないで終わって行く。そこでこの第2の点についての、手稿後半部分の検討に移らなければならない。

1) Ms. S.59~60 : *MEGA*, S.807~808 ; 大谷、下、12~14 頁。
2) Ms. S.60 : *MEGA*, S.808 ; 大谷、下、14~17 頁。
3) Ms. S.60 : *MEGA*, S.810 ; 大谷、下、20~21 頁。したがって現行版にある「いま一つの道［方法］」についての叙述はすべてエンゲルスによる加筆であり、しかもそれはⅡ 140mac についてではなく、Ⅱ48mav についての、したがって的外れの加筆である。「本章の終わり（第4節）云々」というエンゲルスの指示も、この誤った解釈と結び付いている。
4) 現行版では、この横線に代えて、「1. 第1例」という小見出しがエンゲルスによって挿入されている。

第5節　手稿後半部分と貨幣流通＝還流

　既に指摘しておいたように、ここで手稿後半部分とは、現行版第21章第3節「1. 第1例」以下を指す。そして特にここでは、いわゆる「表式的叙述」における「蓄積部分」の運動を媒介する貨幣流通＝還流（蓄積のための貨幣蓄蔵を含めて）の問題を検討する＊。

　＊手稿における表式の展開は、計算上の誤りも手伝って可なり錯綜しているが、それについては、本書第Ⅱ部第1章で検討されている。参照されたい。

（ⅰ）「拡大再生産のための発端表式」の場合
　さて手稿 Ms. S.61 に引かれた横線による区切りの下にマルクスは、今度は年総生産物 9000 単位の「表式Ⅰ」、即ち単純再生産表式——これをここでは「表式A」と呼んでいる——を再掲出し、それと比較する形で、同じく年総生産物 9000 単位の、次の「表式B」（「拡大された規模での蓄積のための発端表式」）を掲げ、その考察に入って行く[1]。

$$表式 B \quad Ⅰ）\underline{4000c+1000v+1000m}=6000$$
$$Ⅱ）\underline{1500c+\ 750v+\ 750m}=3000$$

合計 =9000

228　第Ⅱ部　『資本論』第Ⅱ部第Ⅷ稿における拡大再生産表式の検討

　ここでもまず部門「Ⅰで剰余価値の半分＝500が蓄積される」と仮定し、その上で彼は、（Ⅰ）1000v＋500m〔k〕と（Ⅱ）1500cとの転態の過程については既に単純再生産を考察した際に「論じられている」から、ここではその考察は省略するとする。次に彼は、蓄積部分「（Ⅰ）500m〔a〕」のうち400は不変資本に転化し、100は可変資本に転化する」との仮定をここで初めて行うが、しかし「このように資本化される筈の400m〔ac〕の〔部門Ⅰ〕内部での転態」については、既に「3）」の部分で「論及した[2]」ので、その考察もここでは省略するとする。

　そしてここでは、部門Ⅱでの蓄積は、先の誤りを訂正して、部門Ⅰの蓄積に依属させられる。表式「B）のⅡ）は蓄積のためにそれはそれで、Ⅰ）から、いまやⅡの追加の不変資本を形成する（Ⅰ）100mを買い、他方、Ⅱが支払う貨幣100は、Ⅰの追加可変資本の貨幣形態に転化される。そこで……Ⅰは4400c＋1100v（貨幣で）＝5500となる[3]」、と。が同時に、ここではⅠ100m（生産手段）の部門Ⅱへの販売代金が、潜勢的追加可変資本としてⅠK$_A$によって積み立てられるのではなく、直ちに部門Ⅰの追加可変貨幣資本100vとして1000vに加えられている点に、注意しなければならない。

　実際マルクスのさしあたっての関心は、「Ⅱが支払う貨幣100」がどのようにしてⅡに「還流」するかにあったものと見ることができる。なぜなら彼は、直ぐ前の「5）」の部分では、部門Ⅱが生産手段に追加投資した「貨幣が還流することなしに」どのようにしてこの投資を続けられるかを、その「貨幣源泉」を、「一つの新しい問題」と考えていたのであるからである。

　そこで彼は続けて100macに見合う部門Ⅱの50mavおよび部門Ⅱの600mk（＝750m－150m）を確定した後で、さらに「拡大された規模での再生産が現実に始まれば、100の可変貨幣資本はⅠから、この労働者階級の手を通じて、Ⅱに還流し、これに対してⅡは100m（商品在庫での）をⅠ〔の労働者階級〕に引渡し、そして同時に商品在庫での50をⅡ自身の労働者階級に引渡す[4]」ものとする。

　したがってここでは、「蓄積部分」の部門間転態を媒介する貨幣は、ⅡK→ⅠK→Ⅰ△P→ⅡKに流れて、ⅡKの手に還流し、また部門Ⅱ内転態を媒介する貨幣は、ⅡK→Ⅱ△P→ⅡKと流れてⅡKの手に還流することとなる。それによって先に「一つの新しい問題」とされた意味での「貨幣源泉」問題そのも

第3章　拡大再生産表式と貨幣流通＝還流　229

のが解消されていくこととはなる。が同時に、一方的販売者 K_A と一方的購買者 K_B という同一部門内の資本の二つのグループ化の視点が消失していくこととなる[5]。

〔補注〕　この表式「B)」の第2年度の場合に、「I)で［第1年度と］同じ比率で蓄積が続けられる」と仮定すると、「蓄積における II c の転態」に関して、I $(v + \frac{1}{2}mk) >$ II c という関係が現れる。しかしこの差額の部門間転態の叙述にあたっては、マルクスは「貨幣はさしあたり意識的に度外視する」と述べて、第3年度以降と共に、もはや貨幣流通＝還流については言及していない。

なお表式「B)」に続く「ヴァリアント表式」においても、貨幣流通＝還流は考慮の外に置かれている[6]。そして手稿では、この「ヴァリアント表式」の後に、表式「a)」——「顕著な発達」表式——が展開されている。

1)　Ms. S.61 : *MEGA*, S.810；大谷、下、21~22頁。なお、市原健志、「『資本論』第2部第3篇第19章、第20章と第2部第8稿(上)」、『商学論集』第29巻第3号(1987年11月)130、135頁も参照されたい。
2)　Ms. S.61 : *MEGA*, S.810；大谷、下、22~23頁。ただしここではマルクスは、I 400mac の取引を媒介する貨幣については一切言及していない。
3)　Ms. S.61 : *MEGA*, S.810~811；大谷、下、23頁。
4)　Ms. S.61 : *MEGA*, S.811；大谷、下、23~24頁。
5)　なお後述するように、部門 II 内転態を媒介する貨幣についてのみ、手稿の最後の部分で、一方的売買と追加貨幣資本の積立の問題として、再び取上げられる。
6)　Ms. S.62 : *MEGA*, S.811, 812；大谷、下、25, 26~27頁。なお本書第 II 部第1章第2節の後半も参照されたい。

（ii）表式「a)」——「顕著な発達」表式——の場合

「蓄積部分」の部門間転態を媒介する貨幣流通＝還流についての次の考察は、表式「a)」——「顕著な発達[1]」表式——の検討にあたって現れる。というのはこの表式の場合には、第1年度から I $(v+\frac{1}{2}mk) >$ II c という関係が現れるからであり、

表式 a)　I) <u>5000c+1000v+1000m</u>　［＝ 7000］

II) <u>1430c+ 285v+ 285m</u>　［＝ 2000］

その「若干の独自性[2]」を検討するという形で、マルクスはこの差額部分の転態を媒介する貨幣流通＝還流に、立ち入って行くこととなる。

即ち、この「事例の独自性」は I 1500$(v+mk) >$ II 1430c の点にあり、した

がって I 1500(v+mk) が転態するには、「剰余生産物(II)の一部分(＝70)が……直ちに市場を受け取る[実現される]ということ」が必要となる。そしてこの部門間転態のうち「IIc ＝ 1430 について言えば、それは II の単純再生産」であるから、「その限りではここではこれ以上考察する必要はない。」がしかし「それを補う 70m の方はそうではない。」つまり「I にとっては単なる生活資料による(I)1500[の一部(70mk)]の補填であり、単に消費を目的とする商品交換であることが、II にとっては……直接的蓄積過程[70mac]であり、その<u>剰余生産物</u>の一部が生活資料の形態から<u>追加不変資本</u>の形態への転化であること [3]」となる。

　そこでマルクスは、この I 70mk と II 70mac との転態を媒介する貨幣が I K から出発するものと仮定して、次のように言う。「I が 70 の貨幣（剰余生産物の転態のための貨幣準備）で II 70m を購入した時に、もしも II がそれに対して(I)70m を買わずに 70 を<u>貨幣資本</u>として蓄積するとすれば、この貨幣資本は——再び生産に入る生産物の表現ではないにせよ——確かに常に追加生産物の(他ならぬ、それを可除部分とする剰余生産物 II の)表現ではあるが、しかし II の側でのこの貨幣蓄積は、同時に、生産手段の形態にある売れない(I)70m の表現でもあるであろうに(wäre)。つまり<u>II の側での再生産が同時には拡大されないことに対応して、I での相対的過剰生産が生じる</u>であろうに(fände) [4]」、と。

　確かに I K は、「剰余価値[70mk]の転態のための[個人的消費用の]貨幣準備」を予めもっていて、彼はそれを支出して II K から生活資料を購入できる。しかしここでは、II K が A グループと B グループとに区別されていないから、仮に II K が入手した貨幣を「蓄積」(「貯蓄」)してしまうならば、「I での[70mk の]相対的過剰生産」となってしまうであろう、というのである。

　ところがマルクスは続けて「しかしこのことについては度外視しよう」とした上で、次のように言う。「I に由来する貨幣 70 が、II の側での(I)70m の購買によって、なお I に還流しないか、あるいは部分的にしか I に還流しない——その間(während d. Zeit)、貨幣での 70 が全部または部分的に、II の手元で<u>追加貨幣資本</u>として機能する……、がしかし、ここではそれ[貨幣]は——事態が正常に経過する場合には——ただ経過的に(transitorisch)のみそのように機能する [5]」、と。

第3章　拡大再生産表式と貨幣流通＝還流　　231

　先には表式「B)」第1年度の「蓄積部分」の部門間転態——ⅠmavとⅡmac との転態——を媒介する貨幣について、彼は、ⅡKを出発点とした貨幣が、Ⅰ Kの手で「追加可変資本の貨幣形態に転化する」ものとした。しかし今度はⅠ mkとⅡmac との部門間転態を媒介する貨幣について、ⅠKからⅡKに流れた 貨幣が、「追加不変資本の貨幣形態に転化する」とは言わないで、ⅠKを出発 点とした貨幣は、それが「Ⅰに還流する(zurückkeheren)」までの「その間」 「ただ経過的にのみ」ⅡKの手で「追加貨幣資本として機能する」と言う。

　そして先にはⅠKから出発する貨幣については言及しなかったのであるが、 今度はⅡKから出発する貨幣については言及しないまま、マルクスは括弧(　) に入れた挿入の形で、次の一般化を試みる。「(そしてこのことは、ⅠとⅡとの 商品が互いに補填されあうことによって、貨幣がその出発点に還流(return)す る以前の両者の間のいずれの転態についても妥当する)6)」、と。したがって 「このこと」はⅠmavとⅡmac との部門間転態についても「妥当」しなければ ならないこととなる。が同時にこれでは、部門間転態の場合には、貨幣が出発 点となるⅠKまたはⅡKが、K$_A$およびK$_B$にグループ化される必要もないこ ととなる。

1)　Ms. S.65 : *MEGA*, S.816 ; 大谷、下、44~45 頁。
2)　Ms. S.65 : *MEGA*, S.817 ; 大谷、下、48 頁。
3)　Ms. S.68 : *MEGA*, S.820 ; 大谷、下、56~58 頁。
4)　Ms. S.68 : *MEGA*, S.820 ; 大谷、下、57~58 頁。
5)　Ms. S.68 : *MEGA*, S.820 ; 大谷、下、57~59 頁。なお、この「追加貨幣資本」を、エンゲ ルスは「追加潜勢的貨幣資本」に改めている。
6)　Ms. S.68 : *MEGA*, S.820 ; 大谷、下、57 頁。なお現行版では、この括弧(　)は取り除 かれ、本文として編まれている。

〔備考 (2)〕信用制度の下での貨幣蓄蔵とその利用
　先にマルクスは、「蓄積部分」の部門Ⅰ内での転態のためのⅠK$_A$による 「剰余価値の漸次的な貨幣化」による「蓄積基金」の積み立てを考察した 際に、「これらすべての<u>潜勢的資本</u>は、信用制度の内部では、銀行等の手 へのその集積によって、「<u>貸付可能資本</u>(loanable capital)」即ち貨幣[貸 付]資本(Geldkapital)となり、そして実際もはや受動的で未来音楽としての

資本ではなく、能動的で価値増殖する……資本になる」（Ms. S.51：*MEGA*,
S.79；大谷、上、44頁）と、括弧〔 〕に入れて述べている。

　ところでこの「能動的で価値増殖する資本」についてであるが、それ自
体としては「未来音楽的」「潜勢的資本」、つまり単なる可能的貨幣資本に
すぎない蓄積のための準備金というこの蓄蔵貨幣が、信用制度の下では
「貨幣貸付資本（moneyed capital）」・「利子生み資本」に転化するというの
であれば、特に取り上げる必要もない。

　ところがマルクスは、「蓄積部分」の部門間転態を媒介する貨幣が「経
過的に（transitorisch）」「追加貨幣的資本として機能する」ことに関して、
それが信用制度の下では次のように現れるものとする。即ち、「一時的に
（momentan）遊離された追加の貨幣はいずれも直ちに能動的に追加貨幣資
本として機能することになっている信用制度の下では、このような単に経
過的な（transitorisch）遊離貨幣資本（freie Geldcapital）は、例えば部門Ⅰでの
新企業に役立つように向かわされ得るが、さもないと他方では同じそれ
が、他の企業になお固着している剰余生産物を流動化させねばならなかっ
たであろうに（hätte）」（Ms. S.68：*MEGA*, S.820；大谷、下、5759頁）、と。

　しかしここには幾つかの問題が潜んでいる。まず第1に、信用制度下で
は、「遊離された貨幣」が、例えば預金として「直ちに貸付可能貨幣資本
（利子生み資本）として」「機能」するとしても、それが「直ちに能動的追加
貨幣資本として」「機能」するとは言えないであろう。したがってまた「
経過的な遊離貨幣資本」が、信用制度の下での銀行業務に媒介されること
なしに、直ちに「追加貨幣資本」として「新企業[の蓄積]に役立った」り、
同時にそれが「他の企業」の「剰余生産物」の貨幣化に役立ったりするとも
も言えないであろう。そしてこのような見解は、以下のように、第Ⅱ稿に
も存在したところである。

　例えば現行版第Ⅱ部第17章には次の文言がある。「資本主義的生産の発
展につれて、同時に信用制度が発展する。ある資本家がなお彼自身の事業
に用いられ得ない貨幣資本は、他の資本家によって用いられ、それに対し
て彼は他の資本家から利子を受け取る。[この]貨幣資本は、彼にとっては
独自な意味での貨幣資本として、即ち生産的[産業]資本から区別された種

第3章　拡大再生産表式と貨幣流通＝還流　　233

類の資本として、機能する。しかしそれ[この貨幣資本]は他人の手で資本
として機能する」(*MEW*, Bd. 24, S.323 : *MEGA*, S.312 ; 訳、⑥、419頁)、と。し
かしこれでは銀行業者なしの「信用制度」となってしまうであろう。

　また次のようにも言う。「信用の発展が介入してくるや、本源的に投下
された資本と資本化された剰余価値との関係が一層絡み合ってくる。例え
ばAは生産資本の一部を……[銀行業者C]のところで借りる。……銀行業
者Cは、産業家D・E・Fが単に彼のところに預金した剰余価値から成立
つある金額を、彼Aに貸し付ける。Aの立場からは蓄積された資本は未
だ問題にはならない。しかし事実上そのAは、D・E・F等にとっては、
彼らによって取得された剰余価値を資本化する代理人に他ならない(*MEW*,
Bd.24, S.322 : *MEGA*, S.311 ; 訳、⑥、417 頁。Cf. *MEW*, Bd.25, S.523 ; 訳、⑪、717 頁 :
MEGA, Ⅱ/4・2, S.585~586)、と。

　しかしD・E・F等が銀行業者Cに預金した剰余価値は、彼らにとって
は蓄積のための「準備金」(「蓄積基金」)であり、たとえそれと同額をAが
銀行業者から借入れたとしても、彼らの「準備金」は「蓄積基金」として
預金されているのであって、AがD・E・F等の貨幣化された「剰余価値
の資本化」の「代理人」としてこの「準備金」を使用しているわけではあ
るまい。また仮に、D・E・F等が、一方的販売と「貯蓄」をする K_A で
あり、Aが一方的購買(「投資」)をする K_B であるとすれば、Aの借入れに
よる「投資」なしには、D・E・F等の剰余価値の貨幣化が生じないかも
しれないが、しかしAが彼らの貨幣化された「剰余価値の資本化」を行
っているのではないであろう。

　類似の混乱は、第Ⅱ稿では、固定資本の「償却基金(Amortisationsfonds)」と
しての蓄蔵貨幣についても見られる。即ち、「信用制度を一切考慮しない
で、ただ単純な貨幣流通という前提の下で…考察するならば、…一社会に
現存する貨幣の一部分が常に蓄蔵貨幣として遊休するときに、他の一部分
は流通貨幣として、もしくは直接に流通している貨幣の直接の準備金
(Reservefonds)として機能するとすれば、貨幣の総額が蓄蔵貨幣と流通貨
幣とに配分される比率はたえず変動する」というのが「運動の機構」であ
る。がしかし「大工業と資本主義的生産の発展に必然的に並進する信用制

度」の下では、「この貨幣は、蓄蔵貨幣としてではなく、資本として、しかしその所有者の手においてではなく、それが使われる他の資本家達の手において、機能する」(*MEW*, Bd.24, S.182 : *MEGA*, S.128 ; 訳、⑥、233~234頁)、と言うのである。

　しかし固定資本の「償却基金」としての蓄蔵貨幣は、信用用制度の下で銀行に預金されても、それ自体は、預金者である産業資本家の固定資本補填の準備金であることに変わりはなく、それが、銀行から借り入れた「他の資本家達の手において[産業]資本として機能する」のではない。

　既に〔備考(1)〕で指摘しておいたように、『資本論』第Ⅱ部第Ⅲ篇第21章で単純な貨幣流通の下で考察された貨幣蓄蔵を含む貨幣流通＝還流の問題を、信用制度との関連でどのように再把握するかは、社会的総資本の再生産＝循環論に残された重要な課題である。そしてこの課題を解くには、まず第1に、1880~81年執筆の第Ⅱ部用の第Ⅷ稿によって拡大再生産表式と貨幣流通＝還流の問題——固定資本の再生産＝補填問題を含めて——に結着を付けること、第2に、1865年執筆の『資本論』第Ⅲ部第5章の「第5節　信用。架空資本」——現行版第Ⅲ部第Ⅴ篇の第25~35章——を整理・展開すること、が必要となるであろう。そして筆者は、この隙間を埋めるささやかな努力を試みてきている。さしあたり拙著、『概説　経済学原理』(1997年)第5・6章、並びに同、『マルクス「信用論」の解明』(2010年)第3部などを参照されたい。

(ⅲ)　手稿末尾の３つのパラグラフについて

　さて「顕著な発達」表式「a)」の第3年度で計算上の誤りの積み重ねからではあるが、Ⅰ(v+mk)＜Ⅱc という新たな関係に逢着してしまったマルクスは、「顕著な発達」表式の考察をそこで打ち切って、「蓄積におけるⅡc の転態」についての整理・検討に移って行く[1]。そしてその「三つの事例」の一般化——Ⅰ(v + $^m/_x$k) ＝ , ＞, ＜Ⅱc——を試みた[2]後、「注意すべきこと」として、彼はまず、「新たに蓄積された不変資本の固定部分」については、「蓄積に関するこれまでの叙述では……正確には述べられていない」として、その処理の仕方に言及する。それが、手稿の終わりから四番目のパラグラフである[3]。次に、

第3章　拡大再生産表式と貨幣流通=還流　235

「Ⅱにとっての本源的な貨幣源泉は……⁴⁾」で始まる手稿末尾・三つのパラグラフとなる。

　そしてこの末尾から三番目の括弧〔　〕で括られたパラグラフは、「Ⅱにとっての本源的な貨幣源泉 (d. originale Geldquelle) としての金生産についてであり、これは、先に検討した部門Ⅰ内の追加不変資本投資を行うⅠKʙにとっての「貨幣源泉」に対応するもので、〔備考 (1)〕で言及した――第Ⅱ稿での――増大する「必要貨幣量」の問題に対する「一般的な解答」に含まれている「金の追加生産」と、同じ位置づけにあるものとみてよいであろう⁵⁾。

　末尾から二番目と末尾のパラグラフは、「蓄積部分」の部門間転態を媒介する貨幣の「一時的な貨幣蓄蔵」と、「蓄積部分」の第Ⅱ部門内転態を媒介する貨幣の「相次ぐ」「蓄積」とについてである。

　まず二番目のパラグラフでは、先に「顕著な発達」表式で、Ⅰ70mk とⅡ 70mac との部門間転態を検討する際に、括弧(　)に入れて挿入的に一般化していた「経過的」「追加貨幣資本形成」の問題が定式化される。即ち、「ⅠとⅡとの間の関係では、暫時的な (vorläufige)――拡大再生産に先行する (vorhergehend)――貨幣蓄蔵のための要素が、[1]Ⅰ)にとっては、Ⅰm の一部分がⅡの追加不変資本のために一方的に (einseitig) 販売される場合にのみ、またⅡ)にとっては、同じことがⅠの側で追加可変資本のために行われる場合に、存在する (d. Fall)。[2]同じことが、Ⅱにとっては、Ⅰによって所得として支出される剰余価値の一部分がⅡc によっては補填されず、したがってⅡm 部分にも及び、この部分がそれによって直ちに貨幣化される場合に、[存在する]。Ⅰ(v + ᵐ⁄ₓk > Ⅱc であれば、ⅡmのうちからⅠが消費してしまったものを、Ⅱcはその単純再生産のためには、Ⅰからの商品によって補填する必要はない⁶⁾」、と。

　　〔補注〕現行版では、この部分は次のように改められている。「ⅠとⅡとの間の
　　転態における暫時的な――将来の拡大再生産の目的で行われる――貨幣蓄蔵の
　　要素は次の場合に生じる。[1]Ⅰにとっては、Ⅰm の一部分がⅡに一方的に――
　　反対購買無しに――売られて、ここで追加不変資本Ⅱとして役立つ場合にのみ。
　　[2]Ⅱにとっては、Ⅰの側で追加可変資本について同じことが生じる場合、お
　　よび、Ⅰによって所得として支出される剰余価値の一部分がⅡc によっては補填
　　されず、したがってそれをもってⅡm の一部分が買われ、このようにして貨幣

236 第Ⅱ部 『資本論』第Ⅱ部第Ⅷ稿における拡大再生産表式の検討

に転形される場合。云々[7]」、と。

しかしマルクスは、ここでは「暫時的な貨幣蓄蔵」を「蓄積におけるⅡcの転態」のケースに従って問題にしているのであって、「将来の拡大再生産の目的で行われる貨幣蓄蔵」が、どのような場合にⅠにとって生じるか、またⅡにとって生じるかを基準に、問題にしているのではない。

まず[1]のケースであるが、「表式B)」第１年度——Ⅰ（$v+\frac{m}{x}k$）＝Ⅱc——の、Ⅰ100mavとⅡ100macとの部門間転態でみると、「暫時的な貨幣蓄蔵」は、「Ⅰ）にとっては」、貨幣がⅡKから出発して、ⅠKがⅠ100mav（生産手段）をⅡKに「一方的に販売」する場合に生じ、「またⅡ）にとっては」、貨幣がⅠKから出発して、Ⅱ100mac（生活資料）をⅡKがⅠK（＝Ⅰ△P）に「一方的に販売」する場合に生じる[8]、ということとなる。また[2]のケースであるが、「顕著な発達」表式第１年度——Ⅰ（$v+\frac{m}{x}k$）＞Ⅱc——の、Ⅰ70mkとⅡ70macとの部門間転態でみると、同じく「暫時的な貨幣蓄蔵」は、「Ⅱにとっては」、貨幣がⅠKから出発して、ⅡKがⅡ70mac（生活資料）を「一方的に販売」する場合に生じる[9]、ということなる。

最後の、つまり末尾のパラグラフでは、「Ⅱの資本家達の交換——（Ⅱ）mに関連しうるだけの交換——の内部で、どの程度まで貨幣蓄蔵が行われ得るかということ」を「問題」とすると述べて、先に「表式B)」第１年度の考察の際に、第Ⅱ部門内の直接的蓄積を媒介する貨幣はⅡK→Ⅱ△P →ⅡKと流れてⅡKに還流するとしていた点を再検討する。即ち、「Ⅱの内部での直接的蓄積は、（Ⅰでmの一部が直接に不変資本に転化されるのと全く同様に）、（Ⅱ）mの一部が直接に可変資本に転化されるということによって生じる、ということを知っている。Ⅱの種々の事業部門のなかでも、また同一の事業部門……の構成員についても、蓄積の年齢構成は様々であり、事態は、必要な変更を加えれば（mutatis mutandis）、Ⅰの場合と全く同様に説明される」、と。だからこの場合にも、第Ⅰ部門内の直接的蓄積を媒介する貨幣の場合と同様に、「一方のもの［ⅡK$_A$］は、なお貨幣蓄蔵（hoarding）の段階、買うことなしに売る段階にあり、他方のもの［ⅡK$_B$］は、拡大再生産の点（沸騰点）——（売ることなしに買う）——にある[10]」、と想定すればよいこととなる。

第3章　拡大再生産表式と貨幣流通＝還流　　237

　しかし第Ⅰ部門内の直接的蓄積の場合には、貨幣はⅠK_B からⅠK_A に流れてそこで蓄蔵されるのに対し、第Ⅱ部門内の直接的蓄積の場合には、「追加可変貨幣資本は、まず第一に追加労働力に支払われるが、しかしこの労働力〔の保持者〕が、貨幣蓄蔵をしている人々（労働者の消費に入って行く追加生活資料の所有者）から、生活資料を購入する。〔そして〕彼らの貨幣蓄蔵の程度に応じて、貨幣は、彼からその出発点には還流（zurückkehren）しないで、彼らがそれを蓄蔵する（hoard）。[11]」したがってこれを表式「B）」第１年度のⅡ50mav の部門内転態を媒介する貨幣でみるならば、ⅡK は A グループと B グループに分類され、貨幣は、ⅡK_B を出発点として、ⅡK_B→Ⅱ△P→ⅡK_A と流れて、ⅡK_A で蓄蔵されることとなる。そしてこの蓄蔵貨幣は、Ⅰ400mac の部門内転態を媒介する貨幣の場合と同じく、「剰余価値の漸次的な貨幣化[12]」によるものと言うこととなる。

　1)　この点については、さしあたり、本書第Ⅱ部第１章および同第２章を参照されたい。
　2)　手稿では$(v+{}^m/_x)$と記されているが、既に本章第２節の注2)に記しておいたように、この「${}^m/_x$」は「${}^m/_x k$」と同義であるので、ここでは「${}^m/_x k$」と表記することとする。なお、この一般化の試みに移るに先立つ「パラグラフの左側にはインクで縦線が引かれており」（Ms. S.69：*MEGA*, S.821~822；大谷、下、74 頁）、「その末尾はL字状に右に大きく曲げられている」（大谷、同上）。一つの区切りを意味するのであろうか。
　3)　現行版では、この末尾の３つのパラグラフは、第21章「第４節　補遺」として編集されている。しかしエンゲルスの第Ⅱ部用の最初の原稿である「写しの原稿」では、この「補遺」部分は「第Ⅲ節」の「4)」となっていた（「市原健志、『資本論』第２部の諸草稿とエンゲルスの編集について」、『商学論集』第 27 巻第２号、1985 年９月、77 頁）。
　4)　Ms. S.71：*MEGA*, S.824；大谷、下、76~77 頁。このパラグラフは括弧〔　〕に入れられており、岐論的な意味合いをもっているのであろうか。
　5)　なお「貨幣材料の生産者としての金生産者」について、マルクスが最初に本格的に言及しているのは、恐らく『手稿経済学批判』中の「エピソード。貨幣の還流運動」であろう。（Cf. *MEGA*, Ⅱ/3・5, S.1751f.；訳、『資本論草稿集』、⑧、340 頁以下。）なおその点については、本書第Ⅰ部第２章、並びに拙著、前掲『マルクス「信用論」の解明』の序章を参照されたい。
　6)　Ms. S.71：*MEGA*, S.825；大谷、下、76~78 頁。マルクスは、「蓄積におけるⅡc の転態」の第３のケースであるⅠ$(v+{}^m/_x k)$＜Ⅱc と「貨幣蓄蔵」との関係については言及していない。

238　第Ⅱ部　『資本論』第Ⅱ部第Ⅷ稿における拡大再生産表式の検討

　7)　*MEW*, Bd.24, S.517；訳、⑦、689~690頁。
　8)　だから、先には検討されていなかった貨幣がⅠKから出発する場合が、ここで考察に加えられたこととなる。
　9)　この部門間転態では、貨幣がⅡKから出発する場合をも考察することが必要であるが、それについての定式化は見当たらない。
　10)　Ms. S.71：*MEGA*, S.825；大谷、下、76~78頁。
　11)　Ms. S.71：*MEGA*, S.825；大谷、下、77~78頁。
　12)　Ms. S.47；大谷、下、37~38頁。

第6節　むすびに

　この手稿は文字通りの未定稿ではあるが、マルクスは社会的総資本の蓄積＝拡大再生産を考察するにあたって解決すべく「残されて」来た「基本的2論点」の一つについては、拡大再生産の「物質的土台」・「物質的前提」――即ち年総生産物の「組合せ」・「配列」に辿り着くことによって、とも角かくほぼ解決点に到達したと言いうるが、いま一つの「蓄積のための貨幣蓄蔵」問題については、これまで煩瑣をいとわず考察してきたように、解決の基本的方向は提示しているものの、解決点に到達したとは言い難い。

　即ち、マルクス自身が手稿の最後の部分で整理しているように、「蓄積部分」の転態を媒介する貨幣の流通＝還流運動は、部門内転態の場合と部門間転態の場合とに二区分される。前者の場合には、「新貨幣資本が剰余価値の漸次的な貨幣化によって[1]」、しかもこの貨幣は、同一部門のK_AがK_Bに、直接または△Pを通じて間接に、一方的に販売することによって、K_Bを出発点とする貨幣が、直接には出発点に還流しないことによって、形成される。それに対し後者の場合には、「追加貨幣資本は……全く別の仕方で形成[2]」される。例えば、ⅠKを出発点とする貨幣が、ⅠKに「還流してくる」までの「その間」、「経過的」・「暫時的」に、ⅡKの手元で「貨幣蓄蔵」が行われる[3]、というのである。

　〔補論〕山田盛太郎氏と富塚良三氏の場合
　因みに現行版『資本論』による拡大再生産表式の「蓄積部分」の転態を媒介する貨幣流通＝還流については、わが国ではこれまでのところ、大きく二つの理解が示されてきた。一つは戦前に山田盛太朗氏によって示されたものであり、い

第3章　拡大再生産表式と貨幣流通＝還流　　239

ま一つは戦後の冨塚良三氏によって示されたものである[4]。

　まず山田氏によると、「発端表式」第1年度の「拡張部分の場合の運動」における「貨幣回流の法則の……特殊な形態」は次の通りである。即ち、①Ｉmacの部門内転態については、貨幣は「ＩＫ$_B$—ＩＫ$_A$」と流れ、「第Ｉ部門内において、B,B',B'' 等の手から A,A',A'' 等の手へ移転され」、そこで蓄蔵される。②ＩmavとⅡmacとの部門間転態の場合には、貨幣は、「ⅡＫ—ＩＫ—ＩＰ—ⅡＫ」と流れて、「その出発点へ翌年度に還流する。」③ Ⅱmav の第Ⅱ部門内転態においても、貨幣は、「ⅡＫ—ⅡＰ—ⅡＫ」と流れて、「翌年度にその出発点へ還流する。[5]」

　したがって氏によると、第Ｉ部門内のＩmacの転態を媒介する貨幣の運動のみが、「適当な大きさに達した潜勢的貨幣資本……をもって不断に」追加投資を行う資本家Ｂ群を出発点とし、また剰余価値の貨幣化によってなお蓄積のための貨幣蓄蔵に従事している資本家Ａ群の手で積み立てられる、ということとなる。そして氏のこのような理解は、氏が現行版第21章の第1節と第3節に依拠していることに由来するものと考えられる。

　これに対して富塚氏によると、年総生産物の「蓄積部分」の転態を媒介する貨幣流通＝還流の運動は次の通りである。即ち、①Ｉmacの部門内転態については「ＩＫ$_B$—ＩＫ$_A$」、②Ⅱmav の部門内転態についても「ⅡＫ$_B$—ⅡＰ—ⅡＫ$_A$」、③Ｉmav とⅡmac との部門間転態についても「ＩＫ$_B$—ＩＰ—ⅡＫ$_A$、ⅡＫ$_B$—ＩＫ$_A$（あるいはその逆、即ちⅡＫ$_B$—ＩＫ$_A$、ＩＫ$_B$—ＩＰ—ⅡＫ$_A$）」で、「いずれの場合にも、第Ｉ部門の資本家のＢ群によって投下された貨幣は同じ部門のＡ群の手に積み立てられ、第Ⅱ部門の資本家のＢ群によって投下された貨幣は同じ部門のＡ群の手に積み立てられる。[6]」そして氏のこのような理解は、氏が現行版第21章第1・2節をこの章の「主要部分」と位置づけ、この「第1・2節の主題をなすもの」が「蓄積される剰余価値部分の実現に関する蓄積基金の積立と投資との対応関係である[7]」という理解に由来するものと考えられる。

　しかしこのような二区分では、同一部門においても、追加の不変資本と可変資本とでは、いわば異なった「源泉」の貨幣によって蓄積（追加投資）を行うこととなる。例えばＩmacは、ＩＫ$_B$が「剰余価値の漸次的な貨幣化」によってこれまで積み立ててきた「蓄積基金」によって購入されるのに対し、Ｉmavについては、ⅡＫに追加生産手段を販売して得たその貨幣で、ＩＫが追加労働

240　第Ⅱ部　『資本論』第Ⅱ部第Ⅷ稿における拡大再生産表式の検討

力を購入するという形の追加投資となる。しかもⅡmacについてみると、ⅡK
が追加の不変資本をⅠKから購入する貨幣のいわば「源泉」は、「剰余価値の
漸次的な貨幣化」によって積み立てられてきたものかどうかは不明となる。も
し「剰余価値の漸次的な貨幣化」によって積み立てられてきた貨幣であれば、
出発点のⅡKはⅡK$_B$でなければならない。そうでないと今度は、同じ第Ⅱ部
門内で、追加不変資本投資と追加可変資本投資とでは、いわば異なった「源
泉」の貨幣に依存することとなるからである。即ち、第Ⅰ部門での場合は逆
に、Ⅱmavは「剰余価値の漸次的な貨幣化」に依存し、Ⅱmacは「経過的」
「暫時適」蓄蔵貨幣に依存することとなってしまうからである。

　したがって「蓄積部分」の転態を媒介する「蓄積基金」の積み立てを含む・
貨幣流通＝還流は、「蓄積におけるⅡcの転態」の三つのケースに照応して、
次のように一般的に定式化することが必要となる。

　①、「B)」式第１年度：Ⅰ($v+^m/_xk$)＝Ⅱc；「剰余価値の漸次的な貨幣化」に
よって積み立てられてきた貨幣が、ⅰ）ⅠK$_B$の一方的購買を出発点とし、Ⅰ
K$_A$の一方的販売を通じてⅠK$_A$に流れてそこで積み立てられるか、ⅱ）Ⅰ
K$_B$→Ⅰ△P→ⅡK$_A$・ⅡK$_B$→ⅠK$_A$と流れるか、またはⅡK$_B$→ⅠK$_A$・ⅠK$_B$→
Ⅰ△P→ⅡK$_A$と流れて、ⅠK$_A$またはⅡK$_A$で積み立てられる。したがってこ
れらの場合には、K$_B$の側での「投資」（追加投資）とK$_A$の側での「積立」（「貯
蓄」）との一致が、「再生産の正常な経過[8)]」の条件となる。

　②、「顕著な発達」表式第１年度：Ⅰ($v+^m/_xk$)＞Ⅱc；（新たに加わる条件：
Ⅰmkの一部分＝Ⅱmac）；個人的消費のための準備金である貨幣がⅠK→ⅡK$_A$・
ⅡK$_B$→ⅠKと流れてⅡK$_A$で積み立てられるか、あるいは「剰余価値の漸次的
な貨幣化」によって積み立てられてきた貨幣が、ⅡK$_B$→ⅠK→ⅡK$_A$と流れて、
ⅡK$_A$で積み立てられる。したがってこの転態では、ⅡK$_B$の一方的購買（＝「投
資」）とⅡK$_A$の一方的販売（＝「貯蓄」）との一致の他に、それとⅠKの個人的消費
（Ⅰmk）の一部分との一致が、「再生産の正常な経過」の条件となる。

　③Ⅰ($v+^m/_xk$)＜Ⅱc；（新たに加わる条件：Ⅰmavの一部＝Ⅱcの一部）；「剰余価
値の漸次的な貨幣化」によって積み立てられてきた貨幣が、ⅠK$_B$→Ⅰ△P→
ⅡK→ⅠK$_A$と流れて、ⅠK$_A$で積み立てられるか、あるいはⅡcの一部の補填
投資のための貨幣が出発点となって、貨幣はⅡK→ⅠK$_A$・ⅠK$_B$→Ⅰ△P→Ⅱ

Kと流れて、ⅠK$_A$で積み立てられる。したがってこの転態では、ⅠK$_B$の一方的購買(「投資」)とⅠK$_A$の一方的販売(=「貯蓄」)との一致の他に、それとⅡcの補填投資の一部分との一致が、「再生産の正常な経過」の条件となる[9]、と。

1) Ms. S.47 : *MEGA*, S.792 ; 大谷、下、37~38頁。
2) Ms. S.53 : *MEGA*, S.798 ; 大谷、下、57~58頁。
3) Ms. S.68, 71 : *MEGA*, S.820, 825 ; 大谷、下、57~59, 76~78頁。
4) 前者に属するものとして、平田清明、『コメンタール「資本論」』(1982年、788頁以下)を、また後者に属するものとして、岡崎・松岡・深町編『解説資本論(2) 原典第Ⅱ部』(1979年 201頁以下)を、挙げることができる。
5) 山田盛太郎、『再生産過程表式分析序論』(『山田盛太郎著作集』第1巻、1983年、179,180~181頁)。因みに山田氏は、第2年度以降のⅠ(v+½mk)＞Ⅱcによって規定されるⅠmkとⅡmacとの部門間転態における「貨幣回流」を「ⅠK—ⅡK—ⅠK」とし、また「顕著な発達」表式……の場合の運動形態は、……「発端」表式第2年度の場合の運動形態と完全に一致する」(同上、188, 193頁)ものとしている。なお、Ⅰmavの転態を媒介する貨幣の「翌年度回流」という氏の解釈が生じた一因が、エンゲルスによる手稿訂正にあることについては、本書第Ⅱ部第1章第2節「a)」項の〔補注〕を参照されたい。また氏が、Ⅱmavの転態を媒介する貨幣についても「翌年度回流」とするのは、氏が現行版第21章第4節に言及していないことと、恐らく照応するのであろう。
6) 富塚良三、『恐慌論研究』、1962年、81~82頁。富塚氏はこのように、「蓄積部分」の転態を媒介する貨幣流通=還流の「いずれの場合にも」、貨幣はK$_B$を出発点とし、同じ部門のK$_A$の手で積み立てられる、と正しい見解を主張されている。しかし既に指摘しておいたように、現行版第21章で解くべき課題は「基本的2論点」であり、蓄積のための年総生産物の「組み合わせ」・「配列」(「蓄積のためのⅡcの転態」)の問題は、第3節で解決点見出していく。そして富塚氏が「いずれの場合にも」と言われているのも、実は「Ⅱcの転態」の第1のケース、つまりⅠ(v+^{m}/$_x$k)＝Ⅱcである「発端表式」第1年度についてのみなのである。
7) 冨塚良三、『経済原論』、1976年、262頁。なおその後、氏は、「『資本論』第2部第3篇社会的総資本の再生産と流通」第21章「蓄積と拡大再生産」の第4節「補遺の内容解説の試み」(『商学論集』第28巻第5/6号、1987年3月)を行っているが、しかし氏は、現行版第21章第1節でのⅠmacの、また第3節でのⅠmavとⅡmacの、そして第4節でのⅡmavの、これら三つの運動の取り扱い方が、整合的なのかどうか、もしそうでないとすればどうしてなのか、といった基礎的な問題点の検討は試みられていない。
8) Ms. S.50 : *MEGA*, S.795 ; 大谷、下、49~50頁。
9) 「蓄積におけるⅡcの転態」の「3つのケース」につては、本書第Ⅱ部第1章・第2章を参照されたい。またこれら「3つのケース」における貨幣蓄蔵を含む貨幣流通=

242　第Ⅱ部　『資本論』第Ⅱ部第Ⅷ稿における拡大再生産表式の検討

還流については、拙著、前掲、『概説　経済学原理』（158~166頁）においても試みている。

第4章 『資本論』第Ⅱ部「資本の流通過程」
成立過程の一齣
──「トゥックに向けられた疑問[問題]」に焦点をおいて──

第1節 概観

　周知のように『資本論』第Ⅱ部「資本の流通過程」は、第Ⅱ部のための諸手稿──主として、第Ⅱ稿(1868~1870年)、第Ⅴ~Ⅷ稿(1876~1881年)、等──からエンゲルスによって編まれたものであるが、その3篇構成の全容が最初に示されてきたのは、『資本論』第Ⅲ部の執筆を中断して一気に書き上げられた第Ⅱ部第Ⅰ稿(1864年末~1865年前半)である。しかし、ある意味では当然のことではあるが、それに先立つ『資本論』成立の第2の時期に当たる1861年8月~1863年6・7月に執筆された『経済学批判について』(いわゆる「23冊ノート」)において、「資本の流通過程の篇」のいわば素地・下地も形成されていく。

　例えばその第15冊の「エピソード。所得とその諸源泉」に含まれている「岐論」には、『資本論』第Ⅱ部第1篇「資本循環論」の「原型」と呼びうる記述や、第Ⅱ篇「資本回転論」の素地・下地となる「生産資本の流通形態から」の「区別」(固定資本と流動資本)や「流通費」論の記述も第17冊の「商業資本論(続)」に見出すことができる[1]。

　そしてさらに第Ⅲ篇「再生産論」に関して言えば、それは既にその第6冊の「5. 剰余価値に関する諸学説」における「c) A.スミス」部分での、彼のいわゆる「ドグマ v +m」の批判を通じて[2]、──「年々の利潤と賃金が、利潤と賃金の他に、それを超える不変資本をも含む年々の諸商品を購入することが、いかにして可能なのか」という「本来の困難」の検討を通じて──、その考察は始められていく。そしてその考察は、元来「流通過程の篇」に属するとしながらも、結局、「生産過程の篇」に属する「価値＝剰余価値」の考察の中で、「間奏曲」

244 　第Ⅱ部　『資本論』第Ⅱ部第Ⅷ稿における拡大再生産表式の検討

として、「不変資本の再生産（補填）」の問題に至るまで、「そのあい間あい間に」
奏で終えられていく[3]。

　というのも、この「c）　A．スミス」部分に含まれている「生産的労働と不
生産的労働の区別」の項——「23 冊ノート」の第 9 冊——の最後で、デステュ
ット・ド・トラシの利潤論を検討するのであるが、トラシが利潤の源泉を流通
過程に求めているところから、マルクスはトラシ批判のために、流通過程の考
察に踏み込まざるをえないこととなって行く。そこで「23 冊ノート」の第 6
冊で重農学派を取り上げた際には、いまだケネー経済表の基礎範疇の検討に止
まり、流通過程における運動・貨幣流通の考察には立ち入らなかったマルクス
は、このトラシの利潤論の検討・批判を契機に、「23 冊ノート」第 9 冊の執筆
を中断し、「独立の」「別冊のノート」に、「ケネーの経済表」に関する「岐論
（Abschweifung）」を書き記していく（1862年5月末~6月初め）。そしてやがて（6月
中旬に）それを、「諸学説」の「d）ネッカー」の次に、この「23 冊ノート」の
第 10 冊の最初に収録していくこととなるのである[4]。

　ところがこの「岐論。ケネーの経済表」でマルクスは、貨幣の還流 G － W
－ G との関連で、「資本家は流通に投げ入れるよりもより多くの貨幣をたえず
引き上げうるのはなぜか？」という問題に言及する。しかしこの「岐論」では
「この問題は後で…」として、問題の指摘に止まっている。そして「23 冊ノー
ト」の第 17 冊と第 18 冊に記された「エピソード。資本主義的再生産における
貨幣の還流運動」において、この「トゥックに向けられた疑問[問題]」も、「剰
余価値は流通過程でどのように実現されるのか」というように「考察を立て直
す[5]」ことによって、「諸学説」でのスミスの「ドグマ v+m」の批判の際には
「貨幣流通や貨幣量の問題については、…、なお『後で立返る』べき論題[6]」
として残してきた、スミス＝トゥックの流通に必要な貨幣量批判[7]と共に、
一先ずは、解決していくこととなる。

　しかしこの「トゥックに向けられた」問題の『資本論』第Ⅱ部での取り扱い
方は、第Ⅰ稿（1864年末~1865年前半）と第Ⅱ稿（1868年-1870年）とでは大きく異な
り、また現行版（1884年6月~1885年2月）でも異なってきている。しかもマルクス
は、後述するように、この問題は「G － W － G' に依拠する」トゥックの論敵
（R.Torrens）によって「トゥックに向けられた疑問（Frage）」であり、それに対

第4章　『資本論』第Ⅱ部「資本の流通過程」成立過程の一齣　　245

する答えは「トゥックその他によってこれまで答えられていない」ことを、第Ⅱ稿になって、初めて書き記し、さらに第Ⅷ稿でもこの「問題」に「立ち戻って」いく。

　そこで本稿では、『資本論』第Ⅱ部の手稿の大半が刊行されたこの機会に、その経緯を跡づけることにより、本書第Ⅱ部の終章とすることとする。

　　1)　この点については本書の序章を参照されたい。
　　2)　本書第Ⅰ部第1章第3節を参照されたい。
　　3)　本書第Ⅰ部第2章第2節、第3章第2節、等を参照されたい。
　　4)　*MEGA*, Ⅱ/3・2, Apparat, 1977, S.2909：資本論草稿集翻訳委員会訳、⑤、475頁。なお
　　　　このような経緯については、本書第Ⅰ部第1章第3節も参照されたい。
　　5)　本書第Ⅱ部第2章第4節や第3章第3節並びに拙著、『マルクス「信用論」の解明』
　　　　の序章を参照されたい。
　　6)　本書第Ⅰ部第1章を参照されたい。
　　7)　さしあたり、拙著、前掲、『マルクス「信用論」の解明』の序章を参照されたい。

第2節　「23冊ノート」における 「トゥックに向けられた疑問(「問題」)」の検討

　では「23冊ノート」の第10冊としてそこに組み込まれた「岐論。ケネーの経済表」において、この「トゥックに向けられた疑問」(「問題」)はどのように提示されていくのであろうか？

　まずマルクスは、ケネー「経済表」における貨幣の流通＝還流を次のように考察していく。即ち、

　借地農業者Fが20億の地代を貨幣で土地所有者Pに支払う。Pはその半分の10億でFから生活資料を購入する。だから10億の貨幣がFに還流する。残る10億でPは不生産階級Sから非農業生産物を買い、貨幣はPからSに流れる。Sはその貨幣でFから生活資料を買い、それによって残る10億の貨幣も出発点のFに還流する[1]。

　そしてここまで来たところでマルクスは、F－P－Fという貨幣の流通＝還流を取り出し、この還流と、G－W－P－W－Gという「一つの再生産過程を表現する限りでの」「貨幣の出発点への還流とは…本質的に異なっている[2]」

と指摘する。というのは、F－P－Fという「貨幣の還流においては、何ら再生産過程は生じていないからである³⁾」。「貨幣は借地農業者にとっては地主に対する支払手段として役立ち、地主にとっては借地農業者との関係においては購買手段として役立っている。…こうした契機の還流——再生産によって規定されていない、この独自な、貨幣の還流——は、所得と資本との交換においては、常に生じるに相違ない。この場合、貨幣を還流させるものは、再生産ではなく、消費である⁴⁾」、と。

このように、還流をもたらす要因によって還流が区別されることを指摘したところで、「以上のことから、資本家は商品を貨幣に転化させるのに先立って労働者に貨幣を前貸しするのだということから資本家の利潤を「説明」する決まり文句が、いかに馬鹿げたものであるかも解る」として、括弧〔　〕に入れられた長い「岐論」が挿入される⁵⁾。

というのは、「資本のうち、産業資本家と労働者との間で流通する部分（つまり、流動資本のうち可変資本に等しい部分）においても、貨幣は〔資本家—労働者—資本家と流れて〕その出発点への還流が生じる」からである。そして「この還流は、それ自体としては、何ら再生産を表現していない⁶⁾」。「この場合G－W－Gという運動が生じる」のは資本家にとってであり、「労働者の方はW－G－Wという流通を表している。」そして前者の運動では「交換過程の目的が交換価値、貨幣」であり、後者の場合にはそれは「使用価値、消費」であり、このことは「最初に考察した場合〔ケネーの経済表〕の貨幣の還流においても行われて」おり、「そこではG－W－Gは借地農業者の側、W－G－Wは地主の側である⁷⁾」、と。

しかしG－W－Gが、資本家と労働者との間の貨幣の還流のように、「それ自体としては何ら再生産過程を表さない」場合には、それは「単に買い手が同じ相手に対して改めて売り手になることを表すだけである」から、「それはまた、資本としての貨幣、即ち、G－W－G'、第2のG'が最初のGよりも大きい貨幣額、したがってGは自己増殖する価値（資本）であるというような、資本としての貨幣を表すものではない。むしろそれは、同一貨幣額…がその出発点に形式的に還流することの表現でしかない⁸⁾」のである。

そこでマルクスは、『経済学批判』の「第1分冊で、G－W－GはG－W

－G′に等しいに相違ないと私によって言われていたのは、誤りであった[9)]」との訂正を書き記した上で、「資本家が富裕になるのはこのような還流によってではない」・「この形式的な還流は致富とは関係がない[10)]」として、資本家が「毎年播いたよりも多くを収穫する[11)]」のはこのような還流を通してであるとする、「この貨幣の流れの間違った解釈の例として[12)]」デステュット・ド・トラシを指示していく。

そしてマルクスは、「この還流の形態G－W－Gは、買い手が再び売り手になる場合にはいたるところで[生じる]」として、商業資本の場合や、「不変資本の交換においても同様である[13)]」とする。そしてさらに、再び「資本家と労働者との間の貨幣流通を表すG－W－G」に戻り、労働者が労働力を売って[W-G]得た貨幣で「商品を買えば、つまりW－G－Wを通過すれば、取引行為は完了しているのであって」、「彼が行動を起こすのは常に売り手としてであって買い手としてではない。所得の支出だけを示す貨幣流通すべてについても同じである。例えば資本家自身も年々一定量のものを消費する。彼は既に自分自身の商品を貨幣に転化させていて、この貨幣を自分が最終的に消費しようとする商品に対して支出するのである[14)]」、と。

ところでマルクスはここで「なお提起されうる１つの疑問（Frage）」として、「資本家によって行われる、自己増殖する価値を表すG－W－Gにおいては、資本家は、流通に投げ入れるよりもより多くの貨幣を流通から引き出している。…資本家全体が、つまり産業資本家階級が、彼らが投入するよりもより多くの貨幣をたえず流通から引き出すということは、いかにして可能なのか？」という問題を提示する。が、しかしマルクスは、「この問題（Problem）をわれわれは後で考察しよう、さしあたってはケネーに戻る[15)]」として、「経済表」の「第３と第４の流通行為[16)]」の考察に帰って行く。

このようにマルクスは、ケネーの経済表における貨幣流通＝還流の検討をしつつ、そこから、以前に自分が「G－W－GはG－W－G′でなければならない」と言ったことの誤りを訂正しつつ、再生産過程によって媒介されないG－W－Gが存在するのみでなく、貨幣の「形式的な還流」は所得の支出の場合にはいつでも生じることを明らかにすると共に、資本家は「播く以上に収穫しうるのは如何にしてか」という利潤の源泉に関する「問題」の答えを流通

248　第Ⅱ部　『資本論』第Ⅱ部第Ⅷ稿における拡大再生産表式の検討

過程に、特に賃金の支払いに求めていくことの誤りを明らかにしていくのである。そして、「流通に投げ入れられたよりもより多くの価値が…流通から引き上げられるという事実」、「このこと自体は、またも資本はより多くの価値（Mehr Werth）を生産する、自己増殖する、ということに対する別の表現にすぎない[17]」のであるから、「播く以上に収穫しうるのは如何にしてか」という「問題」を批判した関係から、マルクスは「トゥックに向けられた疑問」にも、「後で考察しよう[18]」としつつも、ここで言及だけはしておこうと考えたのであろう。

　そしてマルクスはこの「23冊ノート」の第17冊と第18冊の「エピソード。資本主義的再生産における貨幣の還流運動」において、この「トゥックに向けられた疑問」に答えていくのである[19]。即ち、

　この「エピソード。貨幣の還流運動」では、資本家は流通にGしか投入しないのに、たえずG'つまりG+△gを引上げるのは如何にしてなのかという、「トゥックに向けられた疑問」に対しては、既に最初に指摘しておいたように、生産過程で増殖した価値（△w）を含むW'を販売することによって可能となるのであるから、「問題」は「剰余価値は流通でいかに実現されるか」、ないしは、剰余価値の実現に必要な貨幣はどこから来るかが問題なのである、と「問題」を「立て直し」、したがってそこでは、年総生産物の流通に必要な貨幣は、商人と消費者との間の取引に必要な通貨で足りるとする、スミス＝トゥックの必要貨幣量論批判を展開していくこととなる。

1)　Cf. *MEGA*, Ⅱ/3・2, Text, 1977, S.626~627：訳、⑤、476~47頁。
2)　*Ibid.*, S.627：訳、⑤、477頁。
3)　*Ibid.*, S.628：訳、⑤、479頁。
4)　*Ibid.*, S.629：訳、⑤、479頁。
5)　Cf. *ibid.*, S.630~636：訳、⑤、483~493頁。
6)　*Ibid.*, S.636~637：訳、⑤、493頁。Cf. *ibid.*, S.637：訳、⑤、495頁。
7)　*Ibid.*, S.637：訳、⑤、494頁。
8)　*Ibid.*, S.637~638：訳、⑤、495頁。
9)　*Ibid.*, S.638：訳、⑤、495頁。
10)　*Ibid.*, S.638：訳、⑤、495, 496頁。
11)　*Ibid.*, S.596：訳、⑤、428頁。なお、先の括弧〔　〕に入れられた挿入では、トラシの名前こそ挙げられてはいなかったが、内容的には、トラシが念頭にあったものと思

第4章 『資本論』第Ⅱ部「資本の流通過程」成立過程の一齣　249

われる。というのも、上述のように、この「岐論。ケネーの経済表」自体、トラシ批
判を「23冊ノート」第9冊に書き記した後、その第9冊の執筆を中断して「別冊」
のノートに書き記していたのであるからである。

12)　Ibid., S.638：訳、⑤、496頁。
13)　Ibid., S.638：訳、⑤、497頁。
14)　Ibid., S.640：訳、⑤、500頁。
15)　Ibid., S.641：訳、⑤、501頁。
16)　Ibid., S.642：訳、⑤、503頁。因みにマルクスは、P−Sを「第3の流通行為」、S−F
　　を「第4の流通行為」と呼んでいる（cf. ibid., S.642, 643：訳、⑤、503、504頁）。
17)　MEGA, Ⅱ・4・1, 1988, S.150：中峯照悦・大谷禎之介・他訳、『資本の流通過程「資本論」
　　第2部第1稿』、21頁。
18)　因みに MEGA 編集者は、「マルクスは 1861 年~1863 年の手稿[「23冊ノート」]の中
　　ではこの問題にこれ以上立ち返っていない」との「注解」（MEGA, Ⅱ/3・2, Apparat,
　　S.2910：訳、⑤、501頁）を付しているが、これは全くの誤りである。念のために。
19)　本書第Ⅱ部第2章でこの「エピソード」について紹介しているので、ここでは、こ
　　の「エピソード」には立ち入らないこととする。なお筆者は、前掲の拙著『マルクス
　　「信用論」の解明』の「序章」で、この「エピソード」について詳細に検討している
　　ので、その参照を願いたい。

第3節　『資本論』第Ⅱ部第Ⅰ稿における「問題」の検討

　ところで『資本論』第Ⅱ部第Ⅰ稿では、先の「岐論。ケネーの経済表」で
「疑問」として問題が提示されたときと同様に、G − W − G ないし G − W −
G' という貨幣流通＝還流の考察との関連で、したがって第Ⅱ部の第1章[篇]
「資本の通流（Umlauf）」の「1）資本の姿態変換 [1]」の「Ⅰ）循環（Kreislauf）の
第1形態 G − W. P. W' − G' [2]」において、問題そのものが取上げられていく。
　即ちまず、G − W − G' の「形態」を「単純な商品流通の形態 W − G − W」
と比較して、その特徴5点が指摘されていく。そこ G − W − G' では、1)「貨
幣は…資本として前貸し（vorschießen）されており、だからそれは資本の貨幣
形態、貨幣資本に他ならない。さらにその[形態の]うちには、交換価値として
の交換価値が運動の規定的目的、自己目的であるということが表現されてい
る」。2) それは「最初に投下された価値額の価値の大きさの変化を表現」して
いる。さらに G − W. P. W' − G' の場合には、3)「直接的生産過程 P の中にあ
る資本は、それが W' および G' としてもつ形態とははっきりと異なった形態を

とっている。それは、商品資本および貨幣資本としての W′および G′ から生産資本として区別されている。」そして「商品資本は、W および W′ として、前貸し（avance）および回収[再開]（reprise）として、二重に現れる。…全く同様に、貨幣も二度、即ち、初めは即自的資本として、二度目は実現された資本として現れる」。4)「ここでは生産過程 P は、内在的な一契機として現れる、と同時に、流通過程における中断、休止として現れる。」そしてこの「P は、現実的（reale）過程であり、そこでは、単にその[資本の]本源的価値の増大が進行するのみでなく、同時に、労働要因が存在している形態から、それが過程に生産物として、第 2 の局面の出発点としての、市場に現れてくる形態への、その[資本の]姿態変換が進行するのである」。5) さらに単純な商品流通 W$^{(1)}$ － G － W$^{(2)}$ の場合には「W$^{(2)}$ が何であり、それがどのように消費されるかということは、商品の姿態変換それ自体とは何の関係もない問題である。[が]資本の姿態変換の場合にはそうではない。G － W は…これから準備される独自の生産過程によって規定されている。W として現れる商品の使用価値は、ここでは概念的に規定されている。そしてそれの消費は、それの生産的消費は、生産過程と全く同一であって、ここではそれ自体が一契機として姿態変換に、流通過程に属し、経済的形態規定性の一契機をなしている3)」、と。

　このように資本の第 1 の循環の「形態 G － W － G′」と単純商品流通の形態「W － G － W」との異同を指摘してきたところで、マルクスは、「以上から多くが生じる」として、次の諸点を挙げていく。①「資本の運動全体を見れば、ここでは生産過程[P]は、流通過程に包含された、流通過程を中断し媒介し制約する一契機として現れる」ということ。②「形態 G － W － G′ は固有の貨幣流通をも含んでいる」ということ。ここでは「前貸しされた貨幣の、前貸しした人への還流（Rückströmung）が、資本としての貨幣の流通の本質的な表現である。」しかも③「この質的な契機と並んで、…ここには第 2 の量的な契機が生じる。[即ち]G′ ＞ G が。だから、流通に投げ入れられたよりも多くの貨幣がそこから引き上げられるのである4)」、と。

　そしてマルクスは、「このことは、資本の姿態変換がそこに現れる第 1 の流通形態における、ここで考察されている形態 G － W － G′ における、一つの背理（Paradoxon）のように見える。資本家階級が貨幣の所有者であるのだから、

第4章 『資本論』第Ⅱ部「資本の流通過程」成立過程の一齣　　251

彼らは如何にして流通から彼らが流通に投げ入れるよりも多くの貨幣を引き出すことができるのか？ 5)」と、先の「岐論。ケネーの経済表」で提示されていた「疑問・問題」をここで提起する。

　しかしそう「見える」だけであって「背理」ではない。そのことをマルクスは次のように説明する。即ち、「流通に投げ入れられるよりも多くの価値が流通から引き上げられるということは、（どのような形態においてであろうと、この価値は常に［流通に］存在するのである）、明らかに事実の単なる外見上の表現にすぎない。このこと自体は、またもや、資本は剰余価値を生産し、自己増殖するということに対する1つの別の表現にすぎない。資本主義的生産過程によって、過程に前貸しされた商品の量と価値が増大した。流通は、最初の生産物と同様にこの剰余生産物の実体的形態が、資本家階級の種々な成員の下に配分される割合を、媒介すること以外にはなにもしない。［だから］ここには背理はない、それはむしろ生産過程の分析によって解決されているのである 6)」と。

　つまりこうである。資本家はGを流通に投入してG'を回収するのではあるが、投入されたGで生産要素としてのWが購入され、中断された流通過程つまり生産過程で剰余価値が生産され、価値の増大したW'を流通過程で貨幣化するのであって、G－WにおいてもW'－G'においても、「価値に従った」［価値通りに］取引をしながら、Gよりも△gだけ大きいG'を回収する。だからそこには何の「背理」も存在しない。むしろ貨幣の通流速度やその節約が一定であると前提した場合、「超過の貨幣価値［△w］を貨幣化するための貨幣［△g］はどこから来るのであろうか？」が問題なのである。だから「全く抽象的に表現すれば、…この問題は以下の点に——商品の量と価値が与えられたものとして前提されている単純商品流通が提供しなかった問題（Problem）に——つまり、その使用価値と交換価値の大きさが拡大される商品量にとっての貨幣はどこから来るのか？に帰着する。なぜならこの拡大は資本主義的生産過程の生産物であるからである 7)」と。

　そこでマルクスは「増大する価値量を表示するために、現実により多くの貨幣が必要である限り、それが実際に行われるのは、ただ、社会の前貸し総資本の大きな部分が直接に金の生産に投下されることによって…のみである。」がしかし、このような「流通費」としての「貨幣材料の生産」は「資本主義的生

産様式の空費(faux frais)に属する[8]」、と言う。

そして「ここで[このような]難問(Perplexity)を創りだしているのは形態 G ‒ W ‒ G'なのであり、[それは]だから事実上１つの単なる外見上の形態にすぎないのであるが、しかしそれは、最初に流通過程に投げ込まれた商品量の価値増加を表している」。というのは、「資本の姿態変換——そこでそのために流通する貨幣、つまり、この姿態変換——によって条件づけられる貨幣は、社会的総生産物の流通のために社会で流通している貨幣より小さいのである。」なぜなら、「G ‒ W ‒ G は彼[資本家]の個人的消費に要する貨幣流通のための貨幣を少しも含まない」からであり、資本としての G の他に、「彼は…剰余価値を先取りするために、自分の手に貨幣をもっていなければならない。労働者から自分の所得を搾取する前に、貨幣を所得として支出しなければならない[9]」のである。だから「すべての難問は G ‒ W ‒ G'に由来する[10]」のである、と。

資本の循環の第１形態としては G ‒ W ‒ G'にはその運動を中断する生産過程 P が含まれており、その結果としての商品は、G ‒ W で前貸しされた資本価値を超える剰余価値を含む W'(=W+△w)であるから、この△w を貨幣化する貨幣が必要で、それは資本家の所得として支出される貨幣によって賄われるのである。しかし「そこ[G‒W‒G']では、1) 貨幣は、消滅的契機としては、即ち単なる流通手段としては表現されておらず、2) 資本家は、(彼の資本の流通とは関係のない)所得をも含んでいるのではあるが、単に資本の前貸し人としてのみ含まれており、それゆえ、資本としての貨幣と投入される貨幣一般との間の区別が現れず、見えてこない[11]」ので、一見したところ「難問」が生まれるのだというのである。

〔補注〕

なおここにマルクスは、括弧〔　〕に入れて、「重農主義者の偉大な功績は、彼らが、形態Ⅰ)に代わって、形態Ⅲおよび形態Ⅳを流通過程の本質的形態として捉えていることである[12]」、と書き記している。

ところでこの循環形態Ⅰの G ‒ W は、G ‒ W(Pm)と G ‒ W(A)に分かれる。そして前者 G ‒ W(Pm)についての「立ち入った規定は、後述する流通形態[形態Ⅳ]のところで初めて展開することができる」のであるが、後者(G‒A)

第4章　『資本論』第Ⅱ部「資本の流通過程」成立過程の一齣　　253

については「既にここで展開することができる[13]」として、マルクスはこの
流通の考察に入って行く。

即ち、「G、即ち、貨幣のうちの、可変資本の貨幣形態である部分は、労働
能力と交換され、賃金に投下（auslegen）される。労働者はそれでもって必要生
活資料を購入する。」「資本家は労働者に貨幣を与え、… 労働者は、彼が売り
手として資本家から受け取った貨幣を、買い手として資本家に返す。[14]」そこ
で「流通の単なる形態だけを考察すれば、われわれは再びG－W－Gを、つ
まり資本家によって賃金として投下された資本の一部の還流を、見出す」ので
あるが、「しかし第1に形態だけを考察するのみでも、このG－W－Gは…
貨幣流通G－W－G'とは決して同一ではない。この［後者の］貨幣流通の場合
に、出発点への貨幣の還流という貨幣流通の形態で現れるものは、資本の価値
増殖であって、…資本の姿態変換の全体なのである。」ところが「資本家によ
って労働［能力］の価格として投下された貨幣の、必要生活資料の売り手として
の資本家への還流は、先に考察された還流［G－W－G'］とは外見上でのみ同一
であるにすぎない[15]」。

そこで「この過程をより厳密に考察するならば、……、ここでは、2つの異
なった、完結した、だから2つの相対立する段階において補完しあう姿態変換
が進行し、それらのうち、資本家と労働者との間の貨幣流通の運動としてのG
－W－Gにおいては、第1の環G－Wはその姿態変換の一方に、そして第
2の環W－Gはその他方に属している、ということを見出すであろう。」「可
変資本としての資本の側」から見るならば、G－W（A）に投下された貨幣は
W'の販売によって回収され維持され増殖されるのであるが、労働者の側から
は、A（W）－Gは彼の労働力の販売であり、続くG－Wは賃金による生活資
料の購買である。したがってそれは「単純商品流通の形態［W－G－W］であり、
貨幣は、彼にとっては単に流通手段としてのみ機能する、つまり必要な欲望の
充足のために必要とされる生活資料に解消する形態、交換価値の消滅していく
形態としてのみ機能する[16]」のである。

このように「資本家にとっては（活動G－A－G+△gの最初の環と一緒になって）
G－W－Gに結果するこのA（W）－G－Wという活動は、それを媒介する
諸関係が省略されていて、［その諸関係を］認識し得ない流通の単なる一活動で

あり、そしてこの単なる流通活動から資本家と労働者の関係が、だから資本の価値増殖が導き出されるなら、結果は甚だしいナンセンスである。」というのは、「第1の過程では資本家が労働[能力]を買う。」「第2の過程では労働者がその同じ貨幣で資本家から商品を買うのである」から、「労働者は彼の手に移った資本家の貨幣で商品を買うのである。」だから「資本家が労働[能力]の価格として支出した貨幣が彼の商品の価格としてこのように還流してくることが、資本家を富ませたり、あるいは彼を資本家にしたりするというのではないのである[17]。」

ところが「産業資本家達がいかにして『毎年彼らが播いたよりも多くを』…刈り入れようとするのかを証明しようとする試みにおいて、彼[「D,氏」]は、彼らがすべてを『高値で』売るということに起因しているということを…見つけだしている。そしてとりわけ、労働者に関して。/……『賃労働者に対して、[『高値で』売るということで]……彼らはこれらの賃労働者から……彼らの賃金をそっくり回収する』」、という「D,氏」の主張に――「われわれはもっと後のどこかでこのことに立ち返る[18]」としながらも――、マルクスはここで言及していくのである。

というのも、実はこのデステュット・ド・トラシ批判に入る前で、資本家によってG－Aに投下された貨幣が労働者による生活資料の購買(G－W)を通じて資本家に還流する点に言及したところで、マルクスは「文脈を中断」して、括弧〔 〕に入れて、次の挿入を加えていたからなのである。即ち、「資本の流通は貨幣の還流として、貨幣流通のこの特定の形態として現れるけれども、逆に貨幣のすべての還流[G－W－G]が、つまりこの形態が常に資本の流通それ自体[G－W－G']を表しているわけではない[19]」、と。これはまさに、先の「岐論。ケネーの経済表」で、上述のように、『経済学批判』第1分冊での記述を訂正した点の再確認である。そしてここではさらに「還流の継続性」との関連で、次の点が書き加えられていく。

「資本のうち可変資本を形成している部分は、たえず貨幣形態で存在していなければならず、またそれは、最初に、労働市場で資本家と労働者との間で貨幣資本として、それから労働者と資本家との間で流通手段として機能する。だから貨幣流通を考察するならば、資本のこの部分は常に流通手段に、そしてま

第4章 『資本論』第Ⅱ部「資本の流通過程」成立過程の一齣　　255

た、取引の性質上、特定の貨幣形態に帰着するに相違ない。そしてそれは鋳貨で、または小売取引にとって適した鋳貨種類で、なぜなら労働者の購入がただ小規模にのみ生じ得るので、手元にあるのだが[20]」、と。

なお、マルクスは「流通過程の第Ⅲの形態[P…P]」を考察する際に、この「播く以上の収穫」ないし「投入する以上の貨幣の引き上げ」の問題に、次のように言及している。「剰余価値が実現されるには、W′が全体として…販売されねばならない、あるいは自立的価値の形態、貨幣形態をとらねばならない。流通では価値は決して創られないが、しかし価値に必要な貨幣形態、価値が価値として働くその固有の形態が、与えられる。」生産過程で剰余価値が生産されても、まだそれは貨幣に実現されていない。そこで「剰余価値は初めてそこ[流通過程]で実現され、そしてこの実現なしにはその所有者にとっては実現されないので、あたかもそれ[剰余価値]は本来的流通分野に属している流通過程に由来するかのような流通過程によってもたらされる仮象(Schein)が」生まれる。「しかしそれは…、価値は一般的に流通に由来するというのと同じ幻想(Illusion)である[21]」、と。

そしてさらに「流通過程の第Ⅳの形態[W′…W′]」を考察する際にもマルクスは「仮象(Schein)」に言及している。「生産過程の生産物である」W′の、「支払労働として現れるそれ[その部分]でさえ、事実上労働は自分自身の生産物(自身のこの生産物の一部)をもって支払われているのであるから、あたかも形態G－Wは、それがG－Aに帰着する限り、商品流通によって媒介されたそれ自身の生産物の一部での労働能力の購入以外の何かを表現しているかのような仮象が、特にW′－C－P－Wにおいては、消滅するのである。労働者がG－W（それがG－Aに等しい限り）においてそれで支払われる貨幣は、彼の生産物W′がW′－Gの段階でそこに表現される貨幣の一部であり、そして彼がW′－Gにおいて、即ち、彼が購入するW′の一部において、自己のものとする生産物は労働者階級の生産物の一部なのである[22]。」だからこの資本家と労働者との間での流通過程から利潤が生みだされるなどと言うことができないことが、この第Ⅳの形態では特に明らかである、というのである。

ところで資本の側からするとこのW′－G′は、労働者の側からのG－Wによって行われる限り、所得である賃金の支出が、そしてその限り個人的消費が

256 第Ⅱ部 『資本論』第Ⅱ部第Ⅷ稿における拡大再生産表式の検討

関係してくる。またそれが上述のように資本家の所得の支出である△g－△w によって行われる限り、同じく個人的消費と関係してくる。「消費が資本の循環の中に現れるのは、資本の循環のすべての形態の中にW'－Gが、商品の貨幣への再転化が含まれている限りにおいてである。」そして「資本の流通（Umlauf）に含まれている唯一の個人的消費過程は労働者のそれである。なぜならすべての[循環]形態にあるG－WにはG－Aが含まれているからで」、「このG－W（G－A）が、W'－G'のうちの、生産された商品の労働者への販売を表す部分、つまりその商品が労働者の個人的消費に入って行くのを媒介する部分によって惹き起されている、ということが前提されているからである。同じことは資本家に関しても、形態のうちに存在している。」しかし「消費過程としての消費過程は、それが資本の再生産過程に入り込み、その一契機を形成する限りでのみ、だから消費が生産的消費であるかぎりでのみ、資本の流通過程ないしは姿態変換列に含まれるものとして現れる。」別言するならば、「個人的消費過程としてのそれは、形式上は（formell）、資本の循環の中には含まれていない[23]」のである。

〔補注〕

　なお「資本主義的再生産過程に対する消費過程の現実の（wirklich）関係は第Ⅲ章[篇]に属している[24]。」個別資本の循環の考察の場合には、「相異なる諸資本の平行的な再生産諸過程、それらの並行性（Parallelismus）が前提されて」おり、それらは「個別資本の再生産過程および流通（Umlauf）においては…ただ貨幣と現存する商品だけが相互に交換されるのであるから、それだけが孤立化されれば、こうした再生産過程は単に形式的（formell）であるにすぎない。現実の（reell）再生産および流通過程は、ただ、多数の資本の、即ち種々な事業の諸資本に分裂している総資本のそれとしてのみ捉えることができる。だからこれまでとは異なった、この[第Ⅱ]部の第３章[篇]で行っている、現実の再生産過程のそれ[考察方法]が必要なのである[25]」、と。

そしてこのW'－G'において、「もしW'自体が、その性質から生産手段として再生産過程に入ることに決められている商品から成立っている場合には」、その過程には「一つ固有の性格」が現れる。この場合、一方の資本の側から見たW'－G'は、他方の資本の側から見たG－Wであり、したがって「Gは、

第4章 『資本論』第Ⅱ部「資本の流通過程」成立過程の一齣 257

ここでは、相互に交換される不変諸資本(素材的に見れば)の貨幣形態を表しており、そしてそれ[貨幣]は、それ[不変資本]の貨幣形態であるのと同様に流通手段でもある。資本のそのような流通手段として、それ[貨幣]は、あたかもそれが直接に流通手段の形態で、あるいは差額の清算のための交換手段(Tauschmittel)の形態で現れようと、[上述の]資本家と労働者との間で流通する貨幣と同様に、特殊な貨幣種類の形態をとることとなる。[そして]資本家達の間を絶えずあちこちと動き回るこの貨幣は、必然的に所得に入って行く商品の流通にある貨幣総額には、あるいは、所得の貨幣形態、その貨幣表現への転化を媒介する貨幣総額には含まれないのである[26]」、と。

 これこそまさに、流通過程把握に現れたスミスのいわゆる「ドグマv+m」を批判する根拠に他ならない。だからマルクスは、先に言及した「諸学説」では「後にまわす」と言いながらも、そこでも一言書き記していた流通過程分析に現れたスミスの「ドグマv+m」批判を、ここでも括弧〔 〕に入れて挿入する。即ち、「A.スミスは反対を、即ち、所得の貨幣形態を媒介する貨幣が、結局は、全不変資本の流通をも清算するに相違ないと、誤って思い込んでいる。これは、商品の価値は結局賃金、利潤、地代という単なる所得形態に帰着するという彼の誤った思い込み、全く途方もない誤謬に、基づいている。もし後者[この思い込み]が真実であるとすれば、商品の価値は可変資本の価値(それは労働者の側には所得として現れる) + 剰余価値(利潤(利子)、地代)に帰着し、そこでこの商品の流通に足りる貨幣が、総生産物の流通に足りるであろうに[27]」、と。

 そしてこの点は第3章[篇]で、(トゥック批判と共に)再論されることとなる。

 では第3章[篇]では、この年総生産物の再生産＝流通に必要な貨幣の問題はどのように扱われていくのであろうか？主として「トゥックに向けられた疑問」との関連においてではあるが、一瞥しておくこととしよう。

 第1節[章]「資本と資本との交換、資本と所得との交換、および不変資本の再生産」は、生活資料生産部門である部門 A ── $W' = 400c+100v+100m$ ──の労働者の所得(賃金)と資本家の所得(剰余値値)の支出がまず第1に、次いで第2に、生産手段生産部門 B ── $W' = 800c+200v+200m$ ──の労働者の所得(賃金)と資本家の所得(剰余値値)の支出とが考察され、そして第3に、部門 B 内部での

取引が「貨幣流通を捨象して」考察される[28]。

次にこれらの「交換」を媒介する「貨幣流通」が、「最初に」部門 A の「労働者から出発する限りで」考察される。労働者は、「彼の賃金を貨幣形態から商品形態に転換する。それによって彼は可変資本が前貸しされた際の貨幣を資本家に戻し、可変資本の貨幣形態を回復させる。あるいは、新たに可変資本として機能しなければならない貨幣資本を、彼の購買によって資本家に補償する[29]」。この場合「彼は自分の貨幣所得の支出によって、可変資本の貨幣形態を補填する。しかし、彼はこの資本そのものを補填するのではない。」「同じ貨幣が交互に賃金[所得]の貨幣形態および可変資本の貨幣形態として存在する。現実の可変資本は使い果たされてしまい、それを[現実に]補填するのは、資本家と労働者との間のこの交換によってではなく、その新たな再生産によってなのである[30]。」

次が「部類 A の資本家達の間での彼らの所得の支出を相互的に媒介する貨幣流通」の考察である。この「貨幣流通および商品流通は、実際には単純流通であって、それは資本家としての彼らの間で行われるのではなく、彼らの商品の相互的な消費者としての彼らの間で行われるものである[31]。」「彼らは所得と所得を交換するのであって、この交換の中で流通して彼らの間で配分される貨幣が彼らのために補填するのは、彼らの資本のうちのどの部分でもなく、彼らの所得の実現のために必要な通貨（currency）だけであり、あるいは、彼らの所得のうちのたえず通貨の形態で存在する部分だけである[32]。」そしてこの貨幣（通貨）は彼らが「彼らの生活資料を互いに買いあう」のであるから、「彼らの所得の一部の貨幣形態への還流」が生じるが、「この還流は資本の還流とは何の関係もない。…それはただ、この消費者階級の間での通貨の絶えざる再配分を、通貨のうち彼らの所得の流通に必要な部分の絶えざる再配分を表現するにすぎないのである[33]。」

したがってこの部類 A のなかの資本家 A が商品を B に売り、B がそれを貨幣で買い、その貨幣で A は C の商品を買うとすれば、その貨幣は C の手に移る。だから貨幣は次々に渡って行くが、「しかし貨幣は常に一方の手になければならない。」しかも資本家 A、B、C はみな、「自分の消費のために商品を買うだけでなく、たえずまた、他人の消費のために商品を売る。だから彼ら自身が、他人がそうであるのと全く同様に、流通する貨幣の一部を、通貨を、手許

第4章　『資本論』第Ⅱ部「資本の流通過程」成立過程の一齣　　259

に留まらせている他人なのである[34]。」だから資本として流通に投入される貨幣とは別の貨幣が、資本家の所得の支出のための貨幣が、資本家の手に存在しているのである。

　そしてさらにマルクスは、「このことは帰するところ、彼らは自分の全所得を消費してしまうのではなく、所得の一部を、それ以外の部分を流通させて任意の商品に実現し得るために、(直接ないし間接に)金銀の生産者と交換しなければならない、ということである。彼らはこの所得を二重にもっているわけではない、彼らは通貨としてもっているその部分を、金銀の生産者はそれの自然形態でもっているのである[35]」として、資本家が、資本としての貨幣以外に所有する、所得の流通のために必要な貨幣(通貨)の源泉に言及していく。

　このように部類 A の内部での取引(100v+100m)は、労働者の場合にも資本家の場合にも、「所得と所得の交換[36]」である。しかし部類 A の 400c 部分は、生産手段生産部門である部類 B の所得(200v+200m)との交換であり、この交換は「A にとっては、資本の資本への転化を…、不変[資本]部分の要素への再転化を表し」、また「B にとっては単に所得の一形態から他の形態への転化を表しているにすぎない[37]。」しかしこの「B の所得と A の不変資本との交換」を媒介する貨幣流通には、部類 A の内部での場合とは若干の「相違」が生まれてくる。その1つが「迂回還流」の点である。即ち、B の所得(賃金と剰余価値)として支出された貨幣は、A の側での不変資本の補填投資を通じて B に還流するという「回り道(Umweg)[38]」の点である。

　そしてさらに「次の追加の相違」が生じる。即ち、交換を媒介する貨幣——「社会の総通貨のうちのこの部分」——は「二重の過程を経過」し、「二重の機能を果たす唯一の部分」となる。つまり「社会の通貨のこの部分は、所得の支出に用いられるように規定されているのと同時に社会の不変資本の一部分を貨幣資本として表示する、唯一の部分なのである[39]」、と。

〔補注〕

　なおここでマルクスは、「最終的な叙述では、この第1部分(§1)を、2つの部分に、1) 総再生産過程における商品諸資本の現実の素材転換と、2) この素材転換が媒介される貨幣流通とに、分ける(sondern)方がよいであろう。今そうであるように、貨幣流通への配慮は展開の脈絡をたえず破ることになる[40]」と

記し、手稿の左欄外を二重に括っている。

　　実は「エピソード。貨幣の還流運動」では、「諸学説」でスミスの「ドグマ v+m」批判に端を発して「あい間あい間」に「間奏曲」として奏で続けた年総生産物の転態の研究では、「貨幣流通は捨象され、貨幣はただ価値の表現として、計算貨幣としてのみ考察[41]」されていたにすぎず、したがって「価値＝素材補填」論としての再生産論に止まっていたとして、「貨幣流通＝還流」論を、そこで初めて展開し、再生産論を再生産＝循環論にまで発展させていた。そこで「貨幣流通＝還流」の考察が、この第Ⅰ稿では「価値＝素材補填」の考察と混ざり合ってしまって、かえって解かりにくいものになってしまった、というのがこの括弧に入れられた覚え書きなのである。そして後述するように、第Ⅱ稿では、「2つの部分」に分けての叙述に改められていく。

　ところで残るのは、部類 B の不変資本 800c 部分の「資本家間の流通」である。「それはもっぱら資本家としての資本家の間での流通、互いに補填しあう諸資本の流通」で、しかも「ここでは貨幣は主として支払手段として、相互の差額を決済するために機能する。」「しかしそれ[貨幣]が支払手段として機能しようと、流通手段（購買手段）として機能しようと、この分面で必要な貨幣…は、もっぱら、B の資本家の間で、彼らの不変資本の補填のために流通する。」そして「同じ貨幣が偶然に他の流通分野に移っていくことがあるかもしれないが、しかし同じ貨幣の一定額は常にこの分野で流通し、常にこの分野に包含されている。[42]」

　だからマルクスは言う、「A の内部および A・B 間で流通する貨幣は、両分野の所得を、それも労働者の所得と資本家の所得とを、貨幣所得として表示する通貨であるにすぎない。それは B の不変資本の所有者としての資本家達の間で行われる流通のためには、いかなる機能も果たさないのである。」「消費者として――即ち、所得の支出者として――考察すれば、A と B の資本家と労働者の全体は、B の不変資本のいかなる部分の支払も購買もしないのである」、と。

　そこでこれに続けてマルクスは、「消費者は生産に年々前貸しされる資本およびそれによって年々生産される商品資本の総価値を結局は支払い、そしてそれ故彼らの貨幣流通が総貨幣流通を補填するか、あるいは、総商品資本に……その貨幣形態を与え、再現するというのは、A. スミスの途方もない誤りであ

第4章 『資本論』第Ⅱ部「資本の流通過程」成立過程の一齣　261

る」とし、「彼[スミス]の誤解は、資本と所得との誤った解釈[──「一方の人々にとって資本であるものが、他方の人々にとっては所得である」等──]、および再生産過程における総商品資本の現実的素材転換の誤った分析[──「商人と消費者との間の取引は、商人と商人との間の取引と等しくなければならない」──]から生じている [43]」、と批判していくのである。

1)　*MEGA*, Ⅱ/4・1, S.141：訳、9頁。
2)　*Ibid.,* S.146：訳、16頁。
3)　*Ibid.,* S.146~147, 148~149：訳、16~20頁。
4)　*Ibid.,* S.149：訳、20頁。
5)　*Ibid.,* S.149~150：訳、20~21頁。
6)　*Ibid.,* S.150：訳、21頁。
7)　*Ibid.,* S.150：訳、21~22頁。
8)　*Ibid.,* S.151：22~23頁。
9)　*Ibid.,* S.151~152：訳、23頁。
10)　*Ibid.,* S.152：訳、25頁。
11)　*Ibid.,* S.153：訳、25頁。
12)　*Ibid.,* S.153：訳、25頁。Cf. *ibid.,* S.162~163：訳、38~39頁。因みに、この第Ⅰ稿の資本循環論では、「形態Ⅲ」が生産資本の循環形態、「形態Ⅳ」が商品資本の循環形態である。
13)　*Ibid.,* S.153：訳、25頁。
14)　*Ibid.,* S.153~152：訳、25~26頁。
15)　*Ibid.,* S.154：訳、26頁。
16)　*Ibid.,* S.154~155：訳、26~27頁。
17)　*Ibid.,* S.155~156：訳、28頁。
18)　*Ibid.,*S.158：訳、32頁。なお後述するように、マルクスは第Ⅱ稿の第3章[篇]で「D, 氏」の再生産論を、「諸学説」でのデステュット・ド・トラシ批判をベースに、取り上げ批判していく。そしてそれが現行版に踏襲されていく。
19)　*Ibid.,* S.156：訳、29頁。
20)　*Ibid.,* S.157：訳、29~30頁。
21)　*Ibid.,* S.169：訳、43頁。
22)　*Ibid.,* S.171：訳、45~46頁。なおCは流通過程を表している。
23)　*Ibid.,* S.172~173：訳、46~47頁。
24)　*Ibid.,* S.173：訳、47頁。
25)　*Ibid.,* S.182：訳、59頁。Cf. *Ibid.,* S.302f.：訳、200頁以下。
26)　*Ibid.,* S.174~175：訳、50頁。
27)　*Ibid.,* S.175：訳、50頁。

28) *Ibid.,* S.301, 307, 311~12：訳, 199, 204, 210 頁。

29) *Ibid.,* S.308：訳 205 頁。

30) *Ibid.,* S.310：訳, 208 頁。

31) *Ibid.,* S.308：訳, 205~206 頁。

32) *Ibid.,* S.310：訳, 208 頁。

33) *Ibid.,* S.309~310：訳, 207 頁。

34) *Ibid.,* S.309：訳, 206 頁。

35) *Ibid.*

36) *Ibid.,* S.310：訳, 207 頁。

37) *Ibid.,* S.312：訳, 210~211 頁。

38) *Ibid.,* S.313：訳, 212 頁。

39) *Ibid.,* S.313~314：訳, 212~213 頁。

40) *Ibid.,* S.314：訳, 213 頁。

41) *MEGA*, II /3・5, S.1717：訳, ⑧, 276 頁。

42) *MEGA*, II /4・1, S.319, 320：訳, 218, 220 頁。

43) *Ibid.,* S.321：訳, 221~222 頁。なおここには、トゥックによるスミスの誤りの踏襲についての言及、そしてまたスミスによる「純収入と総収入、純所得と総所得の区別」の「大混乱」についての立ち入った検討が見られ、さらにこのスミスの「いわゆるドグマ」をめぐる、セイ、シュトルヒ等への学史的回顧もなされている。

第 4 節　『資本論』第 II 部第 II 稿にける「問題」の検討

さて第 II 稿でも、第 I 稿同様に、『資本論』第 II 部全体の 3 章 [篇] 構成に変化はない。しかし第 1 章 [篇]「資本の循環過程 (Kreislaufsprocess)」第 1 節 [章]「資本の姿態変換」は、「トゥックに向けられ」、そして「トゥックも他の者もこれまで答えていなかった[1]」「疑問」に解答を与える形で始まっていく。即ち、「単純商品流通の視点からは不可解 (unerklärlich)」である、「貨幣の商品への転化、そして商品のより多くの貨幣への再転化」という「循環 G － W － G'」の「謎 (……) は、資本主義的生産過程の分析によって解決されている。後者は商品を生産するのみでなく、生産諸要素等の価値よりも多い価値の商品を生産するのである。続く商品の販売を通じて、商品に合体された剰余価値が貨幣形態を受け取るだけなのである[2]」、と。そしてマルクスは、「循環 G － W － G' を不可解 (unbegreiflich) にするものは、G － W 即ち商品の購買の後に、そして W － G' 即ち商品の再販売の前に入ってくる資本主義的生産過程が目に見

えないままに留まっているという事情であったのだ。だからわれわれが生産過程をPと呼ぶならば、G－W－G'からG－W－P－W'－G'が生まれる²⁾」と指摘して、循環の第1形態を導きだしていく。

そしてここでは、資本家は資本として投下する貨幣の他に、剰余価値を実現するための貨幣、つまり所得の支出のための貨幣をもっているということには特に言及せずに³⁾、このG－W－P－W'－G'について、その第1局面G－W、第2局面－P－、および第3局面W'－G'の各運動を解説する。そしてその後に、ここでは、「1）貨幣資本」という小項目が立てられていく。確かに第Ⅰ稿でも、第1節の最後に、「商品資本W'－G」、「在庫形成」、「貨幣資本⁴⁾」という小項目が立てられているが、それとは異なって、ここではマルクスは、むしろ英語での「貨幣資本(money capital)」という言葉のあいまいな使用に対して、自分が用いている「貨幣資本(Geldkapital)」という言葉を厳密に規定しようと試みていく。

即ち、「貨幣資本(Geldkapital)は、一般的商品流通との関連では、貨幣以外の何物でもない。貨幣資本は、経過している資本価値の特定の機能に規定された形態の一つとしてのみ、だから資本が一般的流通の内と外とで描く自立的循環との関連では、それ[貨幣資本]である。だから貨幣資本は、すべての個々の流通行為においては、ただ一つ貨幣機能だけを遂行する、即ち、それは購買手段、支払手段、等々としてのみ機能する⁵⁾」という、資本の循環過程での流通局面での貨幣資本の貨幣としてのその機能の説明で始まって行く。そして資本の循環過程での貨幣資本の「この固有の特質は、貨幣資本が資本であることからではなく、資本がここでは貨幣の形態をもつことから、だから貨幣が特徴づけ、そして際立たせている特質から、生じている⁶⁾。」したがって、「貨幣資本は自立的資本種類(selbstständige Kapitalart)などではない──それはその循環過程で、あるいは、その姿態変換系列において、経過している資本価値がとる特定の形態の一つにすぎない。だからそれは、例えば利子生み資本のような、自立的資本種類と思い違いすべきではない⁷⁾」、と。

そしてそこにマルクスは長い脚注を付して、money capital という言葉の用語法がイギリスでは乱れてきている点を批判していく。即ち、「『貨幣(金、銀行券、そして譲渡可能当座貸越し)の総ストックの一部は常にそれを資本として使用

264　第Ⅱ部　『資本論』第Ⅱ部第Ⅷ稿における拡大再生産表式の検討

する……人々の手にある。後者の場合それが貨幣資本（money capital ）である』（ジョン・レーラー、『貨幣と道徳』、ロンドン、1852年、7, 8頁）。レーラー（Lalor）氏にとっては、自らの価値を増殖している資本の機能的諸規定の一つとしての貨幣資本（money capital）が、利子生み資本等から全く区別されていない。しかしながらイギリス人（Engländer）は、*monied capital*［という言葉］に *money capital*［貨幣資本］からは区別されたある表現をもたせており、そしてそれらのうちの前者［*monied capital*という言葉］のみが利子生み資本（Zinstragendes Kapital）などのために用いられるべきである。しかし嫌悪感をもようさせるような訳のわからない言葉（Kauderwelsch）が――そしてそれと共に証券市場の粗野な表象が、特にピットの反ジャコバン政権以来、経済学に入り込んできている。コーベット（Cobbett）は、彼の 19 世紀初頭以来の『政治記録（*Political Register*）』で、このように惹き起されてきている言語＝並びに思考の誤謬と戦っている。なお彼は、彼の文法書で、若い人々に――彼らにとってはそれ［誤謬］が決定的なのだが――、「マネー（money）」という言葉を二義的に使用する人々との付き合いに用心するように注意している[8]。」

〔補注〕

　　因みにこれは、現行版『資本論』第Ⅲ部第28章冒頭部分の「英語で言うmonied Capital」についての、マルクス自身による別様の解説と理解してよいであろう。即ち、「利子生み資本（Zinstaragendes Capital）」、それは英語で言えばmomied capital であって、近年誤用されている money capital の謂いではない、と。なぜエンゲルスが第Ⅱ稿のこの脚注を全く削除し、マルクスが第Ⅲ部の手稿「信用。架空資本」で用いている momied capital の多くを、現行版ではGeldkapital に訳出してしまったのであろうか？　理解に苦しむところである。

　　マルクスはここ第Ⅱ部第1章［篇］で資本の循環範式を展開するにあたって、誤解を生まないように、「貨幣資本」という言葉を、自分は monied capital と区別して用いているのだということを明示しておこうとしたのであろう。

　　マルクスがこの monied capital という言葉を「23 冊ノート」では、「貨幣取引資本」と「貨幣貸付資本」の意味で用いていたが、それを『資本論』第Ⅲ部の手稿で後者の意味に絞ってきたこと、また「銀行法特別委員会報告（1857年）」「銀行法特別委員会報告（1858年）」においては、もはやこの言葉が用いられていないところから、筆者は以前に、monied ないし moneyed という言葉ではなく、

第4章　『資本論』第Ⅱ部「資本の流通過程」成立過程の一齣　265

熟語としての monied capital という言葉はマルクスの「造語」ではなかったのかと推定した[9]が、それは誤りであった。

　ところで、この「1) 貨幣資本」という小項目で生産資本や商品資本などにも言及した後、今一度「資本の姿態変換　G − W − P − W' − G'」という項に戻って、その運動を再度考察していく。そしてその際マルクスは、「貨幣資本、生産資本、商品資本は、特殊な資本種類などでは決してなく、種々の機能的に規定された形態、ないし同一の経過しつつある資本価値の交替する状態である……ということが、[われわれの]全く基礎的な見解(Einsicht)である」と再度注意を喚起し、さらに「しかし、理論の歴史を取り扱う第Ⅳ部(3巻)で立ち入って見るであろうように、経済学がそれについて明確には至っていない理由は、全く単純である」として、次のように説明していく。即ち、「それ[経済学]は、経済諸関係の現象形態を、これらの形態(Formen)の隠された発展過程を追求することなしに、それら[諸関係]が表面上に見せている、固定した、出来上がった形態(Gestalt)において捉えている。現象においては、そしてこのことが仮象(Schein)によって支配されている観察者を混乱させ、頑迷にし、そして資本価値がその循環の一特殊な段階でとる、だからその運動の単なる契機をなしているにすぎない諸形態と諸機能を、自立化させるのである。したがってそれらは、特殊な資本種類の機能として、あるいは諸資本家達の特殊な種類の排他的な機能として、現象するのである[10]」、と。

　このようにマルクスは、流通の型 G − W − G' の中に生産過程 P を明示して G − W − P − W' − G' とすることによって、「トゥックに向けられた疑問」は解決されるものとして考察を始めたのであるが、しかし W' の価値を実現する貨幣、即ち (G'=G+△g) の △g 部分、資本家の所得の支出のための貨幣については、第Ⅰ稿とは異なって、全く第1節[章]では言及されないで終わっていく。そしてここ第Ⅱ稿では、その点が、第2節[章]の「3) 回転における相違の資本の価値増殖への影響」の「b) 可変資本の回転。剰余価値の年率」の、後半部分で立ち入って考察されていくこととなる。

　実は、この第Ⅱ稿の第2章[篇]は、「第1)〜第3)」という第2章[篇]の3節[章]構成が、『現行版』では第7〜17章の11章構成に改められてはいるが、実

質的には第Ⅱ稿が凡そそのまま第Ⅱ部第2篇として編集されていく。そしてその「第3節［章］」の「b) 可変資本の回転。剰余価値の年率」部分は、「われわれはこれまでに、年々創り出される剰余価値の量が同じままである場合でさえも、回転期間の相違が剰余価値の年率における相違を作り出すということを見てきた[11]」というパラグラフの前後で、現行版は第16章「可変資本の回転」と第17章「剰余価値の流通」とに振り分けられており、そして「〔与えられた規模での再生産さえ阻止される攪乱を除けば〕A) 単純な規模での再生産が生じるか、あるいは、B) 剰余価値の資本化が・蓄積が生じる、という2つの正常なケースのみがありうる[12]」というパラグラフ以下が、第17章の第1節「単純再生産」と第2節「蓄積と拡大再生産」とに分けられて編まれていく[13]。

　そして手稿では、この第1のケースは、「年々生産される、あるいは年度内の異なった回転で周期的に生産される剰余価値が、個人的に即ち非生産的に、その所有者たち、資本家達によって消費される[14]」事例であること、第2のケースとは「蓄積、即ち拡大された規模での再生産[15]」の事例であることが確認され、「第1のケースはまさに第2のケースとの関係で、ここで再度考察すべきである」とした上で、マルクスは次のように言う。生産物価値 W' が、剰余価値 (m) 部分と資本を表している (c + v) 部分とから成立っているという「事情は、商品資本としてたえず流通に入ってゆき、同様に流通から生産的ないし個人的消費に入って行くために、だから生産手段ないし消費資料として機能する（役立つ）ために、引上げられる総生産物の量も、また価値をも、絶対に変えるものではない。不変資本を度外視するならば、それ［この事情］によって、年々の生産物の労働者と資本家との間での配分のみが、影響されるだけである。」「だから、単純再生産を想定してさえも、剰余価値の一部は、たえず貨幣で、そして生産物でではなく、存在する。というのは*、このことは以下のようであるからである」、と。そしてマルクスは、「簡単化のために」として、以下では「金属貨幣の、即ち、現実の等価物である貨幣の流通」を想定して、「剰余価値の一部はたえず貨幣で存在する[16]」点の考察に、次の諸前提を置いて、入って行く。

　即ち、「一国に現存する金属貨幣量」は、既に「単純商品流通」について考察したように、「商品を流通させるに充分」であるのみでなく、種々の要因に

第4章 『資本論』第Ⅱ部「資本の流通過程」成立過程の一齣 267

よって生じる「通貨[量]の変動にも充分」でなければならない。さらにこの「現存する貨幣量は蓄蔵貨幣と通流している貨幣とに分かれる。」そして「この貨幣額(貴金属貨幣量)はだんだんと蓄積されてきた社会の蓄蔵貨幣である[17]」が、「一国における貨幣蓄蔵の本源的形成については、少数者によるその領有(Aneignung)についてと同様、それにここで立ち入る必要はない[18]。」また「流通している貨幣の量について、商品の姿態変換等の際に一般的に定立されたすべての法則は、生産過程の資本主義的性格によってはいささかも変わらない[19]。」しかし奢侈品用に生産される金銀を別にして、流通金属貨幣の摩損部分はその年の生産によって補填されることが必要であり、また流通する商品の価値額が増加すれば、金の生産も増大されなければならない。したがって社会的生産の一部分は金(貴金属)の生産に振り向けられなければならない、と。

そしてこれらの諸前提の下で金生産者に目を転じると、その生産物は金であるから、剰余価値も賃金部分もまた不変資本部分も、生産物を貨幣に転化する必要はない。生産物をそのまま金貨幣として再投資ないし支出に使用しうる。だから貴金属生産に「投下された資本の循環……を考察するならば、循環は、循環Ⅰ)では G － W － P － G' である。」このように金生産に投下された資本は「生産物の・金の直接的断片として還流するのであって、生産物の販売、およびそれによって行われる生産物の貨幣化によって還流するのではない。」「剰余価値に関しても、同様に新金生産物の一部に等しい[20]」のである、と。

ところで「前提に従えば、この年々の金生産の全体は…、その年に摩耗した貨幣のみを、——だから……蓄蔵貨幣と流通にある貨幣という２つの形態でたえず存在している社会的貨幣額のみを、補填するにすぎない。」そしてまた「商品流通の法則に従えば、貨幣額は、流通にとって必要な貨幣額＋蓄蔵貨幣形態にある貨幣額に等しくなければならない。…… 貨幣で支払われるものは……商品の価値である。この価値の一部が剰余価値から成立っているということは、即ち、商品の販売者にとって費用を要していなかったということは、絶対に事柄に変更を加えるものではない[21]」、と。

ところがここまで来たところでマルクスは、懸案の「トゥックに向けられた疑問」の問題の考察に一挙に入って行く。即ち、

「G － W － G' の形態に依拠する、トゥックのある論敵は、資本家は一体ど

のようにして、彼が流通に投入するよりもより多くの貨幣をたえずそこから引き出すことを始めるのか、と彼に問いかけている。充分理解せよ。ここでは剰余価値の形成について問われているのではない。唯一の秘密をなしているこれ[剰余価値の形成]は、資本主義的立場からは自明である。もしも使用された価値が剰余価値で肥大化しないとすれば、それは資本ではないであろうに。だからそれ[価値増殖]は資本によれば前提であるので、剰余価値[の形成]は自明なのである。／剰余価値はどこから来るかが問題（Frage）なのではない。そうではなく、それを貨幣化するための貨幣はどこから来るか[が問題なのである]。／商品資本は……生産資本よりもより大きな価値をもっている。／しかし商品資本はその生産資本への再転化の前に、そしてそれに隠されている剰余価値の支出の前に、貨幣化されなければならない。そのための貨幣はどこから来るのか？この問題（Frage）は一見したところ謎（puzzling）に見え、そしてトゥックも、なお他の人も、これまでそれに答えていなかったのである[22]」、と。

　しかし、この剰余価値を貨幣化するための「貨幣はどこから来るか」という問題は、これまで見てきたように、「一般的な答えは既に与えられている。」というのは、「問題（Problem）が存在する限り、それは、その国にある商品の流通に必要な貨幣額はどこから来るのかという一般的な問題と一致する」からである。が、「それにもかかわらず、資本主義的生産の立場からは、一つの特殊な問題の仮象（Schein）が存在する。といのは（nämlich）、ここでは出発点として現れるのは資本家だからである。労働者が彼の生活資料のために流通に投ずる貨幣は、最初は可変資本の貨幣形態として、だから、本源的には資本家によって労働力の購買手段ないし支払手段として流通に投入されている。その他に資本家は労働手段および生産材料のための購買手段ないし支払手段を流通に投ずる。しかしそれ以上には、資本家はもはや流通内にある貨幣額の出発点としては現れない。」だから「資本家階級が貨幣流通の唯一の出発点なのである。」そして「〔……剰余（Surplus）は流通に投ぜられた貨幣資本を超えている。〕無からは何も生まれない。予め[流通に]投入されていないものは、〔資本家の全階級によって〕流通から引き上げられることは出来ない[23]」のである。

　「実際、一見したところ大いに逆説的に（paradox）見えようとも、資本家階級自身が商品に注ぎ込まれている剰余価値の貨幣化もしくは実現に役立つ貨幣を

流通に投じるのである。しかし注意せよ、彼らはそれ［貨幣］を、前貸しされる貨幣として、だから資本として投入するのではない。彼らはそれを彼らの個人的消費のための購買手段として支出したのである。だから、彼らがたとえ流通の出発点であるとしても、それ［貨幣］は彼らによって前貸しされるのではないのである。」「この貨幣は資本家によって資本として流通に投ぜられるのではない。しかし彼が（剰余価値の生産に至るまで）彼の所有している貨幣手段によって生きていくことができるということは、同様に、資本家の特質に属している。」そしてこのことは、個々の資本家にとってではなく、「資本家階級にとって妥当するのである[24]」、と。

　ここまで一気に書き綴ったマルクスは、ここで「貴金属の総生産は摩損した貨幣を補填することにのみ充分で、さらに剰余価値の蓄積は全く生じないと仮定されている[25]」、と考察の前提を再確認して、商品の流通に必要な貨幣の源泉の問題としての、したがって資本家が所得の支出のために所有しているこの貨幣の源泉としての、金生産の問題に立ち返る。

　「金を生産する資本家は（彼らの労働者と同様）その全生産物を、即ち、生産物のうち可変資本を補填する部分と同様に、不変資本を補填する部分も、剰余価値からなる部分も、金で保有する。だから社会的剰余価値の一部分が、流通の内部で初めて貨幣化される生産物でではなく、金で構成されているのである。逆にそれ［剰余価値］は初めから金で構成されており、彼の生活資料を引き出すために流通に投入される。ここでは同じことが、賃金、可変資本についても、そして前貸しされた不変資本の補填についても、妥当する。だから資本家階級の一部が、彼らによって前貸しされた貨幣資本より大きい商品価値を流通に投入するとすれば（なぜなら、商品価値は剰余価値の形態で一つの余剰を含んでいるのだから）、資本家達の・金を生産している・他の部分は、彼らが金の生産のためにたえず流通から引き上げる商品価値（商品［生産手段］＋労働力の価値）よりもより大きな貨幣価値を流通に投入する（なぜなら金生産物は剰余価値として余剰な貨幣を含んでいるのだから）[26]」、と。

　だから、一方で、金生産資本家以外の資本家が流通に投入する商品——それは剰余価値のみを体現しているのだが——の価値を実現する貨幣は、他方での金生産者が供給する生産物（金）の剰余価値を体現する部分によって賄われてい

る、というのである。ところが「仮定」によれば、「A)」単純な規模での再生産の場合には、金生産者が供給する「全生産物は……全額が商品の流通に必要な貨幣の補填のためのもの」で、「金生産資本家のための剰余価値はその一部」にすぎないが、「そのうちのどれだけが商品の剰余価値を貨幣化し、またどれだけが商品の他の価値構成部分を貨幣化するかはその際どうでもよい²⁷⁾。」

というのは次の理由からである。「剰余価値のうち、他の商品のうちに存在しないで、この他の商品と並んで貨幣のうちに存在する部分は、年々生産される剰余価値の一部分から年々の金生産の一部分として剰余価値の実現のために流通する限りにすぎない、(しかしこの部分は、年々の金生産物のうちの、その資本主義的生産者にとっての剰余価値を表している部分に限られているのではなく、年総生産物の一部分——それは、たとえ引き続いて本源的には賃金および生産手段の支払いで流通に投入され、後には社会的流通で剰余価値に実現のために役立つとしても——に限られている。)たえず変動する比率で資本家階級の手に、彼らの剰余価値の形態として見出される貨幣の他の部分は、年々生産される剰余価値の要素ではなく、以前にその国で蓄積された貨幣額である²⁸⁾」からである、と。

そこで繰り返えしとなるが、年々の金生産額はその「全額が商品の流通に必要な貨幣の補填のためのもの」と仮定されているのであるから、「〔年々生産されている商品額のうち、以前に蓄積された貨幣がその流通に役立つ部分を無視すると、〕商品形態で生産され流通に投入される剰余価値は、その流通のための貨幣を見出す。なぜなら、他方からは、剰余価値が年々直接に金の形態で(直接に剰余価値として、その生産物のうち、資本主義的金生産者にとってその剰余価値を表している部分[として])生産されるからである。同じことは、金生産物のうち、前貸しされた貨幣資本を補填する部分についても当てはまる²⁹⁾。」「金に転態されねばならない商品が必要な貨幣額を見出すのは、他〔方〕では、交換によってではなく、生産そのものによって商品に転態されなければならない追加の金が流通に投入されるからである³⁰⁾。」

そしてこの最後の引用箇所をもって、第2章[篇]第3節[章]「b)」の「A)単純な規模での再生産」は締め括られているのである。

続く第3章[篇]「流通過程および再生産過程の現実的諸条件」は、事実上、

「A）不変資本、可変資本、剰余価値の社会的流通」という単純再生産についての考察のみで終わってしまう。しかもその構成はやや複雑で、この「A）」は、先ず「a）個人的ならびに社会的に考察された生産物の価値構成部分」と「b）」とに分かれ、後者の「b）」がさらに、「A）」と「b）」——[B）の誤記か]——とに分かれていく。そしてこの最初の「A）」の「a）」において、「全生産物の価値は 600 ポンド［の消費手段の価値］に分解し、1200 ポンドの生産手段の価値はゼロに等しいとされる [31]」とする、いわゆるスミスの「ドグマ v+m」の批判が、その後継者を含めて詳細に検討され [32]、「スミス的思考の混乱は現在まで存続し、彼のドグマが経済学の古典的な信仰箇条をなしている [33]」と締めくくられ、そして「b）の A）単純な規模での再生産（貨幣流通なしで叙述された）」の考察に入って行く。そして「b）の b）[B）]を媒介する貨幣流通の叙述」においても、最初の「A）」の「a）」でのスミスの「ドグマ v+m」批判を既に「見てきた [34]」ものと前提する。

　その上でマルクスは、この「b）の b）[B）]媒介する貨幣流通の叙述」を、第 2 章［篇］の末尾で考察した「トゥックに向けられた疑問（Frage）」の検討の要約で始めていく。即ち、

　「まず第 1 に、われわれは既にトゥックに向けられた問題（Frage）——資本家階級全体は彼ら自身が投げ込む以上により多い貨幣をどのようにしてたえず流通から引上げることができるのか？——を片付けてしまっている。／このことは総商品額の流通に必要な貨幣はどこから来るのか？ということ以外の何物をも意味していないということも示された。／剰余価値がこの［流通している］商品に含まれているということは、即ち、その価値の一部がそれぞれの所有者およびその販売者に何も費用を費やさせていなかったということは、商品の価値をもまた流通している商品価値額をも何ら変えるものではない。／したがって謎（puzzle）[難問]は、資本主義的生産は、流通で見出される貨幣すべては本源的には（primitive）常に資本家階級によって投入されているに相違ないと前提していることにのみ帰着する。資本家としては——彼らが資本の人格化としてのみ機能する限りであるが——彼らは貨幣を単に資本の流通のためにのみ投入し、……剰余価値の流通のための貨幣を投入などしない。…… c+v……の実現のために流通している貨幣額は m の流通のための貨幣額ではない。個々の資本家

にとってと同様、資本家階級にとって、彼らが資本を前貸しする貨幣……は、彼らが所得として支出する貨幣とは異なる。再生産を媒介する流通のメカニズムの立ち入った考察に当たっては、この点に係わる一定の修正が示されよう³⁵⁾」、と。

「謎(Räthsel)は、資本家階級の手に見出される貨幣額の、即ち、大まかに言って社会に見出される貨幣額の一部分は貨幣資本として機能し、他の一部分は資本家階級の所得の流通のために役立つということから、単純に惹き起されている。／事業を始める１資本家がどのようにして彼自身資本家としてではなく――私的消費者(Privatkonsumment)として、後で彼の剰余価値の貨幣化に役立つ貨幣を流通に投入し得るかが、既に第２章[篇]で例示的に……示されている。彼の資本の流通によって――即ち、彼によって生産された商品資本の実現によって、彼はこの貨幣を再び彼の所得のための流通手段として釣り上げていく³⁶⁾」のである、と。

そしてマルクスは続けて「しかし」として、ここでは次のように一般化する。「しかし一般的には：謎(puzzle)は２種類の原因に由来する。」「第１に：われわれが単に資本の流通と回転だけを、だからまた資本の人格化としての資本家のみを見て、――資本主義的な生きた人間(Lebemann)、消費者を見ないならば――、剰余価値は彼の商品資本の価値の構成部分をなしているので、われわれはたえず剰余価値を流通に投げ込む彼を見るが、しかし彼の手にある所得の貨幣形態としての貨幣を決して見ないのである。われわれは剰余価値を消費し尽くすために貨幣を流通に投入している彼を決して見ないのである。」「第２に：資本家階級全体が、ある一定の貨幣額――この額が同一貨幣片の種々の通流の結果、剰余価値が実現される年生産物の総額より、任意であるが、小さいとして――を流通に投入するならば、彼らは年生産物のこの[剰余価値]部分に対しても等価を支払い、その同じ部分は剰余価値を表現することを止めているかのように見えるのである。しかし、そこに剰余価値が表現されている剰余生産物は資本家階級に何の費用もかけさせてはいない。資本家階級としては、彼らはそれ[剰余生産物]を無償で保持し享受しており、そしてこのことは貨幣流通によっては変えられ得ないのである。これ[貨幣流通]が媒介する変化は、単純に、剰余価値に代わって、直接に彼自身によって作り出された商品の形態で消費し

第4章 『資本論』第Ⅱ部「資本の流通過程」成立過程の一齣 273

尽くすために、すべての個々の資本家は彼によって生産された剰余価値の金額
まで年々の社会的剰余生産物の総ストックからすべての種類の商品を抜き出
し、横取する、という点だけである。しかし流通のメカニズムは、資本家階級
が所得の支出のための貨幣を流通に投入する場合には、彼らは同じ貨幣を再び
流通から引き上げ、だから同じ過程を常に初めから始めるか、あるいは、資本
家階級として見れば、依然としてこの剰余価値の貨幣化に必要な貨幣額を保有
したままであることを、示すであろう。だから剰余価値が商品の形態で資本家
によって彼の消費ファンドに商品市場から引き上げられないで、彼がこの商品
をそれで買う貨幣が同時に彼に還流するとすれば、彼は明らかに商品を流通か
ら無償で引上げているのである。たとえ彼が商品を貨幣で購入しているとして
も、商品は彼に費用を何らかけさせてはいないのである[37]」、と。

　このように、年総生産物の流通に必要な貨幣はどこから来るのかという「源
泉」問題を整理したところでマルクスは、今度は、「年々の所得の流通に必要
な貨幣が全生産物を支払う」という年総生産物の転態を媒介する必要貨幣量の
スミスによって提示され、トゥックによって繰り返された主張の批判に移って
行く。そしてその後、次の諸点を確認する。即ち、「年々の生産物を流通する、
そしてここでとくに考察しなければならない貨幣額は社会に現存し、それは次
第に社会に蓄積されてきたものである。それは今年の価値生産物には属しては
いない。摩損する貨幣を補填する限りでのみ、年々の生産物の一部分が補填金
などと交換されねばならない、あるいは、しかし国内自身で社会の資本と社会
の労働力の一特定額がこの部門、貴金属生産に支出されねばならない。このこ
とは、さしあたっては、全く抽象的な形でありうる、というのは、この章（Abschnitt）
のＢのｂ）で立ち入ることにしているからである。［だから］流通に必要な貨幣
額は与えられたものとして前提されるし、事実与えられている。」「だから
1800の生産物の他に、それを流通するための一定の貨幣額が資本家達の手に
存在する。……そこでわれわれは1800の価値の商品プラスその流通に必要な
貨幣額を取り扱わなければならない[38]」、と。

　そして年総生産物1800の次の表式を用いて、年総生産物の転態を媒介する
貨幣流通＝還流を（Ⅰ）V100の 検討からおこなっていく。

$\left\{\begin{array}{l}\text{Ⅰ）消費手段：C400 + V100 + M100}\\[2em]\text{Ⅱ）生産手段：C800 + V200 + M200}\end{array}\right.$

即ち、第1に資本家Ⅰは労働力の「購買者」、労働者Ⅰは「販売者」として、次いで第2に、労働者Ⅰは生活資料の「購買者」、資本家Ⅰは「販売者」として現れることによって、資本家Ⅰが投下した貨幣は資本家Ⅰに還流する。なお「この取引は労働者の立場からは $W^a - G - W^c$」であるが、「資本家にとってはこの同じ流通が $G - W - G$ である[39]。」

次に（Ⅰ）M100 についてであるが、「資本家階級Ⅰによって消費されるこの商品の流通に必要な貨幣は、M100 それ自体と全く同様に資本家階級Ⅰの手元に見出されねばならない。」この貨幣は彼らの「資本の一部」である可変資本として前貸しされる「貨幣の他」に、彼らの手に見出される「別の貨幣額」であって、それは「彼らの剰余価値の流通のために役立つ、即ち、資本家階級の間でこの剰余価値の配分（Vertheilung）（交換（Austausch））を媒介するか、あるいは剰余価値の所得としての支出のために」役立つものである。そしてこの貨幣額（Xポンド）がどれくらいであるにせよ、「この流通は、剰余価値がその現物形態で存在している商品・消費手段の単なる配分——交換による配分——ではない。」というのは、「Ⅰの各々の資本家はXポンドのある一定部分を［「購買者として」］流通に投入する。……がしかし、商品額 M100 に対する彼の持ち分の販売者としては、Xポンドのうち彼の剰余価値が貨幣化した部分は、彼に還流する[40]。」つまり「資本家達Ⅰは同時に M100 の購買者でありまた販売者なのである。」したがって「M100 の流通に必要なXポンドの資本家階級Ⅰへのこの還流は、資本として前貸しされた価値がその出発点に還流するその還流ではない。それは、M100 の流通過程の、即ち、資本家達Ⅰが彼らの持ち分を M100 から引き出す際に貨幣を流通に投入し、そしてそれを彼らは相互に再び返還するという事情の、言って見れば技術上の（der Technik）結果なのである[41]。」

さて部門Ⅰと部門Ⅱとの間の流通についても、マルクスは「まず第1にⅡ［のV］に目を向けねばならない」として、（Ⅱ）V200 から始めていく。Ⅱの労働者がⅡの資本家に労働力を販売し、入手した貨幣でⅡの労働者はⅠの資本家から生活資料を購入し、その貨幣でⅠの資本家はⅡの資本家から生産手段を購

第4章　『資本論』第Ⅱ部「資本の流通過程」成立過程の一齣　　275

入し、「ＩＣ$^{400}/_2$」を補填する。残る（Ⅰ）C200 と（Ⅱ）M200 との「位置転換（交換）」も「ⅠとⅡとの間の貨幣流通によって媒介され」、貨幣は出発点のⅡに還流する。そして「この還流は 400（C^{200}+M^{200}）の流通に必要な貨幣が資本家達Ⅱによって前貸しされ、流通に投入され、だから再び彼らに還流せねばならないという技術的要因からのみ生じている [42]」、と。

　「最後になお考察せねばならないのが流通（Ⅱ）C800 である。」この場合には生産手段の一部分は「流通に入って行かず、だから貨幣を何ら必要としない」こともある。「しかし大部分は持ち手と位置を取り替えねばならない……これらの多面的な行ったり来たりには貨幣流通が必要で、そしてこの流通に必要な貨幣は彼らの不変資本の貨幣形態として資本家階級Ⅱの所有でなければならず、また彼ら自身によって前貸しされねばならない」。そして「さらに注意すべきは、C800 というこの価値額が、（M200とC200との［交換の］ように）、800 ポンドの別の価値額……と交換されるというのではなくて、（M100の［交換の］ように）、C800 の所有者自身の下での交換である、ということである。だからわれわれが半分、400 ポンドをこの貨幣流通に必要な額と仮定しても、それは多い［かもしれない］。この 400 ポンドが場所を変え、そしてそれが流通手段としてその機能を果たした後、不変資本の貨幣形態としてその所有者に、その本源的な出し手（issuer）に還流する。……資本家階級Ⅱ全体を見ると、彼らは依然として生産手段で 800 ポンド、そしてこの生産手段の彼らの部門（Klasse）内部での流通に必要な貨幣で 400 ポンドの所有者である [43]。」

　以上のように三大取引を媒介する貨幣流通を叙述してきたところで、マルクスは、今度は、「C400 の流通に必要な貨幣 100 ポンドを［資本家］Ⅰが持っている」という「第2の仮定」を置いた「貨幣流通」を検討し [44]、その後、「消費者と生産者との間の貨幣の流通は、生産者自身の下での流通をも包み込むというスミスの［必要貨幣量に関する］見解」の批判に立ち返って行く。そしてこの見解は「先ず第1に、不変資本はゼロで、したがって 600 ポンドが社会の所得で社会の年々の生産物の価値 1800 ポンドに等しいという、彼の馬鹿げた仮定に基づいている。／しかし第2にそれは、一方にとって資本であるものが、他方にとっては所得であるはずで（sei）、だから社会的に見れば、年々の総生産物価値は、結局は、所得に帰着するという仮定のような、一般的に、現実の i

うの現象の、不十分でかつ表面的な分析に基づいている[45]」とスミスを批判し、さらに再度部門 I 内の取引、両部門間の取引を媒介する貨幣流通をフォローする。そしてその後、「これに対し（II）C800 を媒介する貨幣流通は、ある形態の不変資本から他の形態への不変資本だけの転態にすぎず、即ち、生産的消費者間の交換にすぎず、それは I の流通の、あるいは I と II との間の流通の、つまり社会的所得の 600 ポンドの生産物の費消を媒介する流通の、全く外で進行する[46]」と指摘して、スミスの見解の誤りを再確認していく。

そしてこれに続けてマルクスは、いきなり、「混乱した、無思考な、そして同時に大言壮語の経済学のロバ、偉大な論理学者、デステュット・ド・トラシ」による「社会的総再生産 – 流通過程についての説明[47]」の検討・批判に移っていく。それというのも、資本の循環としての G − W − G′ と、所得の流通に媒介された G − W − G との異同が、資本循環論を通じて明確化されるならば、一方にとっての資本であるものが、他方にとっては所得であるといったスミス流の誤りは生じえなかったであろうし、また同時に、「D. 氏」のような誤りも生まれえなかったであろうからである。

いずれにしても、このデステュット批判をもって、「b) の b)［B］」の前半部分[48] は終っていく。

1)　*MEGA*, II /11, 2008, S.321.
2)　*Ibid.*, S.7, 10.
3)　この第 II 稿では、マルクスはこの問題にここ第 1 節［章］ではなく第 2 節［章］で、立ち入った考察を加えていく。後述するところを参照されたい。
4)　Cf. *MEGA*, II /4・1, S.182, 192, 195 : 訳、60、69、73 頁。
5)　*MEGA*, II /11, S.17.
6)　*Ibid.*, S.19.
7)　*Ibid.*, S.20.
8)　*Ibid.*, S.20~21.
9)　この点については、拙著、『マルクス「信用論」の解明』（前掲）、第 10 章第 5 節の注 23）等を参照されたい。
10)　*MEGA*, II /11, S.28~29.
11)　*Ibid.*, S.310.
12)　*Ibid.*, S.315.
13)　Cf. *MEGA*, II /12, 2005, S.282, 288 : 長谷部文雄訳、青木文庫版、⑥、423、449 頁。
14)　*MEGA*, II /11, S.315.

第4章　『資本論』第Ⅱ部「資本の流通過程」成立過程の一齣　　277

15)　*Ibid.*, S.333.

16)　*Ibid.*, S.315~316. 因みにエンゲルスは、引用文中の＊印を付した「というのは…」という文章を、次のように補訂している。「というのは、そうでなければ、剰余価値は消費の目的で貨幣から生産物に転態され得ないからである。剰余価値の本源的商品形態から貨幣への転化が、ここではさらに検討されねばならない」(*MEGA*, Ⅱ/12, S.288：訳、⑥、423頁)、と。

17)　*Ibid.*, S.316.

18)　*Ibid.*, S.333.

19)　*Ibid.*, S.322.

20)　*Ibid.*, S.319. なお手稿には、金生産者の資本の「循環Ⅱ)」についても示されている。

21)　*Ibid.*, S.320.

22)　*Ibid.*, S.320~321. 因みに *MEGA*, Ⅱ/12 の編集者は、この「ここでマルクスがトゥックの論敵と考えているのは、「通貨学派」の指導的代表者の1人ロバート・トレンズである」とし、「マルクスのテキストで言い換えられている(paraphrasierte)異論は、［トレンズの］A letter to Thomas Tooke, Esq. in reply to his objections against the separation of the business of the bank into a department of issue, and a department of discount, London 1840 という論説において提出されている」(cf.*MEGA*, Ⅱ/12, Apparat, S.1240)との「注解」を付している。しかしこの論説におけるトレンズのどのような主張を「言い換える」と、「流通に投入するよりもより多くの貨幣を引き出すのか」という「疑問」ないし「異論」となるのかは、全く明示されていない。なお *MEGA*, Ⅱ/11 のこの個所の「注解」も、*MEGA*, Ⅱ/12のそれを簡略化したものにすぎない。

23)　*Ibid.*, S.323~324.

24)　*Ibid.*, S.324~325, 325~326.

25)　*Ibid.*, S.326.

26)　*Ibid.*

27)　*Ibid.*

28)　*Ibid.*, S.327.

29)　*Ibid.*, S.328.

30)　*Ibid.*, S.333.

31)　*Ibid.*, S.422.

32)　Cf. *ibid.*, S.350~368.

33)　*Ibid.*, S.368.

34)　*Ibid.*, S.420. なお、この「b)」の b)［B)］」の「叙述」の後に、「2)」として一連の「転化式」が展開され(cf. *ibid.*, S.419f.)、さらにそれへの「注記」が続いて(cf. *ibid.*, S.460f.)この第3章は終わっていく。念のために。

35)　*Ibid.*, S.419~420.

36)　*Ibid.*, S.420~421.

37)　*Ibid.* S.421. 因みにここで「資本家階級」として一括されている資本家には、具体的

には現実資本家と貨幣貸付資本家とが含まれている。『資本論』第Ⅲ部の「信用。架空資本」論で、信用制度の下での流通に必要な貨幣の供給を考察するとき、この第Ⅱ部での考察が基礎に置かれている。その点については、拙著、前掲、『マルクス「信用論」の解明』の、461~462, 485~486, 493~494ページを参照されたい。

38) *Ibid.*, S.424~425.
39) *Ibid.*, S.426, 427~428.
40) *Ibid.*, S.426~427.
41) *Ibid.*, S.429, 428.
42) *Ibid.*, S.431~432.
43) *Ibid.*, S.432, S.432~433.
44) Cf. *ibid.*, S.433~434.
45) *Ibid.*, S.434.
46) *Ibid.*, S.435.
47) *Ibid.*, S.435f. なお、この部分は殆ど全くそのまま、現行版『資本論』第Ⅱ部第Ⅲ篇第20章第13節に「デステュット・ド・トラシの再生産論」(*MEGA*, Ⅱ/12, S.443~451)として組み込まれている。
48) 先に指摘しておいたように、この後半部分は「転化式」の検討に当てられている。

第5節　むすびにかえて

さて現行版『資本論』第Ⅱ部の編集者エンゲルスは、第Ⅱ部のどの部分を、どの手稿から編んでいるかを、本文への注記で示している。

そして彼は、第Ⅰ篇[章]の多くの部分を第Ⅴ~Ⅶ稿から編んでいるが、その基本内容は第Ⅰ稿以来、資本の姿態変換、流通時間、生産時間、流通費で構成されている。ただし第Ⅰ稿では資本の循環が4つの型にまとめられており、第1の型を考察するにあたって、「トゥックに向けられた疑問」が検討されていたのであるが、第Ⅱ稿では循環の型が3つに整理されてくると共に、「トゥックに向けられた疑問」の検討は第2章[篇]に移されていく。そして現行版の第Ⅱ篇は、そのような第Ⅱ稿の第2章[篇]を、ほぼそのまま——ただし細かに章を立ててであるが——踏襲する形で編まれていく。

それに対し現行版第Ⅲ篇は、第Ⅱ稿から編まれているのは、主として第16章、第19章第3節、第20章第2節、第6~9節および第13節であって、それを除く部分は第Ⅷ稿から編まれ、しかも第Ⅱ稿でもなお欠落していた「蓄積と拡大再生産」がそこで初めて展開されることとなっていく。そしてそれを可能

にした１つの大きな要因が、それまでの「貨幣流通＝還流」論を補完する「還流」論の展開、即ち、流通に投ぜられた貨幣の「還流」を一時的に「阻害」する一方的販売、それによる貨幣蓄蔵、そしてその蓄蔵貨幣による一方的購買を通じた貨幣の「還流」という事実認識であったとみて大過ないであろう。しかもこれはこれで、「商品生産物の転態はその種々な成分の間での単なる無媒介的な相互交換には分解されない[1]」という認識、あるいは、「ある種の商品は他の種の商品と交換され、同じ商品が貨幣と、そして同じ貨幣が再び他の種の商品と交換するのが普通である(pflegen)という[古典派以来]流布している理解」とは異なった「新たな問題[2]」の認識に基づいているのである。

そして第Ⅷ稿でのこの「新たな問題」の解決が、単純再生産の場合の、社会的規模での固定資本の減価償却基金積立の問題の解決に導き[3]、そしてそれがさらに、拡大再生産の場合における社会的規模での蓄積基金積立の問題の解決へと導いていったのである。

とはいえ、注目すべきは、第Ⅷ稿から編まれた第20章第12節「貨幣材料の再生産」において、マルクスは、「一般的に今一度だけ、トゥックに向けられた反対論に立ち戻りたい[4]」として、その問題に立ち返っていることである[5]。そしてエンゲルスは、そこに、「これについては既に以前に(第[17]章で)展開したことを概括して述べておく[6]」との加筆をしているのである。ではなぜ「その問題」をここ(第20章)で再説するのであろうか。それは、社会的総**資本**の再生産＝循環運動は、そもそも諸**所得**の流通と、相互に絡み合い条件づけ合い纏れ合う運動過程であるからであり、したがって所得(**剰余価値**)を表わす生産物の流通を媒介する「貨幣」についての「問題」に言及しておくことが必要であったからなのであろう。

1)　*MEGA*, Ⅱ/11, S.754：訳、⑦、589 頁。
2)　*Ibid.*, S.807：訳、668 頁。なおこの認識への萌芽は既に第Ⅱ稿に見出される。即ち、労働者は労働力を一方的に販売し、生活手段生産部門の資本家は労働者に生活資料を一方的に販売するという形で生まれてきていたのである(cf. *MEGA*, Ⅱ/11, S.794~795；*MEGA*, Ⅱ/12, S.456：訳、⑦、649~650頁)が、しかしそれは、上述のように、むしろ貨幣の出発点への「還流」の説明としてであったのである。
3)　Cf. *MEGA*, Ⅱ/11, S.760~768：訳、⑦、598~615 頁。
4)　*MEGA*, Ⅱ/11, S.775.

280 第Ⅱ部 『資本論』第Ⅱ部第Ⅷ稿における拡大再生産表式の検討

5) 因みに、現行版第20章に組み込まれた第Ⅷ稿部分のうち、第10節以下はマルクスの執筆順序とは異なっている。手稿では、現行版の第11節（*MEGA*, Ⅱ/11, S.751f.）、第12節（*ibid.*, S.771f.）、第10節（*ibid.*, S.779~790）となっており、第10節で「資本と所得。可変資本と賃金」を考察する前に、「トゥックに向けられた疑問（問題）」に立ち返っていたのである。なお各節の表題はエンゲルスが付したものである。念のために。

6) *MEGA*, Ⅱ/12, S.436：訳、⑦、621頁。なお第Ⅷ稿から編まれたこの部分（現行版第12節）は、第Ⅱ稿で言えば、第3章[篇]の「b)の b)[B]」」単純再生産の場合の「媒介する貨幣流通の叙述」の冒頭部分で、「立ち返って」総括していた「トゥックに向けられた疑問（問題）」の部分を、第Ⅷ稿では独立化し、「貨幣材料の再生産」と関連付けて、立ち入って展開しているかのように見える。

あとがき

本書に収録した旧稿と各章との関係は次の通りである。

序章　『資本論』第Ⅱ部第Ⅰ編「資本循環論」成立過程の一齣——手稿「経済学批判」第ⅩⅤ冊および第ⅩⅦ冊について——（『土地制度史学』第132号，1991年7月）

第Ⅰ部

第1章　手稿『経済学批判』第Ⅹ冊について——マルクスの「経済表」成立過程との関連で——（『土地制度史学』第109号，1985年10月）

第2章　「単純再生産表式」成立過程の一齣——「エピソード。貨幣の還流運動」についての覚え書——（『武蔵大学論集』第29巻第3・4号，1981年12月）

第3章　「蓄積におけるⅡcの転態」について——「残された問題」との関連で——（『武蔵大学論集』第27巻第3・4・5号，1979年12月）

第4章　「剰余価値の資本への再転化」と「経済表」——手稿『経済学批判』第ⅩⅩⅡ冊における——（『武蔵大学論集』第33巻第5・6号，1986年3月）

第5章　マルクスの「経済表」について—— 一断章 ——（『武蔵大学論集』第32巻第5・6号，1985年3月）

第Ⅱ部

第1章　拡大再生産表式の展開軸——『資本論』第Ⅱ部第Ⅷ稿における——（『武蔵大学論集』第34巻第2・3・4号，1986年12月）

第2章　「Ⅱcの転態」の「第3の事例」について—— 一覚え書 ——（『武蔵大論集』第34巻第5号，1987年1月）

第3章　拡大再生産表式と貨幣流通＝還流——『資本論』第Ⅱ部第Ⅷ稿の検討——（『武蔵大学論集』第47巻第2号，2000年1月）

第4章　『資本論』第Ⅱ部「資本の流通過程」成立過程の一齣——「トゥックに向けられた疑問」に焦点をおいて——（『武蔵大学論集』第57巻第3・4号，2010年3月）

このように各章の表題までも大きく変更して本書に収録することとなったのは第Ⅰ部第3章部分のみである。というのは、この部分を執筆した時点では、未だ『資本論』第Ⅱ部第21章部分の手稿第Ⅷ稿を知り得ていなかったからである。そこで旧稿の中での『諸学説』における蓄積についての「間奏曲」部分とそこでは奏できれなかった論点に絞って、旧稿を纏め直すこととした。

また第Ⅱ部の第1・2章と第3章とでは、『武蔵大学論集』への掲載時期にはおよそ4~5年もの隔たりがあるが、実は第3章部分も第1章部分の「姉妹編として1991年5月に脱稿していた」のである。そこで『武蔵大学論集』に掲載するにあたっては、そのことと共に、「新たに〔備考〕部分などを補筆した」ことを旧稿の末尾に「1998年8月9日付」で「付記」しておいた。なお〔備考〕部分以外に、第3章第2節「第Ⅷ稿の構成」をもその折に補筆した。第1章を読み始める前に、この部分を一読される方があるいは便利かとも思われる。

第Ⅱ部第4章部分は、第3章を『武蔵大学論集』に掲載してからさらに10年を経過した後の執筆であるが、その間、筆者はマルクスのいわゆる「信用論」——『資本論』第Ⅲ部第25~35章部分——の解明に力を注いでいた。というのは、本書第Ⅰ部第2章で言及した「エピソード。貨幣の還流運動」は、「再生産論」を「再生産=循環論」に発展させるのに資すると共に、それによって「再生産論」と「信用論」との内的連携を明らかにするのにも資していたからであり、いま一つには、『資本論』第Ⅱ部関係部分の手稿のMEGAでの刊行が捗っていなかったからでもあった。

本書との関係で敷衍するならば、社会的総資本の年総生産物の「機能規定」・「機能配置」——$I(v+m)=IIc$ または $I(v+mk)=, >, < IIc$ 〔即ち $I(v+mk) \gtreqless IIc$〕——が適切であれば、「再生産論」次元での貨幣流通=還流は円滑に進行する。

そしてこの現実資本次元での貨幣流通=還流が「本来的な貨幣貸付信用」に媒介されて行われる場合にも、その還流、つまり「信用還流」も、年総生産物の「機能規定」・「機能配置」が適切であるならば、円滑に進み得ることとなる、という関係になるのである。

なお前後したが、本書第Ⅱ部の第1~3章は、「まえがき」に記しておいたよ

うに、当初は、大谷氏によるマルクスの手稿の原文紹介に依拠しての執筆であったので、今回本書に収録するに際しては、大谷氏が指示している手稿の頁の他に、MEGA, II/11 の頁も書き添え、さらに表式などは MEGA 版に従っている。

　本書を全体としてみれば、諸般の事情[近年における2度の癌手術など]で、重複する部分の削除や訳語の統一など必ずしも十全にははなしえなかった。読者諸賢の御寛恕を願う次第である。

　最後となったが、厳しい出版事情の下で、本書のような純アカデミックな研究書の刊行をお引受け下さった同成社の佐藤涼子氏に、心から感謝の意を表させて頂きたい。

2018 年 5 月

著　者　記す

「再生産論」の諸問題
—— I (v+m)＝ⅡcとІ(v+mk) =,＞,＜Ⅱc ——

[著者略歴]

小林賢齊（こばやし　まさなり）

1929年　東京に生まれる

1953年　東京大学経済学部（旧制）卒業・東京大学特別研究生、
　　　　武蔵大学経済学部教授、同大学院教授を経て

現　在　武蔵大学名誉教授　経済学博士（東京大学）

著　書　『再生産論の基本問題』（1975年、有斐閣）
　　　　『西ドイツ鉄鋼業——戦後段階＝戦後合理化——』
　　　　　　（1983年、有斐閣）
　　　　『概説　経済学原理』（1997年、青山社）
　　　　『マルクス「信用論」の解明——その成立史的視座から——』
　　　　　　（2010年、八朔社）

編　著　『山田盛太郎著作集』全6巻〔共編〕
　　　　　　（1983〜1985年、岩波書店）
　　　　『資本主義構造論——山田盛太郎東大最終講義——』
　　　　　　（2001年、日本経済評論社）

2018 年 5 月 31 日発行

著　者　小　林　賢　齊
発行者　山　脇　由　紀　子
組　版　㈱富士デザイン
印　刷　モリモト印刷㈱
製　本　協　栄　製　本　㈱

発行所　東京都千代田区飯田橋4-4-8　　㈱同成社
　　　　（〒102-0072）東京中央ビル
　　　　TEL 03-3239-1467　振替 00140-0-20618

©Kobayashi Masanari 2018. Printed in Japan
ISBN978-4-88621-798-1 C3033